西北师范大学
NORTHWEST NORMAL UNIVERSITY

教育科学学院

◆ 博士学位论文丛书 ◆

共同体视角下高校辅导员职业能力发展研究

崔保华 著

万明钢　王兆璟　总主编

甘肃人民出版社

甘肃·兰州

图书在版编目（CIP）数据

共同体视角下高校辅导员职业能力发展研究 / 万明钢，王兆璟总主编 ；崔保华著. -- 兰州 ：甘肃人民出版社，2024. 12. --（西北师大教育学博士学位论文丛书）. -- ISBN 978-7-226-06102-2

Ⅰ. G645.1

中国国家版本馆CIP数据核字第 2024YB3009号

责任编辑：魏清露

封面设计：李万军

共同体视角下高校辅导员职业能力发展研究

GONGTONGTI SHIJIAO XIA GAOXIAO FUDAOYUAN ZHIYE NENGLI FAZHAN YANJIU

万明钢　王兆璟　总主编

崔保华　著

甘肃人民出版社出版发行

（730030　兰州市读者大道 568 号）

兰州新华印刷厂印刷

开本 787 毫米×1092 毫米　1/16　印张 21.5　插页 3　字数 325 千

2024 年 12 月第 1 版　　2024 年 12 月第 1 次印刷

印数：1~1 000

ISBN 978－7－226－06102－2　　定价：68.00 元

目　录

摘　要

　　党的二十大明确指出，要加快建设高质量教育体系，办好人民满意的教育。高等教育承担着落实立德树人根本任务以及提高人才自主培养质量的重要任务。高校辅导员作为关键责任主体，其职业能力的发展是提高人才培养质量的必然要求和重要路径。目前，高校辅导员队伍整体职业化水平较低、专业化特征不明显、专业化发展缓慢，大学生日益增长的个性化需求与其现有职业能力之间存在矛盾和落差。高校辅导员要高质量实现国家与社会赋予的目标任务和使命担当，就必须形成共同认知，凝聚工作合力，坚持全员全程全方位育人。共同体作为一种共有的精神指引、互惠的情感意识和可信赖的权威结构，可为人的自由和全面发展提供便利条件。故本研究从共同体视角出发寻求上述问题的解决之道。

　　清晰地界定"高校辅导员职业能力"的概念内涵和结构要素是划定研究范围、开展辅导员职业能力测评及进行发展瓶颈归因研究的逻辑起点。高校辅导员职业能力是一个内涵丰富的多维抽象结构，既体现为认知层面的价值理念，也反映为实践层面的专业才能，是显性能力与隐性能力的统一。本研究采用扎根理论范式开展质性研究，依据辅导员工作职责的根本要求、教育对象的发展需求和教育生态的时代要求，建构了由职业修养、职业意识、职业品格、职业技能、职业知识五个一级维度构成的高校辅导员职业能力模型。根据这一模型，辅导员职业能力的显现与发挥，必须依托职业修养的统领、职业意识的牵引、职业品格的支撑、职业技能的熟稔以及职业知识的丰盈，五个维度相依共存、良性互动、共同作用，构成了高校辅导员职业能力发展的逻辑理路。

基于建构的高校辅导员职业能力结构维度，本研究编制了《高校辅导员职业能力测评问卷》，采用问卷调查法和深度访谈，通过点面结合的方式对高校辅导员职业能力现状及发展困境展开实证分析，得出如下研究结论：

第一，高校辅导员在现实场域中的总体职业能力呈现出良好状态，反映出近些年来高校辅导员职业能力建设得到了快速向好发展的现实观照，但辅导员开展思想政治教育的实际效果与应然目标之间还存在明显的差距。从不同维度来看，高校辅导员职业能力测评中职业修养获得评价最高，职业意识和职业品格次之，职业技能再次之，职业知识的评价最低。上述结果说明高校辅导员的职业修养全面过硬，构成其职业能力的核心支柱，而且职业意识清晰坚定、职业品格优势突出，构成其职业能力的有力支撑。但职业知识相对薄弱、职业技能短板明显，这两方面是高校辅导员职业能力未来的提升重点。具体而言，马克思主义理论等基础知识和思想政治教育相关的法律知识比较欠缺，在媒介运用能力、沟通表达能力等专业性能力以及科学研究能力、教育创新能力等拓展性能力方面尚存在较大提升空间。

第二，不同个体特征辅导员群体的职业能力存在显著差异。从整体能力来看，女性辅导员对职业能力的自我评价比男性辅导员要高，职级越高、从业年限越长、在辅导员素质能力大赛中获奖级别越高的辅导员自我评价越高。从不同维度来看，职业修养仅在职级这一个体特征上存在差异，学院副书记的职业修养整体高于普通科级辅导员；职级越高、评优及获奖级别越高的辅导员，职业意识越强烈；职业知识在不同个体特征群体中的差异度最大，其掌握度和应用力与年龄、从业年限、职称职级、受教育程度、评优获奖级别均呈正相关；从职业技能掌握情况来看，职级越高、在辅导员素质能力大赛中表现越好的辅导员，其职业技能掌握越扎实、应用越熟练。

第三，高校辅导员职业能力主要存在四个方面的发展困境。这四方面发展困境分别是高校辅导员的职业认同尚不够高，职业知识结构亟待完善，专业性及拓展性能力偏弱以及离职倾向日趋明显。对上述问题进行深刻剖析，发现角色泛化、工作超载导致职业认同不高，专业复杂、学习受限导致知识结构残缺，导向偏差、培养薄弱导致实践本领不足，体制缺陷、供求脱节导致职业发展不畅。

以上问题的存在客观上呼唤建设高校辅导员共同体。高校辅导员职业价值认同的强烈需求、知识结构优化的专业呼唤、思想政治教育的顶层要求以及专业化职业化的发展趋向共同构成了高校辅导员共同体的建构逻辑，为高校辅导员共同体建设提供了前提、基础、背景及目标。故而高校辅导员共同体建设既具可行性且非常必要。

以共同体思维建构高校辅导员共同体是高校思想政治教育顺应高质量发展要求的应有之义。基于高校辅导员共同体的内涵特征，本研究以自主自愿、合作共治、共享互利、开放包容作为高校辅导员共同体建设的根本遵循，从顶层设计和建设内容两方面提出了高校辅导员共同体的建构策略，并阐述了高校辅导员共同体的运行机制：培育精神共同体以赋予成员情感支持，建构学习共同体以加速成员专业成长，创设育人共同体以提升成员职业效能，建设发展共同体以促进成员全面发展。

关键词：共同体；高校辅导员；职业能力；发展策略

Abstract

The 20 th National Congress of the CPC specified that we should speed up the development of a high-quality education system and ensure that education meets the needs of the people. Higher education undertakes the central task of building strong moral characte and enhancing the quality of independent training of talents. As the key subject of responsibility, the development of college counselors' professional ability is an incvitable requirement and a crucial pathway to achieve it. The present reality is the overall professionalism of college counselors is comparatively low, the specialization is not well developed, and the professional development is a little slow. Therefore, there is a contradiction and gap between the increasing personalized needs of college students and their conselors' existing professional abilities. College counselors must form a consensus, gather together working forces, and adhere to the whole-course and all-round education of all staff to achieve the goals, tasks and missions entrusted by the state and society. Being a kind of common spiritual guidance, reciprocal emotional consciousness and reliable authority structure, a community can provide convenient conditions for the free and holistic development of people. Consequently, this study seeks solutions to the above problems from the perspective of the common community.

Clearly defining the conceptual connotation and structural elements of "professional ability of college counselors" is the logical starting point for delimiting the research scope, evaluating the professional ability of college counselors and conducting research on the cause of development bottleneck. The professional ability of college counselors is a multi-dimensional abstract structure with rich connotations, reflecting not only the value concept of cognition, but also the professional ability in practice. To be exact, it is a unity combining explicit with implicit ability. This study is a qualitative research adopting the grounded theory paradigm, based on the fundamental requirements of counselor's duties, the needs of educational objects and the up-to-date requirements of educational ecology. Thus a professional competence model of college counselors is constructed, consisting of five first-level dimensions: professional cultivation, professional awareness, professional characters, professional skills and professional knowledge. According to this model, the manifestation and exertion of the professional ability of counselors must be guided by professional cultivation and professional consciousness, and supported by professional characters, and achieved by familiarization of professional skills and enrichment of professional knowledge. The five dimensions coexist, interact and act together, and constitute the logical pathway of the development of the professional ability of college counselors.

Based on the constructed structural dimension of college counselor's professional competence, the Questionnaire for College Counselor's Professional Competence Evaluation is designed. Through the combination of questionnaire survey and in-depth interview, the current situation and development predicament of college counselor's professional competence are empirically analyzed, and the following research conclusions are drawn:

First and foremost, the overall professional ability of college counselors in real life presents a good state, reflecting the truth that the professional ability construction of college counselors has been rapidly developing in recent years, but there is still an obvious gap between the actual effect of ideological and political education of counselors and the expected goal. In the survey, professional cultivation receives the highest score, followed by professional awareness, professional characters, and professional skills, and the lowest one is professional knowledge. It shows that the professional cultivation of college counselors is comprehensive and excellent, which constitutes the core pillar of their professional ability. Moreover, the clear and firm professional consciousness and outstanding professional characters constitute the strong support for their professional ability. However, the professional knowledge and professional skills are relatively weak. These two aspects are the focus of improving the professional ability of college counselors in the future. Specifically, some basic knowledge such as Marxist theory and legal knowledge related to ideological and political education are relatively insufficient, and there is still a large space for improving certain professional abilities, such as media application ability and communication abilities. The expanded abilities such as scientific research ability and educational innovation ability are no exception.

Secondly, there are significant differences in individuals because of their respective characteristics. Generally, female counselors' self-evaluation of professional competence is higher than that of male counselors. Those counselors with higher rank,longer working years and higher awards in the counselor's quality competence competition have higher self-evaluation. Among the five dimensions, the only difference of professional cultivation is in the individual's rank. The professional cultivation of the deputy secretary of the college is generally higher than their subordinates. The higher their ranks and evaluation and award levels, the stronger their professional awareness.The most obvious difference falls in professional knowledge among individuals, and its mastery and application ability are positively correlated with age, working years, professional title and rank, education level, evaluation and award level. As to the mastery of professional skills, counselors with higher ranks and better performance in counselors' quality and ability competition, show more solid mastery and application of professional skills.

Thirdly, there are four difficulties in the development of college counselor's professional ability, that is,the low professional identity of college counselors, the urgent need to improve the professional knowledge structure, the weak professional and expansion ability, and the increasingly obvious quitting tendency. Through a deep analysis of the above problems, it is found that the over-generalization of their work role and the overloaded work lead to low professional identity; complex majors and limited learning abilities lead to incomplete knowledge structure; orientation deviation and weak training lead to insufficient practical ability; and institutional defects and disconnection between supply and demand lead to poor career development.

The existence of the above problems objectively calls for the construction of college counselor community. The strong demand of counselor's professional value identification, the professional call of knowledge structure optimization, the top-level requirements of ideological and political education, and the development trend of Professionalism and specialization together constitute the logic of the construction of college counselor's community, which provides the premise, foundation, background and goal for the construction. Therefore, it is feasible and necessary.

It is necessary for colleges and universities to construct college counselor's community with community thinking to meet the requirements of high quality development. Based on the connotations and characteristics of college counselor community, this study takes autonomy and volunteering, cooperation and co-governance, sharing and mutual benefit, openness and inclusiveness as the fundamental principles for the construction of community, puts forward the construction strategy from two aspects of top-level design and construction content, and elaborates the operation mechanism of the community: Construct a spiritual community to give members emotional support, construct a learning community to accelerate their professional growth, establish an instructional community to enhance their professional effectiveness, and set up a developmental community to promote the members' holistic development.

Keywords: Community; College counselors; Professional ability; Development strategy

绪　论

第一节　问题的提出

"教育是国之大计、党之大计"，我国历来高度重视教育工作。习近平总书记在党的二十大报告中强调："教育、科技、人才是全面建设社会主义现代化国家的基础性、战略性支撑"①，国家首次将教育、科技、人才一体安排部署，同时指出"要坚持教育优先发展"②，"坚持为党育人、为国育才，全面提高人才自主培养质量"③，"培养德智体美劳全面发展的社会主义建设者和接班人"④，赋予了教育新的战略地位、历史使命和发展格局。习近平总书记早在全国高校思想政治工作会议上指出："高等教育发展水平是一个国家发展水平和发展潜力的重要标志"⑤，因此，高等教育发展水平，对于落实立德树人根本任务、提高人才自主培养质量、实现中华民族伟大复兴具有不容忽视的重大意义。

党的二十大明确提出，高质量发展是全面建设社会主义现代化国家的首

---

① 郝英明，季利清.党的二十大文件汇编[M].北京:党建读物出版社,2022:25.
② 同①,第26页.
③ 同②.
④ 同②.
⑤ 吴晶,胡浩.习近平在全国高校思想政治工作会议上强调:把思想政治工作贯穿教育教学全过程开创我国高等教育事业发展新局面[J].中国高等教育,2016(24):5-7.

要任务，强调要加快建设高质量教育体系，办好人民满意的教育。教师是立教之本、兴教之源，是推动高等教育高质量发展的关键力量。高等教育事业发展"需要大力培养造就一支师德高尚、业务精湛、结构合理、充满活力的高素质专业化教师队伍。"①高校辅导员是高校教师队伍的重要组成，亦是回答好"培养什么样的人、如何培养人以及为谁培养人"这一问题的关键主体，肩负着完成立德树人根本任务的神圣使命，其职业能力水平既直接影响着高校思想政治教育的功能发挥，也间接影响着高校人才的培养质量。

高校思想政治教育将高质量发展确立为新发展阶段的整体性目标，既是国家和社会对更高质量高等教育的期盼，也关乎"两个一百年"奋斗目标和中华民族伟大复兴中国梦的实现。随着国家经济社会的快速发展以及高等教育内涵建设的不断深入，开展辅导员职业能力发展研究，努力打造一支"有理想信念、有道德情操、有仁爱之心、有扎实学识、有过硬本领"的高素质辅导员队伍，既是高校思想政治教育工作的老话题，又是推动高校思想政治教育高质量发展的新命题。

一、研究缘起

（一）高校辅导员职业能力发展是高等教育深化内涵式发展的必然要求

党的二十大报告明确指出，"我国社会主要矛盾是人民日益增长的美好生活需要和不平衡不充分的发展之间的矛盾，要紧紧围绕这个社会主要矛盾推进各项工作。"②在全国教育大会上，习近平总书记强调："立足基本国情，遵循教育规律"③，"培养德智体美劳全面发展的社会主义建设者和接班人，

---

① 习近平.做党和人民满意的好老师：同北京师范大学师生代表座谈时的讲话[M].北京：人民出版社，2014：4.
② 郝英明，季利清.党的二十大文件汇编[M].北京：党建读物出版社，2022：6.
③ 吴晶，胡浩.习近平在全国教育大会上强调坚持中国特色社会主义教育发展道路培养德智体美劳全面发展的社会主义建设者和接班人[J].人民教育，2018(18)：6-9.

加快推进教育 现代化、建设教育强国、办好人民满意的教育。"①

　　进入新时代，中国高等教育迎来了新的机遇，承担着新的使命，也面临着新的要求。一方面，教育被确立为中华民族伟大复兴的基础性工程，高等教育被提高到了前所未有的新高度，承担着"培养担当民族复兴大任的时代新人"的重要使命。随着我国高等教育从大众化正式进入普及化阶段，人们对享受更高质量的教育更为期待，如何办好人民满意的教育，这是新时代高等教育内涵式发展的必然要求。另一方面，高等教育普及化后，学生群体的特点与以往相比有了巨大的变化，与辅导员职能相关的思想引领、人格塑造、道德规范、事务管理、学生资助等工作范畴不断扩大。这些变化对辅导员的工作提出了创新性的要求，对辅导员的职业能力提出了更高的期许。

　　高质量教育的实现关键在于高素质的教师，辅导员是教师队伍的重要组成部分。辅导员的职业能力水平，直接关系到这个群体能不能把握以人民为中心的价值取向，会不会坚持以人民为中心的教育思想，能否在学生日常思想政治教育与管理服务工作中用理想信念导航，用道德情操浸润，用扎实学识武装，用仁爱之心熏陶，为学生健康成长和全面发展提供科学指导和优质服务，从而做到教育有高度、管理有尺度、服务有温度，让人民满意的教育落地生根。

　　综上，在国家政策的引领指导下，加快推进辅导员队伍职业能力建设势在必行。高校辅导员职业能力提升既是我国高等教育内涵式发展的内在要求，也是完成"培养能担当民族复兴大任的时代新人"重要使命的必然要求。

（二）高校辅导员职业能力发展是思想政治教育工作质效的重要保障

　　立德树人是高校思想政治教育工作的根本任务，也是高校立身之本。习近平总书记强调，"要坚持把立德树人作为中心环节，贯穿教育教学全过程，

---

① 吴晶,胡浩.习近平在全国教育大会上强调坚持中国特色社会主义教育发展道路培养德智体美劳全面发展的社会主义建设者和接班人[J].人民教育,2018(18):6-9.

实现全程育人、全方位育人。"①新时代大学生的需求更加多样化、广泛化、层次化，不再满足于基础性和一般性的需要，而是要追求与美好生活相适应的更高品位的精神生活。然而大学生日益增长的美好生活需求与现有的教育环境、教育资源、教育手段、教育模式等存在落差与矛盾。所以，大学生不断增长的美好需要和传统教育模式之间的矛盾在思想政治教育领域同样存在。②思想政治教育作为高校各项工作的生命线，新的主要矛盾为其指明了发展方向，即用新时代的科学理论铸魂育人，通过增强教育的思想性和针对性，亲和力和凝聚力，提高育人质效。

　　辅导员队伍的整体素养和能力水平对开展思想政治教育至关重要，尤其是思想政治教育能力。作为大学生日常教育管理工作的组织实施者，作为他们健康成长的导师和朋友，高校辅导员在全程育人、全方位育人过程中担负着重要职责，承担着重要任务，发挥着重要作用，肩负着重要使命。众所周知，辅导员始终与第一课堂密切配合、协同发力，致力于把思想政治教育与教育教学和人才培养全过程完美融合。由于辅导员在思政教育体系中处于独特而重要的地位，其职业能力成为做好思政工作的关键要素。因此，辅导员是否拥有良好的职业素质，是否具备较强的工作能力，是否掌握过硬的工作本领，对提升大学生思想政治教育工作成效起到至关重要的保障作用。

　　面对新时代、新要求和新使命，如何培育和提升辅导员的职业能力，不仅是新时代辅导员队伍建设的迫切要求，更是保障合格建设者和可靠接班人的人才培养品质的内在需求。因此，破解辅导员职业能力发展中的难题，可增强大学生思想政治教育的实效性，从而为提高高校思想政治教育工作质量提供有力支撑。

（三）高校辅导员职业能力发展是大学生全面健康个性化发展的迫切需要

　　习近平总书记在党的二十大报告中强调："全党要把青年工作作为战略

①　吴晶,胡浩.习近平在全国高校思想政治工作会议上强调:把思想政治工作贯穿教育教学全过程开创我国高等教育事业发展新局面[J].中国高等教育,2016(24):5-7.
②　苏兰,桂国祥.新时代辅导员话语体系的解构与重塑[J].思想政治教育研究,2018(03):154-155.

性工作来抓"①，"做青年朋友的知心人、青年工作的热心人、青年群众的引路人。"②新发展阶段，大学生日益倾向个性化发展，发展目标更具体、发展需求更多样、发展路径更繁多，因而，他们迫切希望能得到公平而有质量的教育，对来自辅导员帮助自己全面发展的教育引导也更加期待。与此同时，当前国际国内社会正处于"转型期"，各种社会思潮暗流涌动、相互交织，深刻影响着大学生的思想认知和价值取向。同时，全媒体时代网络社会迅速崛起，各种意识形态通过网络渗透，各种思想文化依托网络传播，对大学生的主流价值观教育造成了极大的冲击。

面对大学生群体日益个性化、具体化、多样化的发展需求，高校辅导员如何提高教育管理服务工作的精准度和有效性？如何将主流意识形态的价值理念转化为学生的情感共鸣和价值共识？面对大学生群体瞬息万变的精神世界，如何在多元多变中为大学生全面发展立主导定方向？③这些都成为这支队伍急需深入研究的新课题，他们面临的挑战比以往任何时候都更加复杂和艰巨。

学生成长环境的复杂化以及思想意识的多元化，需要高校辅导员具有扎实的专业理论知识及强大的实践应用能力。学生成长成才道路上的困惑与需求，需要辅导员辅导的重点由个别向全员转变，实现教育覆盖学生群体全员；引导的重点由成长目标向过程引导转变，实现引导贯穿学生成长全过程；指导的重点由学生发展的整体向具体转变，实现指导覆盖学生发展的全方面。④辅导员作为高校育人质量提升的关键力量，其职业能力水平直接影响着社会主义核心价值观在高校培育和践行的实效。

综上，推进辅导员的职业能力提升是大学生全面健康个性化发展的迫切需要，也是高校思政教育新形势下的必然选择，只有不断提高辅导员的职业能力，才能与高校育人目标相契合，与教育现代化的发展要求相适应。以上

---

① 郝英明,季利清.党的二十大文件汇编[M].北京:党建读物出版社,2022:53.

② 同①.

③ 焦佳.新时代高校辅导员队伍专业化发展的路径选择[J].思想理论教育,2018(07):92-96.

④ 王显芳,任雅才,亓振华.新时代高校辅导员队伍专业化发展的理论逻辑和现实路径[J].思想教育研究,2019(04):132-137.

这些现实无不要求高校从学生需求实际出发，从高校育人成效出发，培养一批在思想政治教育和高校学生管理领域具有较强专业实践和研究能力的行家里手，成为不可替代的社会角色。①因此，针对辅导员职业能力发展的相关研究也显得比任何时期都更为重要。

（四）高校辅导员职业能力发展是辅导员群体实现可持续发展的内在诉求

选择这一研究课题，亦源于自身的关切与困惑。作为一名在学生教育管理服务工作一线奋战了 20 年的高校教师，从一名普通辅导员到带领辅导员队伍的学院党总支副书记，再到学院思想政治教育工作第一责任人，20 年的工作实践，让笔者深切感受到国家对辅导员这一群体的关心和重视，也切身体会到辅导员这一职业的成就感和幸福感，但同时更深刻感受到这份职业存在的发展困境：角色定位不准确、支持系统不完善、评价体系不健全、发展通道不顺畅……这些都或多或少打击着辅导员的职业期待，导致辅导员这个群体职业归属感不强、职业价值感不浓、职业稳定性不佳。辅导员队伍的发展方向到底在何方？这已经成为辅导员这个群体的集体叩问。

当前，立德树人的根本任务决定了高校思政工作队伍的发展方向，也决定了辅导员职业能力发展的走向。国家一直高度重视这支队伍的建设问题，先后出台了一系列文件标明了该队伍的发展方向，提供了政策层面的指导。习近平在全国高校思想政治工作会议上强调，"要保证这支队伍后继有人、源源不断"②，充分体现了辅导员作为思想政治教育工作专业队伍的不可或缺性。自中央 16 号文件和教育部 24 号令出台以来，辅导员队伍专业化建设被提上日程。2014 年，《高等学校辅导员职业能力标准（暂行）》的颁布，指明了专业化提升是辅导员科学发展的方向；2017 年，教育部 43 号令明确提出

---

① 冯刚.高校辅导员队伍专业化、职业化建设的发展路径——《普通高等学校辅导员队伍建设规定》颁布十年的回顾与展望[J].思想理论教育,2016(11):4-9.

② 吴晶.胡浩.习近平在全国高校思想政治工作会议上强调：把思想政治工作贯穿教育教学全过程开创我国高等教育事业发展新局面[J].中国高等教育,2016(24):5-7.

要"切实加强高等学校辅导员队伍专业化职业化建设"①,"不断提高队伍的专业水平和职业能力"②,这些要求标志着国家把提升职业能力以推动专业化职业化发展摆在了新时代高校辅导员队伍建设的首要位置。

在政府和教育主管部门的大力倡导、学术研究层面的有力推动以及高校层面的奋力探索下,辅导员专业化职业化发展的进程已然启动。但不可否认,这一进程目前仍处于一个十分缓慢甚至滞后的状态,辅导员的职业能力还不能完全适应新的工作要求。而且从队伍的整体现状看,专家型人才依然缺乏,骨干人才的数量也不能满足现实工作的需求,加快培养辅导员队伍中的专家型人才和骨干人才已经成为当务之急。

相比无技术含量的事务性工作,辅导员更热衷于具有创造性的工作,把解决学生问题、满足学生成长的需要看作自我价值的实现方式。因而在发展路径选择上,他们迫切期盼通过职业能力的提升获得专业化职业化发展,向"专家型""学术型"人员转变,成为高校中"术业有专攻"的不可替代的角色,社会地位得到认可,社会价值充分彰显。

综上所述,高校辅导员的职业能力发展问题不仅是辅导员这个群体寻求地位和价值的发展诉求,它是作为教育对象的大学生实现个性化全面发展的迫切需求,也是高校做好思想政治教育工作培育时代新人的本质要求,更是高等教育以质量提升为核心的内涵式发展的必然选择。应该说,提升高校辅导员的职业能力,引导其向专业化职业化发展,是国家、高校、辅导员、大学生四者共同对时代变革诉求作出的一种回应,是历史发展的必然趋势。它是政策制定者、学术研究者、高校管理者、辅导员群体都要认真思考的问题,是教育理论界需要结合实际进行解决的问题。希望在各方力量更多的关注、参与和实践下,这一论题能得到不断地丰富和发展,助推辅导员职业能力得到快速提升。这是笔者作为一名高校学生教育管理工作者,也作为曾经辅导员群体中的一员,确定这一选题的初衷。

---

① 中华人民共和国教育部. 中华人民共和国教育部令(第43号)[EB/OL].(2017-09-21).http://www.gov.cn/gongbao/content/2017/content_5244874.htm.

② 同①.

二、研究视角的选择

"教育问题应跳出教育的视域来看",高校辅导员这一群体的职业能力发展问题也应从不同的视角对其进行解读,寻求问题解决之道。共同体视角的切入,源于鲍曼在其著作《共同体》中指出:"'共同体'这个词传递的感觉总是很美妙的,共同体是一个温暖而舒适的场所,一个温馨的'家',在这个家中,我们彼此信任互相依赖。"①共同体是一个积极的世界,是一个现实而有机的生命,源于人们对未来理想状态的一种思考和设计。

"共同体"思想源远流长,最早可以追溯到古希腊时期的亚里士多德,但最早对共同体理论进行系统性阐述的是德国著名社会学家腾尼斯。在《共同体与社会》一书中,腾尼斯提出"共同体"具有同质性、社会性、平等性和自发性等特征,认为共同体是建立在自然情感的意志基础上,联系紧密的、排他的社会联系或共同生活方式,强调人与人之间的紧密关系、共同的精神意识以及个体对共同体的归属感和认同感。②马克思也认为:"只有在共同体中,个人才能获得全面发展其才能的手段,也就是说,只有在共同体中才可能有个人自由。"③综合腾尼斯和众多学者对共同体的论述,共同体就是一种共同的归属精神、价值理念和目标愿景,一种亲密无间的情感意识,一种共有共享的精神指引。其最重要的研究价值是共同体为人的自由和全面发展提供了便利条件。

随着对"共同体"研究的逐渐深入,"共同体"思想在教育学、哲学、政治学、经济学、人类学等领域得到了广泛的应用,并派生了教师共同体、政治共同体、人类命运共同体等新兴共同体概念。对照腾尼斯及众多学者对"共同体"的内涵及特征的界定,高校辅导员群体本质上也是一个"共同体",

---

① [英]齐格蒙特·鲍曼.共同体:在一个不确定的世界中寻找安全[M].欧阳景根,译.南京:江苏人民出版社,2003:76.

② 赵健.学习共同体[D].上海:华东师范大学,2005:78.

③ [德]马克思,恩格斯.马克思恩格斯全集(第46卷上册)[M].中央马克思恩格斯列宁斯大林著作编译局,译.北京:人民出版社,2016:132.

他们拥有共同的使命，秉持共同的价值观，认同共同的工作理念，拥有共同的职业愿景，符合"共同体"的相关特征。作为思想政治教育工作的骨干力量，其理论水平、自身素质、工作能力、专业技能和职业归属感直接影响到工作质效。这一群体要高质量实现国家赋予其的目标任务，就必须形成辅导员内部的共同认知，达成一个心理范畴的辅导员联盟，使各成员之间相互接纳、信任、理解和支持以凝聚工作合力。建构高校辅导员共同体不失为实现这一目标任务和使命担当的可行性路径。

本研究选择"共同体"的视角寻找我国高校辅导员职业能力发展瓶颈问题的解决方式还基于以下考量：

第一，当前时代背景下，在组织理论已经成为"显学"的今天，共同体却越来越受关注，说明共同体的某些功能是组织无法替代的。因此，对于一些具有某些联系的特定人群问题，在无法完全通过组织的方式来认识、解决时，我们不妨借用共同体的框架来加以思考。基于共同体的视角对高校辅导员职业能力发展境遇进行审视，将视角转向现象背后可以进一步挖掘高校辅导员职业能力发展过程中的时代特点及产生困境的原因。

第二，"共同体"在弥补"自由主义"引起的若干社会问题时已经显示出其特有的价值，[①]而今，"共同体"亦能为缓解社会矛盾提供促进协调发展的若干途径。高校思政工作要融入"中华民族伟大复兴、百年未有之大变局"的特殊场域，传统"单打独斗、各自为政"的思政育人模式难以满足学生期望、家长期盼和社会关切。习近平指出，"要把思想政治工作贯穿教育教学全过程，实现全员全程全方位育人"，进行辅导员共同体建设是高校落实立德树人根本任务和辅导员自身职业发展的共同需要。

如今共同体理论日臻成熟，已在实践中取得显著成效，为本研究提供了坚实的理论支持和现实借鉴。本研究拟在借鉴已有共同体理论与实践研究的基础上，以高校辅导员联盟的形式，建构符合高校辅导员这一群体独特性、对自身职业发展和思想政治教育工作皆起促进作用的共同体，从而寻找辅导

---

① 赵军."共同体"视域中我国职业教育发展境遇与路径选择[J].教育发展研究,2012(17):19-24.

员职业能力建设新的切入点，优化辅导员职业能力建设长效机制和实践策略，实现职业能力提升的既定目标，促进辅导员向职业化、专业化发展，提升高等教育育人质效。

第二节　研究目的与意义

本研究以职业能力提升为切入点，对辅导员发展问题进行整体考量。近年来，高校辅导员职业能力发展研究引起了学界的关切。从共同体的视角探究辅导员职业能力提升的有效策略，对于防止和消除辅导员在职业功能上不应有的"错位"与"漂移"，确保职业能力发展沿着党和国家要求的正确方向行进，具有十分重要的意义。

一、研究目的

（一）深入辨析新阶段对高校辅导员职业能力的崭新期许，为高校辅导员职业能力发展明晰方向

高校辅导员这一职业具有典型的时代性和发展性，这要求其从业者的能力建设要与新时代要求相匹配。党的二十大再次明确我国已进入高质量发展阶段，提出要加快建设高质量教育体系。实现高等教育的高质量发展，思想政治教育排在首位。新发展阶段，大学生更加多样化、广泛化、层次化的需求以及高等教育高质量发展的要求，都对辅导员工作提出了创新性的要求，对辅导员的职业能力提出了更高期许。本研究以新发展阶段高校思想政治教育工作队伍建设及新时代大学生健康发展需求为导向，深入分析辅导员的职业能力结构要素，探索建构辅导员职业能力结构模型，明晰新发展阶段辅导员职业能力的发展方向。

（二）客观全面把握当前高校辅导员职业能力的现实状况，为高校辅导员职业能力发展提供依据

国家一直高度重视加强辅导员队伍建设，先后出台了一系列文件标明了这支队伍的发展方向，把推动专业化职业化发展摆在了首要位置。从职业能力发展的角度研究和解决与辅导员可持续发展有关的实际问题，已经成为辅导员发展研究的重要课题。没有调查就没有发言权，对现状的把握是研究的逻辑起点。因此，本研究通过深度访谈和调查问卷针对高校管理者、辅导员群体和大学生群体进行调研。通过实证调研掌握第一手资料，依据党和国家对思想政治教育高质量发展的相关要求，系统了解辅导员职业能力发展困境，从共同体视角出发，分析阐释制约发展的本质原因，破解阻碍发展的现实症结，为探索高校辅导员专业化、职业化发展路径提供现实依据。

（三）科学制订高校辅导员职业能力发展的有效策略，为高校思想政治教育提质增效增加助力

高校辅导员的职业能力发展不是一个单一的问题，作为大学生健康成长的人生导师和知心朋友，这支队伍是否拥有良好的职业素质，是否具备较强的工作能力，是否掌握过硬的工作本领，直接关系到高校思想政治教育功能的发挥，关系到立德树人根本任务的落实，关系到高校人才培养质量的提升。本研究坚持科学性、合理性、可操作性的原则，基于高校辅导员职业能力发展困境和共同体归因，在共同体理论指导下，以辅导员联盟形式建构辅导员共同体，寻找辅导员职业能力建设新的切入点，提出辅导员职业能力提升的长效机制与实践策略，优化辅导员职业能力培养有效路径，为提高高校思想政治教育工作质效做出理论贡献。

二、研究意义

(一) 理论意义

从共同体视角深化辅导员职业能力研究，可以丰富该领域的理论研究内容，拓宽辅导员队伍建设以及高校思想政治教育的研究视野。

第一，基于共同体视角开展研究，为深入探讨辅导员职业能力的建设理论提供有益启示。突破研究窠臼对辅导员职业能力的特征、价值功能进行深入研究，尝试建立适切的辅导员职业能力结构模型及基于共同体的培养体系，力争从内容的全面性、结构的系统性、逻辑的严密性等方面，进一步厘清辅导员职业能力建设的目标、原则、内容，优化培养路径。

第二，创新研究方式破解难题，为建立科学合理的辅导员队伍建设长效机制提供新的理论借鉴。拓展本研究领域新的视野，为辅导员的职业定位与角色身份提供理论支撑，丰富辅导员职业能力建设的理论框架，积极回应辅导员专业化职业化发展的理论需求，推进高校思想政治教育工作理论创新。

(二) 实践意义

从共同体视角开展高校辅导员职业能力研究，对辅导员队伍的可持续发展以及高等教育改革发展有着重要的现实意义。

首先，从个体层面上，可为辅导员提供崭新的发展策略，对于辅导员积极转变思想观念、全面提高个人素质、切实增强职业胜任力、真正实现个人价值起着重要作用。

其次，从群体层面上，可创新路径以解决辅导员职业能力发展中的瓶颈问题，对促进这支队伍实现专业自治、体现核心价值、提升职业效能、保持队伍稳定有着积极意义。

再次，从高校层面上，亦可加快高校思想政治工作的改革发展步伐，有效提高育人成效落实立德树人根本任务，破解高校思政工作实效与大学生对美好生活需求之间不平衡不充分的问题，满足人民群众对高质量教育的追求和期待。

第三节　文献综述

作为高校思想政治教育研究中的重要议题，学者们围绕辅导员队伍建设、职业能力、专业化、职业化等主题进行了广泛研究，取得了许多值得借鉴的学术成果。纵观此类研究的演进历程，可以发现职业能力、职业发展贯穿了研究的整个历程，始终是学者们研究的重点、热点和难点。

一、研究历程和趋势

通过中国知网进行文献搜索，从文献成果的发文量看，截至 2022 年 12 月 31 日，搜索到主题包含"高校辅导员"和"能力"的期刊文章 5526 篇（核心期刊 574 篇），硕博论文 1196 篇（博士论文 100 篇），最早文献见于 1989 年；搜索到主题包含"高校辅导员"和"职业能力"的期刊文章 1403 篇（核心期刊 175 篇），硕博论文 173 篇（博士论文 41 篇），最早文献见于 2005 年；搜索到主题包含"高校辅导员"和"共同体"的期刊文章 112 篇（核心期刊 16 篇），硕博论文 16 篇（博士论文 4 篇），最早文献见于 2010 年。更换搜索关键词，主题同时包含"高校辅导员""共同体"和"职业能力"三个关键词的期刊文章仅搜索到 20 篇（核心期刊 1 篇），硕博论文 3 篇（博士论文 2 篇），最早文献见于 2014 年（详见图 0-1）。

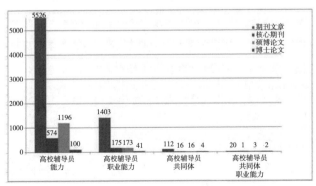

图 0-1　不同主题文献成果发文量对比图（截至 2022 年 12 月 31 日）

可见，高校辅导员从业者能力的研究得到了学界的广泛关注，成果斐然；较之前者，针对高校辅导员职业能力的研究成果显著减少，或与研究开始时间晚、历程短有关；而基于共同体视角进行高校辅导员职业能力研究的文献甚少且于近年始出现，可见这是一个全新的研究领域，具有极其重要的研究价值和研究前景。本研究重点遴选了以"高校辅导员职业能力"为主题的核心期刊、辅导员学术专刊和代表性著作进行综述研究。

从文献成果的研究趋势看，以"高校辅导员职业能力"为主题的文献首次发表于 2005 年，之后关注度逐渐上升，自 2014 年起开始显著增长，尤其是 2016 年迎来一轮研究高潮，当年发文量达到近 20 年的最高峰值 224 篇。究其原因，与国家政策的出台密不可分，2006 年《普通高等学校辅导员队伍建设规定》的发布推动了研究规模的扩大与研究深度的拓展，2014 年出台的《高等学校辅导员职业能力标准（暂行）》则为辅导员职业能力提供了更加明确的研究方向与政策支持。在这期间也穿插了其他政策文件的颁布，可见政策的指引性对研究方向有着重要的指导意义，反之学界的深入研究对于政策的制定同样有着重要的反向推动作用（详见图 0-2）。

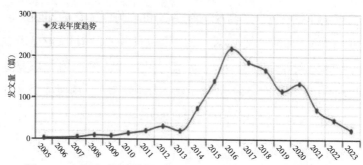

图 0-2　主题为"高校辅导员职业能力"期刊文献发表年度趋势
（截至 2022 年 12 月 31 日）

从文献成果的发文期刊看，主要成果集中在《高校辅导员》和《高校辅导员学刊》上刊发，这两本学术期刊逐渐成为辅导员理论和实践研究的主阵地。在核心期刊中，相关文献多见于《学校党建与思想教育》《思想理论教育导刊》《思想理论教育》《思想教育研究》等教育类期刊，使高校辅导员的研究学科化、专业化趋势更加明显，研究阵地及场域正在逐渐形成（详见图0-3）。

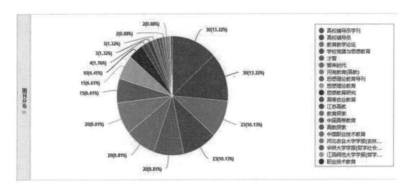

图 0-3　主题为"高校辅导员职业能力"文献发表期刊分布图
（截至 2022 年 12 月 31 日）

二、研究内容

认真梳理核心期刊、辅导员学术专刊和代表性著作中的研究成果，学者们持续围绕下述内容展开探讨：

（一）高校辅导员职业能力构成要素研究

围绕辅导员应具备的职业能力，研究者们各抒己见，从不同视角进行了考量，将辅导员职业能力进行了两部分、三层次、四维度、五要素等不同的划分。

二分说。对照《普通高等学校辅导员职业能力标准（暂行）》，费萍提出高校辅导员职业能力的基本要素包括通用能力和专有能力，通用能力包括学习能力、教学能力、表达能力、沟通能力、组织能力、协调能力和科研能力等，专有能力主要包括教育引导能力、发展指导能力和事务管理能力。[①]她认为，通用能力是专有能力的基础，决定着专有能力的形成和发展，专有能力是对通用能力的拓展，且具有反作用。何萌认为，高校辅导员职业能力由通用能力和专业能力两部分构成，其中通用能力由调控自我行为能力、相处环境行为能力、实现需求行为能力构成，专业能力由学生思想政治教育能力、

[①]　费萍.以"精细化"标准建构高校辅导员职业能力体系[J].思想政治教育研究,2019,(02):126-130.

学生发展指导能力、学生事务管理能力构成。①两人想法十分接近，尤其是对专有（专业）能力的认识不谋而合。

三分说。韩冬等从职业发展进程角度，将辅导员职业能力分为一般职业能力、专业能力和核心能力。②他们认为辅导员想要成为优秀辅导员，必须在某方面学生工作形成关键能力，体现出不可替代的价值。③蒲清平等认为高校辅导员职业能力具有非常典型的层次结构，将职业能力分解为行业通用能力、核心职业能力以及岗位特定能力等三个层次。④曾建萍依据教育部 43 号令的顶层设计，从九大工作职责角度，将职业能力划分为基础层核心能力、中间层业务能力和高度层发展能力三个层次。⑤

四分说。郑柏松通过分析高职院校辅导员职业的特征，归纳出其职业能力包括核心能力、基础能力、专业能力、发展能力四大类别。⑥张宏如基于人力资源视角，认为辅导员职业能力结构包括健康、知识、技能与态度四个层面。⑦焦佳结合辅导员角色定位，将职业能力划分为思想政治素质、职业道德品格、基础业务知识和拓展职业技能四个维度。⑧

五分说。李琳认为，辅导员职业能力具有现实关照性、行为导向性、内容延展性、发展持续性四个特性，将辅导员职业能力概括为思想政治素质、道德品质素质、职业情感素质、九项业务能力素质、媒介素养素质五要素，指出辅导员要在这五个方面深化和完善自身内涵发展和外延发展。⑨

（二）高校辅导员职业能力发展困境研究

辅导员职业能力的现存样态是其发展研究的逻辑起点，针对高校辅导员职业能力建设中存在的问题，学者们展开了热烈讨论（详见表 0-1）。

① 何萌.高校辅导员核心能力建设问题研究[D].济南：山东大学,2016:64–65.
② 韩冬,毕华新.高校辅导员职业能力的形成与提升[J].思想理论教育导刊,2011(11):122–124.
③ 胡建新.高校辅导员专业化标准研究[J].思想教育研究,2009(08):41–44.
④ 蒲清平,白凯,赵楠.高校辅导员职业能力评价研究[J].高教发展与评估,2011,(04):95–100.
⑤ 曾建萍.新时代高校辅导员职业能力结构及其优化[J].高校辅导员学刊,2019(12):25–30.
⑥ 郑柏松.高职院校辅导员职业能力的构成与提升策略[J].中国成人教育,2014(06):104–107.
⑦ 张宏如.高校辅导员职业能力研究[J].思想理论教育导刊,2011(09):117–119.
⑧ 焦佳.高校辅导员职业能力提升路径探究[J].思想理论教育,2016(02):96–100.
⑨ 李琳.高校辅导员职业能力内涵与提升路径探析[J].思想教育研究,2015(03):105–107.

表 0-1　部分学者关于高校辅导员职业能力发展困境的代表性观点

作者姓名	主要观点
湛风涛 (2012)	目前辅导员队伍素质存在着专业结构、学历结构、职称结构、性别结构不合理等问题，且部分高校对辅导员职业能力建设重视程度不够，缺乏辅导员选聘机制、培训机制、激励机制和科学实用的考核评价体系，客观上造成辅导员职业能力弱化的困难。[①]
周　涛 (2014)	目前问题有三：一是辅导员职业能力研究的学科视角多样，尚未达成共识；二是研究成果的实践转化和操作性不足，难以形成有效的指导方案；三是忽视了对多种能力、知识和经验的融合能力，导致专业化建设举步维艰。[②]
张　莉，鲁　萍， 杜　涛(2015)	辅导员目前处于职业发展瓶颈期，存在辅导员角色定位不明，职业认同感有待提升；良性竞争平台较缺乏，激励措施较难发力；行业体制有待完善，准入标准待落实等问题。[③]
焦　佳 (2016)	经过十余年的跨越式发展，辅导员职业能力建设一些深层次的矛盾逐渐显现，包括制度边际效用递减、学科协同效应不足、专业归宿困境显现、专业培训亟待转型。[④]
王显芳 (2017)	高校辅导员职业能力逐渐暴露出能力要求不合理，追求大而全，忽略专而精；能力结构不平衡，基础能力强，专业能力弱；能力发展不持久，拓展能力弱，难满足需求等问题，亟待解决和完善。[⑤]
覃吉春，王静萍 (2018)	辅导员职业能力提升困境有四：第一，社会认同不足依然存在，自身定位依然困惑；第二，欠缺知识建构，知识渠道狭窄；第三，学习和分享知识资源平台缺失，能力提升受困；第四，事务性工作繁多，职业倦怠严重。[⑥]
李宏刚，李洪波 (2020)	高校辅导员职业能力协同开发在现阶段存在着创新理念和思路不够先进、社会化组织体系不够健全、资源共享平台不够强大、激励评价体系实效不强等问题。[⑦]

① 湛风涛.高校辅导员职业能力建设探析[J].思想理论教育导刊,2012(12):115-117.
② 周涛.辅导员核心职业能力建设探析[J].思想政治教育研究.2014(06):93-96.
③ 张莉.鲁萍、杜涛.高校辅导员职业能力提升与专业化发展研究[J].思想理论教育导刊、2015(08):130-132.
④ 焦佳.高校辅导员职业能力提升路径探究[J].思想理论教育、2016(02):96-100.
⑤ 王显芳. 基于 OTRAP 模式的高校辅导员职业能力的提升 [J]. 高校辅导员学刊、2017(04):20-23.
⑥ 覃吉春、王静萍. 高校辅导员职业能力结构与提升路径 [J]. 思想理论教育导刊,2018(02):145-148.
⑦ 李宏刚.李洪波.协同开发视域下高校辅导员职业能力提升探赜[J].学校党建与思想教育,2020(03):90-93.

　　从整体角度，学者们认为辅导员职业能力建设现在面临着专业归属不够清晰，政策支持平台系统化不够，职业文化建设有待加强的困难；①对辅导员职业能力建设重要性认识不足，导致缺乏"选得准、留得住、干得好、出路畅"的良性运行机制的问题；②存在整体结构水平较低、职业缺乏吸引力、角色定位模糊、行业组织发展滞后、准入机制有待完善、专业化训练不足等发展"瓶颈"。③

　　从细节方面，学者们指出高校辅导员知识建构方面存在理论知识困境和实践性知识困境两个方面的专业知识困境；④选聘机制存在重综合能力、轻专业能力，罕见学科专业的要求，专业跨度大背景杂的问题；培养机制方面重岗前培训、轻职后培养，培训形式多理论授课、少实践指导，培训内容缺乏个性化、针对性，整体设计缺乏系统性，碎片化问题突出，未能形成有效课程体系，无法满足新形势下思想政治教育工作发展和辅导员职业能力提升的新要求；考核机制在思路、指标、目标、程序和结果等方面存在诸多问题，如考评制度不全面、考评信息来源不充分、考评方法简单、考评结果与奖惩晋升等不挂钩、考评的刺激性不强；⑤激励机制存在辅导员绩效津贴、职称评定、职级晋升等方面政策落实不到位，无法从物质和精神层面合理满足辅导员的回报期待，职业价值无法彰显的问题。

　　以上研究涉及当前辅导员职业能力发展的各种突出问题，如角色定位不清晰、职业认同感匮乏、体制机制不健全、专业归属不明确等，基本一针见血，直击痛处。

　　针对上述问题，研究者们从宏观、中观、微观三个层面剖析了这些问题产生的原因。在宏观层面，职业岗位"阙如"与形成专业化队伍之间、政府社会要求的提高与辅导员职业素养匹配之间、高等教育规模的扩大与辅导员

① 冯刚.高校辅导员队伍专业化、职业化建设的发展路径——《普通高等学校辅导员队伍建设规定》颁布十年的回顾与展望[J].思想理论教育,2016(11):4-9.
② 湛风涛.高校辅导员职业能力建设探析[J].思想理论教育导刊,2012(12):115-117.
③ 翁铁慧.高校辅导员队伍建设论纲[M].北京:人民出版社,2014:75-79.
④ 王映、赵盈.高校辅导员专业化知识困境及其对策[J].思想理论教育,2017(03):103-107.
⑤ 郭一红.论我国高校辅导员绩效考评[J].湖南社会科学,2009(02):171-173.

总体数量之间的三种矛盾导致了辅导员整体结构水平较低、职业缺乏吸引力，从而使辅导员难以自觉产生提升职业能力的精神动力；^①在中观层面，选聘、培养、考核机制等客观因素的差异性影响了队伍的结构性和稳定性，降低了队伍的职业归属感和自信心，影响了职业能力发展的长远规划；在微观层面，知识结构狭隘化是直接影响因素，自身专业知识的欠缺、思想认识的偏差、反思意识的缺失、成长意识的薄弱都影响着辅导员职业能力的提升。

综上分析，影响辅导员职业能力发展的原因既有国家政策支持体系缺乏系统性与针对性的问题，也有辅导员自身层面职业认同感不高以及缺乏自我提升的热情等问题。但深层剖析制约并影响辅导员职业能力发展的关键因素还不够精准，尤其尚待从能力结构以及内外因综合作用的角度进行深入剖析。

（三）高校辅导员职业能力提升路径研究

高校辅导员职业能力建设的实践路径是学者们关注的焦点之一，不少学者进行了卓有成效的研究，成果丰硕。

部分学者认为，提升辅导员职业能力可对辅导员角色定位进行优化，将思想政治引领、职业规划、心理辅导等责任重大、专业要求高的工作重点培养，将重复性强、程式化高的工作制度化和流程化；^②可在当前思想政治教育学科下设立高校辅导员专业或大学生思想政治教育专业等，通过学历教育优化知识结构、强化理论素养、增强教育引领能力，使辅导员成为"科班"出身的不可替代性人才。^③另有部分学者提出，可针对高校辅导的层级发展模式制定层级化培训，形成由通识化培训、专项化培训、专家化培训三个部分组成的合理完善的系统化培训体系；^④并将评价体系与辅导员的职业发展规律

---

① 王广婷,周亚夫.高校辅导员队伍专业化进程中的若干思考[J].江苏高教,2010(01):121-122.
② 张莉,鲁萍,杜涛.高校辅导员职业能力提升与专业化发展研究[J].思想理论教育导刊,2015(08):130-132.
③ 焦佳.高校辅导员职业能力提升路径探究[J].思想理论教育,2016(02):96-100.
④ 张益.高校辅导员职业能力分级培训体系的层级图式模型建构研究[J].思想教育研究,2015(04):102-105.

相结合，对处于不同职业发展阶段的辅导员制定不同的评价标准，以引导辅导员主动地提升其自身的核心职业能力。①

还有学者尝试从宏观视角审视相关措施机制，如以专业化分类为导向做好辅导员选拔与聘用，以专业化培养为目标创新辅导员培训机制，以专业化研究为驱动组建辅导员理论研究团队，以科学化评价为指导拓宽辅导员专业化发展通道；②以专业化、职业化为导向，依据职业定位贯彻落实职业能力标准，同时加强学科建设、建立专业组织、完善课程体系和教材体系、组建专业师资队伍、组织专业实践。③

除此之外，也有学者从职业能力标准、团队建设、协同开发等微观角度进行了积极的实践探索。李永山对辅导员日常思想政治教育能力标准④、学生管理职业能力的专业范围⑤、学业指导能力标准⑥进行了一系列分析研究，指出可通过分层次完善培养方案、强化实践能力培养、优化能力结构来推进高校辅导员专业人才的培养⑦。余钦阐述了团队建设的重要性，从向心力、胜任力、学习力及执行力等方面探讨了增强职业自信心和归属感，提升辅导员职业能力的有效途径。⑧李宏刚等提出通过建构"三种理论＋两个协同＋一个目标"的辅导员职业能力协同开发模式，建立层级化的社会化组织体系，培育集成化的新媒体资源共享平台，完善体制机制，协同推进职业能力的全面提升。⑨

————————

① 朱丹.新时代辅导员核心职业能力提升研究[J].学校党建与思想教育,2019(04):75-77.
② 王戎.新形势下高校辅导员专业化发展路径探析[J].思想理论教育,2015(12):99-102.
③ 费萍. 改革开放 40 年高校辅导员职业能力培养的历史回溯与现实启示 [J]. 湖北社会科学,2018(06):173-179.
④ 李永山.论辅导员日常思想政治教育能力标准的完善——基于《高等学校辅导员职业能力标准(暂行)》的思考[J].思想理论教育,2019(07):94-98.
⑤ 李永山.论高校辅导员学生管理职业能力的专业范围——基于《高等学校辅导员职业能力标准(暂行)》的分析[J].思想教育研究,2018(11):130-134.
⑥ 李永山.论高校辅导员学业指导能力标准的完善——基于《高等学校辅导员职业能力标准(暂行)》的分析[J].思想教育研究,2016(10):104-107.
⑦ 李永山.以职业能力为导向加强高校辅导员专业人才培养——基于《高等学校辅导员职业能力标准(暂行)》的分析[J].思想教育研究,2015(09):101-104.
⑧ 余钦.团队建设视角下的高校辅导员职业能力建设研究[J].学校党建与思想教育,2015(11):56-58.
⑨ 李宏刚,李洪波.协同开发视域下高校辅导员职业能力提升探赜[J].学校党建与思想教育,2020(03):90-93.

　　少数学者开始了从共同体视角进行破解的尝试。王东明等人认为，高校辅导员学习共同体是以共同学习和发展为目标，由辅导员群体组成的资源共享、优势互补、目标一致的自我管理组织，①建构辅导员学习共同体是认知职业内涵的切实保证和增强职业认同的现实诉求，可通过建构共有知识背景、发挥"师徒制"的作用、倡导反思性实践等方法更好地发挥辅导员学习共同体的作用，从而达到职业能力提升的目的。②梅晓芳阐述了高校辅导员工作室作为共同体存在的前提及现实依据，从四个维度推演共同体视野下辅导员工作室建设的逻辑理路，辨明了辅导员专业化发展的新向度；③童卫丰、杨建义则提议系统建构辅导员发展共同体的专业化建设路径，以实现"外"与"内"融合、"专"与"全"结合，"知"与"行"统一。④

　　上述研究，既有着眼于辅导员角色定位以及职能作用的发挥，也有基于完善辅导员自身知识素养和专业技能的角度，还有聚焦辅导员培养、培训、管理和激励机制等层面进行的探索，对推进高校辅导员职业能力建设具有一定的借鉴意义。

（四）国外同类研究

　　辅导员制度是中国特色的产物，西方国家专设了学生事务工作者负责大学生的学业咨询、心理辅导、职业规划等事务，与我国辅导员的工作性质和职能类似。西方高校学生事务工作历史悠久，尤其是美国和英国经过 100 多年的实践探索，已经形成了比较完善的管理理念和体制机制，进入高度专业化阶段。这些成果给我国辅导员职业能力发展研究以启发和借鉴。

　　首先，西方高校在学生事务管理机制方面存在较大差异，已经形成了职业化、专业化的发展体系，且呈现出一些共性特征。

---

① 王东明.高校辅导员学习共同体建构策略探讨[J].高校辅导员学刊,2016,8(02):86-89.

② 熊银,黄晓坚.学习共同体:高校辅导员职业能力提升的可能路径[J].长春教育学院学报,2019,35(01):23-25.

③ 梅晓芳.高校辅导员工作室:共同体视域下辅导员专业化发展的新向度[J].江苏高教,2020(07):120-124.

④ 童卫丰,杨建义."大思政"格局下建构高校辅导员专业发展共同体的思考[J].高校辅导员学刊,2020,(05):34-38.

　　一是学生事务服务与管理体系独立于教学体系之外。如美国高校的学生事务管理部门单独设置，设有就业服务中心、学生政策与法律事务中心等不同机构为学生的学业指导、心理咨询、职业指导、经济援助等提供发展支持服务（详见图0-4）。①英国高校的学生服务与支持系统，由学生事务部、个人导师制和学生联合会三部分组成，可提供一整套专业化服务方便学生的学习和生活。②

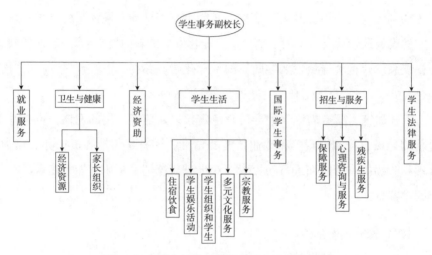

图0-4　美国高校学生事务管理组织结构模型

　　二是建立了职业化的学生事务工作行业规范。如美国教育理事会（ACE）对学生事务工作的具体内容进行了明确规定，美国学生事务管理者协会（NASPA）则出台了《高等学校学生事务管理人员行为规范》等行业性规范指导从业者开展工作。在职业准入资质上，学生事务工作者必须具备相关学科背景，具有复合型的知识结构、良好的专业素养和能力并至少具备学生事务等专业的硕士学位，较高职位人员则必须具备相关专业的高级从业资格证书或者具备博士学位。

　　三是为学生事务工作者提供专业化的职前培养与职后培训。高校专门设

---

①　夏仕林.美国高校学生事务管理的经验及启示[J].黑龙江高教研究,2014(09):46-49.
②　李永山,李大国.英国高校学生支持服务的历史演进及其特点[J].比较教育研究,2008(09):
　　62-65+71

置了学生事务管理这一专业门类，通过成熟的学科体系为这一职业输送硕士和博士学历的从业者，为该职业提供较为完备的职前和在职专业培训。职后培训一般由专业协会来组织，经常举办学术会议、评比交流等活动，系统深入地对不同时期学生事务管理工作的难点和重点进行理论研究，支持工作队伍的专业化发展。

四是为学生事务管理者提供良好的就业前景和职业化发展空间。西方国家积极为从业者搭建专业化发展平台，专业协会为他们提供专题培训、讲座沙龙、工作研讨等形式多样的职业培训，提升专业素质及技能，为从业者提供专业发展机会。高校建立科学的培养机制、考核体系和晋升机制，任何专业领域内，从初级到资深，均有稳定的可实现的职业生涯路径，努力为学生事务工作者提供畅通的发展渠道。

其次，西方高校在学生事务工作者的职责要求方面也有着很大差别，且随着时代的发展不断变化。

1937 年，美国教育理事会（ACE）提出了"全人发展"的哲学，包括"智能与成绩、情感性格、社会关系、职业技能、道德与宗教价值观、美学鉴赏"[1]，强调学生事务工作者要致力于学生的全面发展，而不只是智能的培养。

20 世纪 60 年代，美国大学人事协会（ACPA）明确提出学生事务工作者应当承担行政管理、教学指导和咨询建议三大职责，成为"学生发展的教育者"；1972 年，该协会发布《明日高等教育的学生发展：回归学术》，要求学生事务工作者应该成为学习理论的专家，工作重心放在如何有意识地创造条件以促进学生学习与发展上面。[2]

2010 年，该协会和学生事务管理者协会（NASPA）联合发布《学生工作从业人员的专业能力领域》，从"建议与帮助""学生的学习和发展"等 10 个方面明确规定了三等级划分的从业者胜任标准，确定了从业者胜任岗位需要

---

① American Council on Education.The Student Personnel Point of View[EB/OL].(2008-09-15).http://www.myacpa.org/pub/document/1937.pdf.
② 李奇. 美国高校学生事务管理的纲领性文件研究［J］. 国家教育行政学院学报,2009(02):78-83.

具备的专业能力和职业发展方向。

2012 年，该协会对学生事务工作者进行了新的定位，要求将工作重心放在大学生的学习成才、健康生活、择业交友等方面，并重点关注心理问题，同时强调要高度重视对学生价值观的引导。

总体来说，美国高校学生事务工作者的职责涵盖了关于学生的几乎所有非学术性的事务，把维护学生利益、给学生全面帮助与支持作为基本指标，具有专业化、社会化以及多样化的特点。

再次，不同于我国辅导员要身兼数职，西方高校对学生事务工作者进行专业化培养，学生事务工作者面向某一个特定的专业领域，有自己确定、专注的岗位。

以美国高校为例，学生事务工作者的根本任务就是使学生的需求、能力和个性得到全面发展，因而推动了其职业能力的专业化培养。美国学生事务工作者专业化培养大约经历了三个发展阶段[1]，学者 Dean，Laura A.等人认为："通过专业发展学分提升事务管理人才的专业化对学生事务领域多年来存在的分歧具有很好的支撑作用"。[2]

学者 Miller 和 Carpenter 在其撰写的经典著作《学生事务的未来》(The Future of Students Affairs) 中提出了"职业成长四阶段"学说，即高校学生事务工作者职业发展需经历形成期、应用期、累积期和生成期四个阶段，他们从不同阶段参与不同管理工作所需要的专业技能出发，为学生事务工作者规划了职业化和专业化成长历程。他们指出："到达生成期后，丰富的知识结构、高超的工作技能使得他们的专业性不断提升，已经赢得其他专业人士的尊重。"[3]

---

① 李永山,杨善林.美国大学学生事务专业人才培养的历程、经验和启示[J].中国高教研究,2015 (04):26-31.

② 李永山.美国大学学生事务管理人员职业发展过程及启示研究[D].合肥:合肥工业大学.2013: 82.

③ Miller,T.K.,Carpenter.D.S.Professional preparationfortodayandtomorrow [A]//InD.G.Creamer(Ed.) Student development in higher education:Theories,practices,and future directions[C].Washington DC:ACPA.1980:187.

美国在发展过程中非常注重专业标准的制定，形成了从业者共同遵守的行规。1970年美国高校学者Moore提出了专业化的五条标准："一是视职业为一项崇高使命；二是需要特殊的、可持续发展的教育培训；三是以服务为导向；四是实践中拥有较高的自治程度；五是从业人员拥有自己的专业组织。"[①]美国高等教育标准促进委员会（CAS）在学生事务管理的职责任务、项目方案、人员配置、物质保障等领域建立了专业标准和认证要求，[②]2006年，其公布的《高等教育专业实践杰出人士的CAS特征》明确指出美国学生事务管理人才应具备一般知识与技能、互动影响能力和自主管理三方面特征。[③]这一系列标准成为从业者的专业化追求和职业化定位，使得他们职业意识和专业定位日益清晰，更加促进了学生事务管理队伍的专业化发展。

三、研究述评

整体上看，国内外学者们对学生事务工作者的研究颇为丰富，为本研究的顺利开展奠定了坚实的前期基础。从国外学生事务工作专业化发展历程可以看出，发达国家学生事务工作较早进入学者学术研究的视野，经过100多年的实践探索，已经进入"职业群体稳定化、职业准入严格化、专业领域专注化、学科体系成熟化、专业协会健全化、职业培训专业化、伦理道德规范化、专业标准明确化"的高度专业化发展阶段，运行管理机制相对比较健全。他们对学生事务工作者培养的针对性、连续性、系统性、畅通性的重视以及完善成熟的理念机制为我们提升辅导员职业能力、推动辅导员专业化职业化进程提供了借鉴和启示。

就国内研究现状而言，现有研究呈现逐步深入、视角扩展、路径多样的状态，学界关注焦点主要集中在以下三个方面：一是从两部分、三层次、四

① 邢国忠.美国高校学生事务管理专业化概况及其启示[J].教育发展研究,2007(Z2):94-99.
② 曾少英,卢金明,李丽萍.美国高校学生事务管理专业化标准的发展及其意义[J].黑龙江高教研究,2012(09):26-28.
③ 朱正昌.高校辅导员队伍建设研究[M].北京:人民出版社,2010:85.

维度、五要素等视角分析辅导员职业能力结构进行理论上的建构；二是从辅导员专业归属不明确、角色定位不清晰、职业认同不强烈、专业训练不充足等角度剖析辅导员职业困境原因进行实践上的支持；三是从政府的政策保障、专业的学科依托、管理的机制保证以及资源的多方支持等方面寻求解决策略提供学理上的支撑。但国内已有研究占主导的仍是经验归纳与思辨研究，实证研究缺乏，解决实际问题的可行性对策相对较少。主要体现在：

1. 关注现象较多，实质探讨不深

不少学者关注到了其中存在的问题，但往往忽略或淡化了职业能力与其主体角色和职业特征的深层次关联，缺少对职业能力的内在层次性与逻辑性以及对关键能力或核心能力的深层次研究。剖析制约职业能力发展的关键因素还不够精准，尤其是从内因与外因综合作用角度的剖析尚待学界深入论及。

2. 经验总结较多，实证研究较少

从众多关于辅导员职业能力提升路径的论述中不难看出，不少研究源于工作实践总结，引入模型、问卷等实证性研究少，亦缺少专业模型的分析与建构，研究结论缺少实证数据支撑，可信度不足，不能有效支持高校辅导员队伍建设的改革，从理论与实证结合角度探讨辅导员职业能力发展规律有待突破。

这些局限与不足，证实现有研究应对辅导员工作需求、个体发展诉求、时代变迁要求的协同性不够，与高校辅导员职责的复杂性、工作的繁杂性、任务的多样性、问题的不确定性不相符，此类研究还有更进一步深化的空间。尤其是从共同体视角开展此类研究尚属新兴领域，成果不多，因此，与之相关的时代理念与可行性操作路径尚有待深入探索。本研究尝试从共同体这一崭新视角切入，通过建构立体的高校辅导员职业能力理论模型，聚焦职业能力建设新的发力点和契合点，力求推进该问题的进展。

第四节 核心概念界定

一、高校辅导员

高校辅导员的概念最早出现于 1952 年 8 月，其历史出场带有浓郁的政治底色，出于高校政治工作的需要而设立。随着时代的发展，"政治辅导员"不再适合辅导员身份的含义。

2004 年中共中央、国务院下发文件，把"政治辅导员"的称呼改为"辅导员"并明确了辅导员是思想政治教育的骨干力量。2014 年教育部明确给出了辅导员的职业定义："辅导员是高等学校教师队伍和管理队伍的重要组成部分，具有教师和干部的双重身份。辅导员是开展大学生思想政治教育的骨干力量，是高校学生日常思想政治教育和管理工作的组织者、实施者和指导者。"[①]

从社会学意义上，辅导员并非一种职业类型，而是一种岗位名称。查阅《中华人民共和国职业分类大典》，高等教育教师在 1481 个职业中占有一席之地，却无辅导员的身影，因此，辅导员的真实职业身份是教师队伍中专门从事思想政治教育的教师。从教育学意义上，辅导员的"教育"属性决定了其主要任务不是"管理"而是"教育"，否则不但弱化了其教师身份，更使辅导员失去了在思想政治教育中的应有地位。

为了防止辅导员身份的泛化，2011 年，教育部办公厅发文对专职辅导员、兼职辅导员和班主任的身份进行了严格的界定。本研究所讨论的辅导员，特指文件中的专职辅导员，"是指在一线从事大学生日常思想政治教育工作的人员，包括院系学工组长、团总支书记、党总支副书记等副处级以下从事学生工作的人员"[②]。此概念全新诠释了辅导员作为教师和管理人员的"双重身

---

① 中华人民共和国教育部.《高等学校辅导员职业能力标准（暂行）》发布[EB/OL].（2014-03-31）.http://www.moe.gov.cn/jyb_xwfb/gzdt_gzdt/s5987/201403/t20140331_166419.html.

② 教育部思想政治工作司.加强和改进大学生思想政治教育重要文献选编(1978-2014)[M].北京:知识产权出版社,2015:444.

份"，为其职业发展拓宽了晋升通道。2017年，教育部第43号令再次确认了这一概念，本文的辅导员概念即遵照教育部第43号令的明确规定。

二、高校辅导员职业能力

从业者具体从事某一职业所需要的能力即职业能力，既包括知识能力、方法能力、社会能力、情感能力，又包括整合这些要素的工作情境，会因职业的不同需求而体现出不同的能力结构特点。它既是实现从业的基本条件，也是完成职业任务要求的基本保障。[①]

关于高校辅导员职业能力，许多学者曾进行过深入讨论，但对其内涵的理解认识差异较大。韩冬等将其界定为，从事辅导员工作所必备的，以其拥有的知识和技能为基础，在不断学习中创新、培育和积淀出的符合自身特色的综合能力。[②]李忠军认为，辅导员的职业能力是其履行职责所应具备的专业知识和专业技能的统称，包括综合性能力和专业性能力。[③]何萌等定义其为，辅导员在履行职业角色过程中所需多种能力的综合，是辅导员所应具备的能力总和。[④]

综上，广义上，可将高校辅导员职业能力归纳为通用能力和专业能力两个方面；狭义上，则特指专业能力，即从事辅导员职业所需要的专业能力和专业技巧，是区别于其他职业能力的特殊所在，是胜任思政教育工作不可或缺的能力素质。

高校思想政治教育是一种特有的培养人的社会实践活动，因此，本研究认为，高校辅导员职业能力是指辅导员按照工作职责、任务和要求，在实践中形成发展起来并逐渐内化的，有目的、有计划地组织实施思想政治教育活动不可或缺的知识、技能、态度、价值观等系列要素整合而成的抽象结构，

---

① 李忠军.高校辅导员职业能力提升与专业化发展研究[J].思想理论教育,2014(12):97-102.
② 韩冬,毕新华.高校辅导员职业能力的形成与提升[J].思想理论教育导刊,2011(11):122-124.
③ 同①.
④ 何萌,周向军.高校辅导员职业能力考评体系的建构与分析[J].高教探索,2016(02):107-111.

是同其他职业相辨别的一种能力。高校辅导员职业能力具有多重维度，既体现为职业的要求，也反映在专业的品质；既体现为认知层面的价值和理念，也反映在实践层面的技术和才能，是显性能力与隐性能力的统一。在外显表现上，体现为思想引领能力、教育引导能力、组织管理能力、沟通表达能力、发展指导能力等专业技能；而隐性能力则突出体现为道德情操、育人情怀、专业品质等情意素养，外化为三观端正、喜教乐业，拥有强大的感召力和温暖的亲和力等。言传身教以身示范，表达的就是隐性能力的强大作用。

三、共同体

共同体（Community）思想源远流长，共同体概念随着经济社会的发展实现了多次转型，到目前为止，学术界考察的"共同体"的定义数量仍不断增多，衍生的概念非常宽泛。

学界公认对共同体做出系统论述的是德国社会学家斐迪南·滕尼斯，其在著作《共同体与社会》（德译为《Gemeinschaftand Gesellschaft》）中，将共同体界定为一个社会学概念，并与社会区别开来。"Gemeinschaft"在德文中具有团体、联盟以及结合、联合等含义，滕尼斯用它来表示建立在自然情感一致基础上、紧密联系、排他的社会联系或共同生活方式。在滕尼斯看来，共同体是以血缘、地缘和精神为纽带自然生长起来的，其基本形式包括血缘共同体(亲属)、地缘共同体（村庄）和精神共同体（友谊）。①

之后，共同体成为包含地域性社会组织、共同情感和互动关系等特征的更为广泛的概念。此时，共同体通常被描述为两种类型，一是地域性类型（如村庄、城市等地域性社会组织），二是关系性类型（如种族、宗教团体等社会关系与共同情感），且关系性类型愈来愈突出。

共同体概念在实践发展过程中不断地生成新的内涵，尤其随着全球一体化的发展，人们之间联系和交往的纽带已不再受传统血缘和地域的局限。此

---

① [德]斐迪南·滕尼斯.共同体与社会——纯粹社会学的基本概念[M].林荣远，译.北京:商务印书馆,1999:58-65.

时吉登斯提出了"脱域的共同体"概念，即通过时空重组重构其原来的情境。①自此，原始意义上的共同体概念被瓦解，共同体概念不断被嵌入到新的语境中而获得重构，如政治共同体、经济共同体、学习共同体、职业共同体等，也因此成了具有多种功能的功能性共同体。

功能性共同体是一种内生于社会关系中的契约共同体。契约关系的确立，是对共同体内各成员基本权利和义务的界定，其成员可以在约束规则范围内实现自主和独立。它最大的特征即异质性与包容性，能够将各种不同功能的共同体联合起来发挥最大功效。共同体的形成离不开共同的目标、认同与归属感这三个基本要素，②其中共同目标是其生成前提，身份认同是生成基础，归属感是维系纽带。对于共同体的概念，在不同的语境和话语体系下虽无法达成一致，但我们可以从共性的角度给出一个描述性的定义，即"一个基于共同目标和自主认同、能够让成员体验到归属感的人的群体"。

四、高校辅导员共同体

随着"共同体"思想在教育学、哲学等各个领域的广泛应用，派生了教师共同体、哲学共同体等多个新兴共同体概念，高校辅导员共同体即为其中之一。高校辅导员共同体是基于社会分工与职业分化基础上产生的现代共同体的类型之一。③

这一概念最早见于国内学者张永民 2014 年发表的文章，他首次提出高校辅导员共同体是价值共同体、精神共同体、学习共同体等的糅合体的概念。④在此之前，学者们大多把辅导员共同体看作是单一的职业共同体⑤、学习共同体⑥或

① 赵健.学习共同体[D].上海:华东师范大学,2005:17.
② 张志旻,赵世奎,任之光等.共同体的界定、内涵及其生成——共同体研究综述[J].科学学与科学技术管理,2010(10):14-20.
③ 唐彬.高校辅导员共同体内涵及意义研究[J].教育评论,2016,201(03):125-128.
④ 张永民.高校辅导员共同体的诠释与重构[J].科技视界,2014,91(04):32+23.
⑤ 周嘉楠.职业共同体视角下的高校辅导员职业化发展研究[D].华东政法大学,2010.
⑥ 刘秀娟.高校辅导员学习共同体构建探究[J].高校辅导员,2012,16(05):42-44+60.

实践共同体①。之后，学者黄大周和唐彬也先后发表了自己对高校辅导员共同体的体认，黄大周认为："高校辅导员共同体是促进辅导员之间交流沟通、互帮互助、互利互惠以实现辅导员和高校双赢发展的团体组织"②。唐彬则指出，"高校辅导员共同体是以相同或相似的价值理念或兴趣爱好为纽带，以有意义的共同愿景为目标追求，以促进辅导员个人与高校以及整个教育事业协同发展为落脚点的辅导员团体组织。"③在他看来，这种共同体源于国家制度的身份界定，体现于职业活动的具体实施，发展于辅导员群体的自我认同，成熟于队伍专业化、职业化、专家化的最终实现。

本研究以滕尼斯和马克思对于共同体的论述作为研究的立论依据。滕尼斯指出，"共同体是指那些有着相同价值取向、认识同质性较强的社会共同体"④，强调共同体侧重人与人之间的紧密关系以及个体对共同体的归属感和认同感，尤其是形成共同一致的精神意识。马克思认为，共同体关注的是人的发展，"只有在共同体中，个人才能获得全面发展其才能的手段"⑤。综合二者对共同体的论述，共同体是由若干个体或组织为了共同的价值理念和目标愿景而形成的亲密无间的社会组织系统，共同体成员通过相互合作、彼此配合和资源共享发挥协同效应，最大程度地实现整体优势。

对照上述论述，结合教育部的权威定性，因辅导员群体具备众多共同性和一致性，故辅导员群体符合"共同体"的特征，也是一个"共同体"。基于共同体的内涵界定和思想政治教育的时代要求，本研究将高校辅导员共同体界定为，高校辅导员共同体是一个将精神共同体、学习共同体、实践共同体和发展共同体联合起来的功能性共同体，由高校或辅导员发起，成员自由自愿参加，符合辅导员群体独特性、对辅导员职业发展和高校思政工作皆起促进作用的新型辅导员非正式组织。

---

① 宣丹平.生态取向下高校辅导员虚拟实践共同体培育研究[D].浙江师范大学,2012.
② 黄大周.高校辅导员共同体建设研究[J].求知导刊,2015,20(04):148-150.
③ 张永民.高校辅导员共同体的诠释与重构[J].科技视界,2014,91(04):32.
④ [德]斐迪南·滕尼斯.共同体与社会——纯粹社会学的基本概念[M].林荣远,译.北京:商务印书馆,1999:55.
⑤ [德]马克思,恩格斯.马克思恩格斯全集(第46卷上册)[M].中央马克思恩格斯列宁斯大林著作编译局,译.北京:人民出版社,2016:132.

第五节　研究的理论基础

一、共同体理论

共同体（Community）思想源远流长，早在古希腊时代就提出了共同体理念。自 19 世纪中期社会学学科确立以来，共同体一直受到学界的广泛关注和深入研究。作为社会学研究的一个基本概念，共同体既是各种社会关系的混合体，也是各种理念、情感的混合体，共同体构成了社会学始终关注的核心议题，共同体理论也成为解释个人与社会关系，维系社会团结和道德整合的主要理论支撑。

（一）共同体理论的代表性观点

西方共同体研究肇始于古希腊。亚里士多德的《政治学》把共同体理解为达成某种共同善的目的而结成的关系和团体。在亚里士多德看来，人们对共同善的共同追求使人们获得了相应的利益或善。①

马克思较早就对共同体的基本形态做了论述，共同体是人及其所构成的社会的基本存在方式。②共同体理论是马克思哲学思想体系的重要组成部分，人类历史就是在共同体中不断生成、展开和向前发展的历史。在内容上，马克思的"共同体"思想主要包括"自然形成的共同体""抽象共同体""虚幻共同体"以及"真正共同体"。在形式上，马克思分别把原始群、氏族、家庭、部落、农村公社、国家、阶级、货币、资本甚至共产主义社会等等都视为共同体。因此，在马克思看来，共同体从形态来看，多种多样，从规模来

---

① 张志旻,赵世奎,任之光等.共同体的界定、内涵及其生成——共同体研究综述[J].科学学与科学技术管理,2010(10):14-20.
② [德]马克思,恩格斯.马克思恩格斯全集(第46卷上)[M].中央马克思恩格斯列宁斯大林著作编译局,译.北京:人民出版社,2016:128.

看，可大可小，从实质来看，可以是实在的群体组织也可以是虚幻的精神共同体。所谓共同体就是人们的群体结合方式或组织形式，无论它以什么样的形态存在，无论它的规模的大或小，也无论它处于何种发展阶段，这些通通都无妨。①马克思认为："只有在共同体中，个人才能获得全面发展其才能的手段，也就是说，只有在共同体中才可能有个人自由。"②由此可见，共同体最重要的研究价值是共同体的发展为人的自由发展提供了便利的条件。马克思明确了"真正的共同体"是走向自由全面发展的逻辑路向。

一般认为，首次对共同体做出系统论述的是德国社会学家斐迪南·滕尼斯。作为西方共同体理论的重要奠基人，他在《共同体与社会——纯粹社会学的基本概念》一书中将共同体（community）概念与社会（society）概念区别开来，自此以后，"共同体"才真正成了一个社会学的概念。在滕尼斯看来，共同体是以自然意志（如情感、习惯、记忆等）、血缘、地缘和精神为纽带自然生长起来的，是一种持久和真正的共同生活。③滕尼斯认为，共同体是人类之间拥有的一种纯朴、亲密的自然情感，彼此之间互相帮助不存在利益关系，具有同质性、自发性等特征，"同质"体现在共同体成员拥有共同的情感归属、目标愿景、价值理念等。④因此，他认为"共同体"这个概念是指那些有着相同价值取向、认识同质性较强的社会共同体，其体现的人际关系是一种亲密无间、守望相助、服从权威且具有共同信仰和共同风俗习惯的人际关系。滕尼斯的共同体思想强调了一种真正的共同生活的社会有机体，更突出了共同体的共同情感和互动关系的特征。⑤

德国社会学家马克斯·韦伯以参与者主观感受还是理性利益的动机驱动为价值取向区分了"共同体和社会"这一对概念，认为"共同体"是基于共享

---

① 秦龙.马克思对"共同体"的探索[J].社会主义研究,2006(03):10-13.
② [德]马克思,恩格斯.马克思恩格斯全集(第46卷上)[M].中央马克思恩格斯列宁斯大林著作编译局,译.北京:人民出版社,2016:128.第132页.
③ [德]斐迪南·滕尼斯.共同体与社会——纯粹社会学的基本概念[M].林荣远,译.北京:商务印书馆,1999:58-65.
④ 同③.
⑤ 张增田,赵庆来.教师教育共同体:内涵、意蕴与策略[J].首都师范大学学报(社会科学版),2012(06):132-135.

的价值观念而凝结成"规范"。①他指出只要社会行为价值取向是以参与者主观感受到的情感为基础，彼时存在的社会关系即应称为"共同体"。②英国现代思想家齐格蒙特·鲍曼在其名著《共同体》中，将共同体描述为"一个温暖而舒适的场所，一个温馨的'家'，在这个家中，我们彼此信任互相依赖。"③鲍曼指出，共同体是"捉摸不透"的，它既是一种感觉，并基于主观共同特征而组成的无形共同体，也是客观上各层次的团体、组织等有形共同体。④英国学者保罗·霍普认为建立共同体的关键在于激发民众的"公共精神"，这种精神是一种对待他人的态度和观点，是可以不计得失，为了他人的利益能够随时准备参与更多的共同体活动。⑤

法国社会学家涂尔干站在结构主义取向的社会学视角，以有机关联与机械关联来看待社会成员之间的关系与结构，⑥而美国教育管理学家萨乔万尼则用社会契约来隐喻社会中成员间的联接性质，以社会盟约来隐喻共同体内成员间的联接性质。两者隐喻的差异在于，可以判定一个特定的团体，其特征究竟是理性主导的给予规则的社会，还是因共享的价值和理念而凝聚成的给予规范的共同体。随着全球一体化的发展，人们的社会交往、社会联系受制于地域的程度越来越弱，人们需求文化认同与身份归属的精神需要逐渐与地域边界相脱离，英国社会学家吉登斯即以"脱域的共同体"表达了对共同体的向往——共同体与其曾经依附的地域不再相关，人们的社会关系和社会行为从他们所处的特定地域情境中"提取出来"，并跨越广阔的时空距离去重新组织社会关系⑦。

我国社会学学者吴文藻先生将"共同体"解释为以感情、血缘等为纽带

① [德]马克斯·韦伯.社会学的基本概念[M].胡景北，译.上海：上海人民出版社，2005：67.
② 同①，第 79 页.
③ [英]齐格蒙特·鲍曼.共同体[M].欧阳景根，译.南京：江苏人民出版社，2003：76.
④ [德]斐迪南·滕尼斯.共同体与社会——纯粹社会学的基本概念[M].林荣远，译.北京：商务印书馆，1999：58-65.第 1-2 页.
⑤ [英]保罗·霍普.个人主义时代之共同体重建[M].沈毅，译.杭州：浙江大学出版社，2010：7.
⑥ [法]埃米尔·涂尔干.社会分工论[M].渠东，译.北京：生活·读书·新知三联书店，2000：40-52.
⑦ [英]安东尼·吉登斯.第三条道路——社会民主主义的复兴[M].北京：生活·读书·新知三联书店，2000：78-83.

的"自然社会"，而把"社会"解释为以利益和契约关系为纽带的"人为社会"。①

费孝通则把中国乡村作为抽象的共同体（社区）概念来界定。在《乡土中国》一书中，他把家视为一个依靠"礼治"的教化可绵续的事业社群。②习近平的《论坚持推动构建人类命运共同体》，进一步拓展了共同体的内涵，使共同体的概念超越了地域、民族、政党和国家的限制，倡导建立合作共赢的新型国际关系，坚持对话协商、共建共享、交流互鉴，建设一个和平安全、共同繁荣、开放包容的世界，为世界和平、人类社会发展提供了中国方案。③

西方学界对共同体的向往和追求都是个体成员的利益诉求是否得到满足和关照，而中国学者始终是围绕着"家、国、天下"的伦常关系在讲述，更加注重共同体的教化功能和社会整合作用。④

（二）共同体理论的应用发展

随着社会复杂性、流动性加剧以及人的主体性增强，滕尼斯原始意义上的共同体在不断瓦解，新的共同体概念在不同语境下不断地重构，各种"新兴"共同体概念不断出现，如政治共同体、经济共同体、职业共同体等越来越多地进入各种层次和类型的团体、组织乃至民族和国家的视野。现代意义的共同体被广泛应用到各个领域。

在政治学语境中，共同体是基于共同价值观和社会内聚性基础上组织起来的群体、团体和组织。政治学中的共同体不仅仅是一群具有共同特征的人的集合，更重要的是它是一个有机整体，是指拥有某种特定的、某种共同的价值观、规范以及目标的实体，在共同体中成员把自己的目标与共同体的目标相结合，把共同体的目标当作自己的目标。

在教育学领域中，杜威把共同体思想引入到教育教学环节中，指出共同

---

① 丁元竹.中文"社区"的由来与发展及其启示——纪念费孝通先生诞辰 110 周年[J].民族研究，2020(04)：20-29+138.

② 费孝通.乡土中国[M].北京：中华书局，2013：4.

③ 习近平.论坚持推动构建人类命运共同体[M].北京：中央文献出版社，2018：1-6.

④ 张国强.西方大学教师共同体历史发展研究[D].济南：山东师范大学，2018：22.

体由社会个体之间思想情感的互动而产生。他提出共同体的构建更加注重成员间是否具有共同的目标、信仰和情感归属。他认为通过共同学习和相互激励，使成员提高自己学习和掌握知识的能力，这是构建教育共同体的旨归。

1995 年，著名教育家博耶尔提出了"学校是学习的共同体"这一新的教育观点，首次提出了学习共同体的概念，"学习共同体是所有人因共同的使命朝共同的愿景一起学习的组织，共同体中的人共同分享学习的兴趣，共同寻找通向知识的旅程和理解世界运作的方式，朝着教育这一相同的目标相互作用和共同参与"[①]。东京大学佐藤学教授认为"课堂最本质的形态即学习共同体"[②]。清华大学的张建伟博士提出"学习共同体是由学习者和助学者共同构成的团体，成员在学习过程中深入交流，分享学习资源，共同完成任务，形成了相互促进的和谐人际关系。"[③]郑葳从环境的角度提出，"学习共同体是一种学习生态系统，成员在共同的目标、观念和信仰激励下，运用各种学习工具和资源共同建构知识，采用相互协商的活动方式协作解决共同面临的复杂问题"[④]。

目前理论界对学习共同体尚无统一界定，学者们普遍形成以下观点：学习共同体是指由学习者及助学者（包括教师、专家、辅导者、家长等）共同构成的学习团体，它从共同愿景出发，强调真实生活的学习情境，重视知识意义的社会建构，鼓励学习者之间的经验交互与对话协商，关注学习者在社会文化中的成长。[⑤]

相较于"学习共同体"这种单一型共同体形态，"教师共同体"是基于社会分工与职业分化基础上产生的复合型共同体形态的一种。作为教师专业发展和教育质量提升的有效形式，教师共同体成为教师发展的热点，受到教育领域的广泛关注。

① Boyer,E..ABasicSchool:A Community for Learning[R].Princeton, NJ: The Carnegie Foundation for the Advancement of Teaching,1995:3.
② [日]左滕学.学习的快乐——走向对话[M].钟启泉,译.北京:教育科学出版社,2005:5.
③ 张建伟,孙燕青.建构性学习——学习科学的整合性探索[M].上海:上海教育出版社,2005:6.
④ 郑葳.学习共同体:文化生态学习环境的理想架构[M].北京:教育科学出版社,2007:8.
⑤ 郭永志. 基于学习共同体理论的网络学习模式研究 [J]. 中国电化教育,2011,No.295(08):55-59.

基于共同体理论，在同一所学校工作的教师在"地缘"上是共同体，由于在相同的工作环境和学校文化的引导下，因而在目标期望上具有一致性，在朝向共同的目标的行动中，教师之间又形成"精神共同体"。有学者认为，"教师共同体就是基于共同体的教育愿景，通过交流与合作结成以实现教师自身专业成长为目的的教师群体。"①为清晰定义教师共同体的概念，加拿大学者 Westheimer 提出了教师共同体具备的 5 个要素：共同信仰、合作与参与、相互依赖、关注个体和少数意见、有意义的关系。②Vangrieken 等认为，教师共同体更侧重通过在真实教学情境中的持续合作，重新建构对教学和学习的认识。③

曾小丽等认为，教师共同体具有"自愿""合作""共享""共同的信仰"和"责任"等特质，是一种集教育、道德和文化特性于一体的专业团体，教师出于共同目的或兴趣而自发组织，形成共同的教育信仰，并在互信、支持的基础上，通过参与协商、精神交往与开放自由的环境熏染促进教师成长，关怀学生成长成人，其终极目标就是教书育人、立德树人。④闫建璋等指出大学教师共同体是指大学教师基于共同的目标和兴趣组成的、以合作共享的方式进行学习和实践的教师群体，是由教学共同体、学术共同体、服务共同体和道德共同体构成的统一体，每一种共同体都具有各自的功能。⑤

综上，教师共同体是教师基于共享的目标、知识和价值规范结成的一个自组织，共同体成员间的亲密合作与成员对共同体的归属感、认同感凝结成了共同体团结的纽带。该共同体具有如下显著特点：一是，成员具有共同的目标愿望；二是，成员扎根学校生活实践，发展方式多元；三是，成员是建立在平

---

① 程良宏.教育变革中的教师发展：路径与逻辑[M].西安：陕西师范大学出版总社，2018：236.

② Joel Westheimer.Communities and Consequences：An Inquiry Into Ideology and Practice in Teachers' Professional Work[J].Educational Administration Quarterly，1999(35)：71-105.

③ Vangrieken，K.，Meredith，C.，Packer，et al.Teacher communities as a context for professional development：A systematic review[J].Teaching and Teacher Education，2017(67)：302-315.

④ 曾小丽，田友谊，李芳."立德树人"何以可能——基于教师共同体的视角[J].教育理论与实践，2015，(29)：6-8.

⑤ 闫建璋，郑文龙."双一流"建设背景下大学教师共同体及其建构策略探析[J].现代教育管理，2019(08)：49-54.

等关系之上的合作、共享、依赖关系，在问题解决中维持、发展共同体。

(三) 共同体理论对本研究的启示

综合滕尼斯和众多学者对共同体的论述，共同体是一种共同的归属精神、价值理念和目标愿景，一种互惠互利、亲密无间的情感意识，一种共有共享的精神指引，其发展为人的自由和全面发展提供了便利条件。

对照滕尼斯及众多学者对"共同体"的内涵及特征的界定，高校辅导员群体本质上也是一个"共同体"，符合"共同体"的相关特征。首先，高校辅导员群体有一致的工作场域和核心的工作内容，共同的职业生活把他们凝聚在一起；其次，高校辅导员群体有成为大学生人生导师和知心朋友的共同职业愿景，他们相互理解、彼此关照，共享某种情感；再次，高校辅导员群体有共有的价值观、共识的规则目标、和谐的人际关系，是一个温暖、舒适、亲密的群体状态。①

作为大学生思政教育的关键力量，高校辅导员的职业态度和职业能力直接影响着工作实效。这一群体要高质量实现国家赋予其的目标任务，就必须形成共同认知，建立共同的接纳、信任、理解和支持以凝聚工作合力、完成使命担当。建构辅导员共同体不失为实现这一目标任务和使命担当的可行性路径。

以辅导员学习共同体为例，建构学习共同体可为内部成员专业发展提供良好的环境支持，不仅可以培养辅导员的职业归属感，增强职业认同，还可以帮助辅导员在合作学习中解决知识不完备等制约辅导员队伍发展的难题。②

本研究认为，高校辅导员共同体应是一种亲密的群体状态，具有丰富的内涵和表现形式，除学习共同体之外，还可以表现为一种精神共同体、职业共同体，也可以表现为一种实践共同体、发展共同体，这种复合型共同体的创设可以让广大辅导员以相同的价值理念或者兴趣爱好为纽带，以有意义的共同愿景为目标追求，在开放包容和共同进步的互助氛围中唤醒辅导员自我

---

① 唐彬.高校辅导员共同体内涵及意义研究[J].教育评论,2016(03):125-128.
② 刘秀娟.高校辅导员学习共同体构建探究[J].高校辅导员,2012(05):42-44+60.

主动发展的意识，以此来推动职业能力提升，促进辅导员向职业化专业化发展，落实高校立德树人根本任务，提升高等教育育人质效。

二、职业发展理论

（一）职业发展理论的主要内容

美国学者 Carpenter，D.Stanley 和 Miller，Theodore K.在人类发展理论的启发下，提出了职业发展阶段理论，他们认为：人类发展的基本原则同样适用于职业发展，职业发展是个人的职业行为从单一到复杂的持续不断的累积的过程，并且这一积累过程可以通过同一职业群体共同具有的水平或阶段来进行描述。

在 Carpenter 和 Miller 看来，最佳的职业发展并非一己之力可以达到，而是由若干致力于专业成长的个体共同与环境相互影响、相互作用的结果，是在综合掌握大量的知识、技能、胜任力的前提下，对个体发展的满足；职业发展依赖于专业训练而专业训练是一个终生学习的过程，且专业训练的质量决定了专业信任度和实践杰出度。[①]

以此为基础，Carpenter 和 Miller 提出高校学生事务工作者的职业发展是一个连续过程，分为形成期、应用期、累积期、生成期四个阶段。[②]他们认为，高校学生事务工作者要对不同职业发展阶段应解决的问题保持高度关注，是否能及时妥善地处理每个阶段的问题，影响着他们的职业能否健康可持续发展。

形成期需要关注的问题主要是初步了解学生事务工作的职业特性以及职责内容，以便做出决定是否选择该职业并做好初步的准备。该时期需要关注的

① Carpenter,D.S.,& Miller,T.K..An analysis of professional development in student affairs work[J]. NASPA Journal,1981,19(01):2-11.

② D.Stanley Carpenter.Student Affairs Profession:ADevelopmental Perspective [A]//In Theodore K. Miller,Roger B.Winston,Administration and leadership in student affairs:actualizing student development in higher education(Second Edition)[C].Accelerated Development,Inc.Publishers,1991:262.

问题如果未能得到慎重考虑和妥善处理，则可导致职业基础不稳固。应用期需要关注的主要问题则以建立职业认同、形成专业忠诚感为主，并将形成期以及之前的知识充分投入使用为今后发展做好准备。这个时期如果问题处理得很糟糕，将会导致职业发展障碍，不仅个人才能被浪费，个体潜能亦不能被充分挖掘，容易丧失职业个性。而职业成熟度、职业贡献度以及职业创造力则是累积期需要关注的主要问题，如果这些问题被忽略，将导致个人职业成就感不强，从而引发职业倦怠，导致职业发展缓慢甚至停滞等问题。到达生成期后，所关注的主要问题变为如何对组织机构和行动计划施加影响以促进他人成长或者引导职业变革等等。这个时期如果未能妥善处理这些问题，将会导致职业权力弱化，职业使命感和责任感降低以及职业精神传承的缺失等问题。[①]

职业生涯发展阶段理论的提出者是美国心理学家萨帕（D.E.Super），该理论是在综合许多流派的基础上建立起来的，他参照布尔赫勒（Buehler）的生命周期与列文基斯特（Lavighurst）的发展阶段论，形成了一种纵向职业指导理论。萨帕认为可以根据不同的年龄段将职业生涯发展划分为"成长、探索、建立、维持、衰退"等五个阶段。萨帕认为，个人的职业生涯模式与人们的经济情况、家庭地位、智力水平、人格特征和个人机遇等方面息息相关，人们对于某种职业的喜爱与兴趣会随着工作环境、生活习惯及自我意识的变化而变化，这就使得职业选择与调适成为一个动态发展过程。职业发展的各个阶段可以通过指导和学习而加以改善，不仅包括通过培养人的职业兴趣使人成熟，也包括在帮助别人获得职业选择过程中的自我发展与成长。

（二）职业发展理论对本研究的启示

基于上述理论，本研究认为选择辅导员职业不仅要凭自身兴趣和职业倾向来决定，还要判断清楚自身素质能否与这一职业所需的能力相符合、相匹配。Carpenter 和 Miller 所提出的职业发展阶段理论对辅导员职业能力发展的

---

① Diane L Cooper, Erin Chernow, Theodore K Miller, et al. Professional development advice from past presidents of ACPA and NASPA [J]. Journal of College Student Development. Washington:1999,40（04）:396-405.

重要意义在于，它揭示了辅导员职业发展的过程和规律，为辅导员职业能力发展提供了一个重要的理论依据。每一个人在职业发展的不同阶段都存在不同的任务和特定的关注面，这正是辅导员职业能力发展需要解决的关键问题。

结合职业发展理论可知，相近年龄阶段的辅导员往往具有大致相同的职业需求、职业任务和职业特征，辅导员可以据此帮助自己有效地合理安排自己的职业生涯，根据不同阶段的职业特点准确找到自己的关注点，高校也可以据此进行人力资源开发。

高校辅导员的职业发展可从横向纵向两个维度来衡量：横向维度是指辅导员职业发展的广度，即辅导员不能局限于单一的发展方向和职业路径，其职业发展的方向应该是多维多向的，既可成为某一领域的思政专家，还可成为经验丰富的管理干部，亦可成为某一研究方向的权威专家；纵向维度是指辅导员职业发展的高度，即辅导员职业在不同维度方向上能达到的高度和层次。作为一种职业，辅导员应及早明确自己的发展方向并做好生涯规划，通过连续不断的奋斗积累最后达到职业生涯的制高点。无论是从个人发展角度，还是从队伍建设角度，明确职业目标是职业发展前提。高校要努力为辅导员职业发展提供资源支撑和制度保障，要多渠道、多路径地给予辅导员机会，引导他们清楚地确立自身的职业发展目标，提高自身职业素质和能力。

第六节　研究设计

一、研究思路

新时代，我们应该站在什么样的视角来评价高校辅导员的职业能力？高校辅导员的职业能力由哪些要素构成？目前的实际状况如何？其职业能力提升受哪些因素制约？采取何种策略能有效提升高校辅导员的职业能力？这些问题是本研究的重点与难点。鉴于此，梳理如下研究思路，试图逐一回答上述问题。

高校辅导员职业具有典型的时代性和发展性，这就要求从业者的能力建设必须与时俱进。本研究拟以高校思想政治教育高质量发展为导向，以共同体为理论支撑，在吸纳借鉴国内外已有研究成果基础上，调研高校辅导员职业能力发展现状，剖析发展困境与制约原因，探讨高校辅导员职业要求与职业角色的社会性期待与职业能力发展之间的关联，深入分析其职业能力内涵与结构组成，探索建构职业能力模型，基于共同体视角提出职业能力发展的长效机制与实践策略，优化职业能力建设可行性路径，以期为这支队伍的专业化职业化发展提供理论借鉴，为提升高校思想政治教育工作质效做出理论贡献。

具体研究技术路线图如下（图 0–5）：

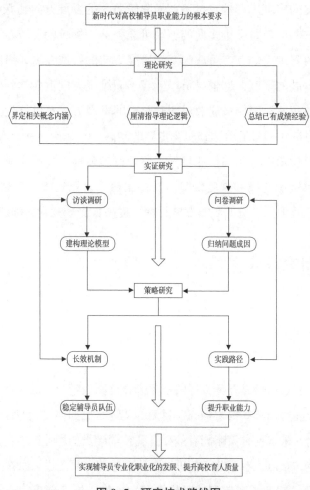

图 0–5　研究技术路线图

如图所示，本研究坚持问题导向，遵循"是什么——为什么——怎么做"的逻辑思路展开。

首先，梳理国内外关于此问题的现有理论和政策文件，明确辅导员的角色定位和职责内容，厘清现阶段辅导员职业能力的结构要素，建构高校辅导员职业能力结构理论模型，回答是什么的问题。

其次，借助深度访谈、问卷调查等调研方法，呈现目前辅导员职业能力现实状况，基于共同体视角分析这支队伍在当前发展过程中存在的困境，系统阐释制约发展的本质原因，回答为什么的问题。

最后，在共同体理论指导下，以辅导员联盟形式建构高校辅导员共同体，探讨提升职业能力的长效机制与实践策略，优化培养的有效路径，以实现辅导员职业化专业化发展和高校育人质效提升的最终目标，回答怎么做的问题。

二、研究内容

1.高校辅导员职业能力发展的理论分析。本部分依托文献研究，系统梳理高校辅导员职业能力建设的发展历程，明确辅导员的角色定位和职业特性，厘清其职业能力的特征及价值功能，阐明辅导员共同体建构的可行性和价值意蕴。

2.高校辅导员职业能力的模型建构。通过行为事件访谈法，了解一线优秀辅导员在知识、技能、品格、信念等方面的特征和行为表现，运用扎根理论对访谈资料进行编码整理，提炼分析辅导员职业能力的结构要素，明晰建设维度。

3.高校辅导员职业能力的现状调查。根据建构的职业能力的建设维度，编制辅导员职业能力调查问卷，征询专家意见后进行信效度检验，采用修订完善后的调查问卷实证考量辅导员的职业能力现状。

4.高校辅导员职业能力的问题剖析。分析辅导员职业能力现实状况，明晰发展困境，从共同体视角系统阐释制约职业能力发展的本质原因。分析过程中，除关注体制机制、政策环境等外部因素的影响，重点聚焦辅导员群体的主体性因素，关注共同体视角下辅导员自身的身份认同、职业情感、职业信念、发展愿景等内部因素在职业能力发展进程中的作用。

5. 共同体视角下高校辅导员职业能力的发展策略。基于发展困境和共同体归因，在共同体理论指导下，以辅导员联盟形式建构高校辅导员共同体，厘清该共同体建设的原则、内容及方法，优化辅导员职业能力培养的机制策略，以实现高校育人质效提升的最终目标。

三、研究方法

本研究运用质性和量化研究相结合的方式进行，主要采用以下几种研究方法。

1. 文献法

本研究通过纸质图书、电子文献等多种渠道搜集与主题相关的文献材料进行客观全面地甄别概括，积极学习借鉴吸纳学界的研究成果，从学界前人的研究局限中寻找本研究的创新点。

2. 行为事件访谈法

本研究选择半开放型的行为回顾式访谈技术，通过对高校管理者、辅导员群体、大学生群体进行深入访谈，获得对辅导员职业能力现状、发展困境及期望值等方面的深层次认识。通过挖掘一线优秀辅导员在现实案例和具体情境中的行为细节，采用扎根理论进行编码整理，分析辅导员职业能力结构要素，初步确立辅导员职业能力模型。

3. 专家调查法

专家调查法即德尔菲法，本研究采用此方法对初步确立的辅导员职业能力模型进行验证，通过领域内的权威专家背对背匿名的多轮次咨询，建构科学合理的辅导员职业能力模型。

4. 问卷法

根据建构的职业能力建设维度，编制《高校辅导员职业能力测评初始问卷》，征询专家意见后进行问卷信效度检验，以修订形成具有较高信效度的《高校辅导员职业能力测评正式问卷》，通过实证考量，呈现该群体职业能力发展现状，深入分析发展存在的问题与不足，在共同体视角下，阐释制约辅导员职业能力提升的内外部因素。

第一章　共同体视角下高校辅导员职业能力发展的理论分析

研究高校辅导员职业能力发展问题，应在科学的理论依据下探讨其逻辑走向，需要明晰辅导员职业角色的定位以及与职业能力发展相关的理论依据，为深入探讨辅导员职业能力的构成要素及发展策略提供理论分析框架。本章首先对辅导员的角色定位、职业特性进行梳理，阐释辅导员职业能力的主要特征及价值功能，为本研究的深入开展奠定必要科学的理论前提。

第一节　高校辅导员的角色定位与职业特性

角色是个体的社会身份和地位，是社会对个体的行为规范和期望。角色定位则指个体适应角色要求，逐渐接受行为规范并符合社会期望的过程。高校辅导员的角色定位直接影响着高校思想政治教育功能的发挥。所谓职业特性，是某职业区别于其他职业的特有性质，职业特性的体现以角色定位为基准。新形势下，全面了解辅导员角色定位的演变特点，准确把握辅导员的职业特性，有助于引导辅导员不断增强职业能力提升的针对性和思想政治工作的实效性。

一、高校辅导员的角色定位

（一）高校辅导员的角色演变

一般来讲，角色是指在一定时间条件下的角色，组织对角色能力的要求是不断变化的。新中国成立 70 多年来，高校辅导员角色不断转变、发展，科学化、专业化、精准化水平不断提升，主要体现在以下四个方面：

1. 角色身份从政工干部演变为双重身份

高校辅导员这一角色萌芽于人民军队的"政治指导员"。中国共产党成立之初，军队中政治指导员制度的设立，发挥了党对军队的绝对领导作用，为党广泛地开展思想政治教育工作奠定了基础。1933 年，党在中国工农红军大学中专门设立政治部，规定由政治指导员协助对学员进行教育和管理。这成为我国高校辅导员制度的前身。

新中国成立后，党中央提出了新中国的教育要为政治服务。1952 年，教育部出台文件规定，"要在高校设立政治辅导处，同时配备若干政治辅导员，辅导学生的政治学习和社会活动。"①该项规定的出台，有力促进了高校政治辅导员制度的建立。

1953 年 4 月，党中央批准了清华大学建立政治辅导员制度的提议，标志着我国辅导员制度的产生。清华大学在请示报告中提出的"双肩挑"，即要求辅导员既要从事学生思想政治教育工作，又要完成教学科研任务或者学习任务，而且明确将辅导员的身份定位为政工干部，行政化倾向明显。

之后相当长的一段时期内，国家一直将辅导员视为政工干部。1965 年，高等教育部政治部在通知各直属高等学校迅速建立政治部时，要求大力充实政治工作干部队伍，显然都是把辅导员定位成政工干部的身份。但改革开放之后，受"文革"中政工干部造成的负面形象和大学生思想政治工作弱化的

---

① 中央教育科学研究所.中华人民共和国教育大事记(1949—1982)[M].北京:教育科学出版社，1984:67.

双重影响，辅导员作为政工干部的身份受到严重挑战，国家对辅导员的身份进行了重新定位。

1980年4月，教育部、共青团中央联合下发文件首次指出辅导员也是师资队伍的一部分，表明了辅导员的教师身份。[①]1986年5月，中共中央、国务院批转《国家教委关于加强高等学校思想政治工作的决定》，指出："高等学校中从事学生思想政治教育工作的人员是教师队伍的一个重要组成部分，应根据他们的水平、能力和贡献聘任为相应的教师或研究人员职务。"[②]1987年，中共中央颁布文件再次重申了"从事学生思想政治教育的专职人员，是教师队伍的组成部分，应列入教师编制，实行教师职务聘任制。"[③]这是对辅导员双重身份的确认，对提高辅导员的地位和待遇发挥了积极作用。

进入新世纪以来，党和国家更加重视高校的思想政治工作。2006年7月，教育部颁布《普通高等学校辅导员队伍建设规定》，明确指出："辅导员是高等学校教师队伍和管理队伍的重要组成部分，具有教师和干部的双重身份。"[④]正式以官方文件的形式确认了辅导员的"双重身份"，并享有教师和干部的双重晋升通道。

2. 角色定位从单一内涵演变为多元多样

高校辅导员的角色定位，是辅导员队伍顶层设计的体现，是指在高校思想政治工作场域中，对接时代变化和社会需求不断进行角色调整与评价的过程，其科学性和清晰度对辅导员的角色认知起着关键性作用。

新中国成立伊始，为保障高等教育事业发展的正确方向，党中央将政治工作作为教育的根本要务。1953年清华大学率先提出了学生政治辅导员制度，这一举措说明辅导员从设立最初的定位就是开展思想政治教育工作。进入社会主义建设时期后，在新形势下，国家正式提出"要在高等学校设置专

---

① 教育部思想政治工作司.加强和改进大学生思想政治教育重要文献选编(1978–2014)[M].北京:知识产权出版社,2015:6.
② 同①,第69页.
③ 中央教育科学研究所.中华人民共和国教育大事记(1949—1982)[M].北京:教育科学出版社,1984:67,第103页.
④ 同③,第344页.

职政治辅导员以加强思想政治工作。"①1965 年，教育部出台《关于政治辅导员工作条例》，正式确立了辅导员制度。②

"文革"结束后，遭受严重冲击的辅导员制度迅速恢复。1980 年，《关于加强高等学校学生思想政治工作的意见》下发，要求"各高校依据具体情况建立政治辅导员制度或者班主任制度，政治辅导员和班主任应从政治、业务都好的毕业生中选留或从教师中选任。"③至此，政治辅导员制度在全国高校普遍开始施行。

从工作性质上来看，高校辅导员制度的设立初衷是为了用先进的信仰、理论和思想占领学生头脑，引导大学生坚定正确的政治方向，因此，初期辅导员称之为"政治辅导员"，角色定位为相对单一的"思想政治教育者"。

随着社会主义现代化建设步伐的加快，国际政治多极化日益明显，西方敌对势力对我国的思想和文化渗透不断加剧，同时，高等教育体制改革的不断深化也使教育需求多样化日益凸显，这些均对高校辅导员提出了更多要求。为此，党和国家对辅导员的角色定位和工作职责进行了重新调整和规定。

2004 年，中共中央、国务院联合下发了一个纲领性文件《关于进一步加强和改进大学生思想政治工作的意见》，文件中将"政治辅导员"修改为"辅导员"，这一改变意味着辅导员不再局限于思想政治工作，而是负责学生的全面发展。2006 年 7 月，教育部颁发《普通高等学校辅导员队伍建设规定》，明确指出"高校辅导员是开展大学生思想政治教育的骨干力量，是大学生日常思想政治教育和管理工作的组织者、实施者和指导者。"④这表明高校辅导员完成了从单一的思想政治教育向教育、管理、服务三重角色合理分配的转变，极大地拓展了高校辅导员的角色内涵。

进入新时代，高校学生的思想行为、学习兴趣、学习方式均发生了重大变化，大学生日益增长的美好生活需求与现有的教育环境、教育资源、教育

① 中共中央文献研究室.建国以来重要文献选编(第 14 册)[M].北京:中央文献出版社,2011:517.
② 冯刚.辅导员队伍专业化建设理论与事务[M].北京:中国人民大学出版社,2009:8-9.
③ 教育部思想政治工作司.加强和改进大学生思想政治教育重要文献选编(1978-2014)[M].北京:知识产权出版社,2015:6.
④ 同①,第 344 页.

手段、教育模式等存在落差与矛盾。此时，高校辅导员的角色定位积极主动地适应社会发展需求，有了进一步完善。

2017年，中共中央、国务院印发了《关于加强和改进新形势下高校思想政治工作的意见》，明确提出"三全育人"理念，对新时代高校思想政治工作做出了新规定。作为"三全育人"理念重要实施者的辅导员，角色定位由此发生了重要转变。同年《普通高等学校辅导员队伍建设规定》修订下发，文件指出"辅导员的工作职责扩展为思想理论教育和价值引领、学风建设等九项内容。"①践行"三全育人"理念的过程中，辅导员的工作职责发生扩展，角色定位也随之演变为由九个角色组成的角色集，角色定位更加清晰明了，多元化趋势显著。

3. 角色规范从突出政治演变为全面兼顾

辅导员的角色规范是其在角色扮演中必须遵循的行为准则，是影响辅导员行为的重要调节器，随着社会背景而转移，既包括成文的规章制度，也包括约定俗成的行为准则，随着辅导员制度的完善而不断丰富发展并日趋全面。②

新中国成立伊始，党中央提出了新中国的教育要为政治服务。1952年，教育部出台文件规定，"要在高校设立政治辅导处，同时配备若干政治辅导员，辅导学生的政治学习和社会活动。"③该项规定明确彰示了辅导员制度的政治性本源，旗帜鲜明讲政治是对当时辅导员行为准则的唯一要求，这与当时的社会大环境、大背景是相契合的。直至改革开放初期，党和国家对于高校辅导员的要求都集中在政治素质高、理论水平好这一方面，这为后期辅导员角色规范的建立与发展，奠定了良好的理论基础。

随着改革开放进程的启动和发展，高校辅导员的工作职责进一步扩充。1987年5月，国家出台文件要求"高等学校的每个班级均应配备兼职的辅导

---

① 中华人民共和国教育部. 中华人民共和国教育部令（第43号）[EB/OL].(2017-09-21).http://www.gov.cn/gongbao/content/2017/content_5244874.htm.

② 耿品,彭庆红.新中国成立以来高校辅导员角色的发展演变[J].学校党建与思想教育,2020(03):81-85.

③ 中央教育科学研究所.中华人民共和国教育大事记(1949-1982)[M].北京:教育科学出版社,1984:67.

员……引导学生参加社会主义实践、积极疏导学生思想认识问题、认真培养学生骨干队伍、加强和改进研究生的思想政治工作等。"①1995年11月，又出台规定"辅导员要深入学生搞好班集体、宿舍和年级工作，有针对性地做好深入细致的个别思想工作，加强心理健康和心理素质等方面的咨询和指导。"②

2000年9月，教育部强调"高校辅导员要较好地掌握网络技术、熟悉网络文化特点。"③2001年3月，教育部又明确指出，"政治辅导员不仅要在日常思想政治教育中发挥作用，也要在增进学生心理健康、提高学生心理素质中发挥积极作用。"④一系列文件通知的颁布印发，表明国家对辅导员的角色要求更加精细，除日常思想政治教育外，逐步增添了网络思想政治教育、心理健康教育、学生住宿管理、班级建设、学生骨干培养、研究生思想政治工作等方面新的工作内容，对高校辅导员的政治素养、理论知识等方面的要求，也呈现出逐渐提高的趋势，角色规范日加完善，积极推进着高校辅导员队伍的建设发展。

进入新世纪，西方文化思潮对大学生价值观念的冲击愈加激烈，大学生思想活动的独立性、差异性和多变性日益增强。为适应新形势、新任务的要求，党和国家对辅导员队伍建设的要求明显提高。2004年8月，中央出台16号文件将辅导员角色规范的整体要求提升为"政治强、业务精、纪律严、作风正"，坚决维护党和国家的利益及高校稳定。

2006年，《普通高等学校辅导员队伍建设规定》出台，对辅导员角色规范的具体要求也同步提升，如要热爱大学生思想政治教育事业，要具备本科以上学历和较强的组织管理能力、语言文字表达能力等等。这一时期，辅导员的角色规范体系日趋完善，为辅导员的角色实践提供了良好的规范要求。

进入新时代，辅导员的角色规范进一步调整完善，以适应新时代大学生成长发展需求的变化。2013年5月，中共教育部党组提出"以促进辅导员专

---

① 教育部思想政治工作司.加强和改进大学生思想政治教育重要文献选编(1978-2014)[M].北京:知识产权出版社,2015:71-72.

② 同①,第127页.

③ 同①,第214页.

④ 同①,第218页.

业化、职业化、可持续发展为导向，建构完善的高校辅导员培训体系，努力造就一支政治强、业务精、纪律严、作风正的高水平辅导员队伍。"①在辅导员角色规范方面，依然将"政治强、业务精、纪律严、作风正"作为总体要求，并提出要达到专业化职业化的高水平发展要求。

2017年9月，教育部进一步修订了对辅导员的工作要求，"爱国守法、敬业爱生、育人为本、终身学习、为人师表"的总体要求更加符合新时代高等教育的发展要求②。新时代，高校辅导员的角色规范更加严格，队伍建设的具体要求更为精准，使辅导员角色实践更有依据、更趋科学。

4. 角色实践从依靠经验演变为日趋专业

角色实践是指个体按照角色定位和角色期望创造角色的过程。不同历史时期，辅导员面临的国际国内形势和目标任务不同，角色实践的表现亦呈现出不同特点。

辅导员制度确立初期，学生政治辅导员的主体是高年级的优秀学生，工作内容是政治引导。兼职的身份设定加之各项配套制度尚不完善，因而导致高校辅导员角色实践无章可依，解决问题主要依靠经验。随着时代发展，辅导员主要"从专职的党政干部、政治理论课教师和青年教师中挑选出有一定政治工作经验的人担任"③，此时，辅导员队伍依然以兼职为主，他们难以集中精力专心进行角色创造，角色实践呈现出的工作成效达不到预期满意的效果。

改革开放初期，受"文化大革命"对思想政治工作的干扰破坏产生的不良影响以及资产阶级自由化思潮的冲击，部分高校错误地认为辅导员不过是"万金油""消防员"。针对这一情况，党和国家及时为辅导员增加了学习与培训的机会，积极推动其在实践中创造角色。

1981年7月，教育部下发文件明确提出："思想政治教育是一门专业，

---

① 教育部思想政治工作司.加强和改进大学生思想政治教育重要文献选编(1978–2014)[M].北京:知识产权出版社,2015:591.
② 中华人民共和国教育部,中华人民共和国教育部令（第43号）[EB/OL].(2017–09–21).http://www.gov.cn/gongbao/content/2017/content_5244874.htm.
③ 同①,第2页.

一门科学。这就需要一支精干的队伍专门从事研究，并培养成为这方面的专家。"①为将这支队伍培养成一支专业的队伍，国家积极完善体制机制促进高校辅导员学习深造。1984 年，教育部正式在 12 所院校设置思想政治教育专业，开始正规化地培养思政工作专门人才。1990 年国家设立思想政治教育专业硕士点，1996 年设立马克思主义理论与思想政治教育学科博士点，开始培养从事思政工作的高级专门人才。

思想政治教育专业和学科的创设，使辅导员的选拔与培养日趋专业化。1986 年 5 月，国家要求："选拔专职思想政治工作人员，应当选拔那些政治品质好，有较高的马克思主义理论水平和政策水平、较广博的科学文化知识、较强的组织活动能力的人。"②1987 年 5 月，又出台文件再次强调："思想政治教育是一门以马克思主义理论为基础、综合性和实践性都比较强的科学，必须有专职人员作为骨干，并培养和造就一批思想政治教育的专家、教授和理论家。"③

党的十三届四中全会以后，党中央更是连续下发了一系列文件，对辅导员队伍的专业化建设做出部署要求："要加强思想政治教育学科建设，培养思想政治教育工作专门人才"④，"高等学校要把辅导员队伍建设作为教师队伍和管理队伍建设的重要内容，整体规划统筹安排，不断提高队伍的专业水平和职业能力。"⑤

政策引导的同时，国家还加大了对辅导员的教育与培训力度。2004 年，中共中央、国务院要求"选拔推荐一批从事政治教育思想的骨干进一步深造，攻读思想政治教育相关专业的硕士、博士学位，学成后专职从事思想政治教育工作。"⑥随后，教育部制订了《2006—2010 年普通高等学校辅导员培训计

---

① 王昌华.政治辅导员工作概论[M].哈尔滨:黑龙江人民出版社,1998:260—261.
② 教育部思想政治工作司.加强和改进大学生思想政治教育重要文献选编(1978—2014)[M].北京:知识产权出版社,2015:51.
③ 同②,第 73 页.
④ 同②,第 269 页.
⑤ 中华人民共和国教育部. 中华人民共和国教育部令（第 43 号）[EB/OL].(2017—09—21).http://www.gov.cn/gongbao/content/2017/content_5244874.htm
⑥ 同④.

划》进行贯彻落实，安排5年内分别选拔5000名和500名优秀辅导员攻读思想政治教育专业硕士和博士学位。与此同时，高校辅导员岗前培训、日常培训和专题培训全面展开。2007年以来，各级辅导员培训和研修基地在各地各高校相继建立，系统性地对辅导员从政治理论、专业技能和职业素养等方面进行成长培养，从而促进这支队伍在实际工作中更好地开展角色实践。

当前，专业化职业化的发展方向，不仅推动着辅导员的角色定位更加与时俱进，也促进了辅导员角色规范的日益科学完善，为辅导员的角色实践奠定了良好的基础。2014年，教育部《高等学校辅导员职业能力标准（暂行）》的颁布，帮助不同从业时间段的辅导员明确了自身角色技能提升的重点内容，便于不断调整与创新角色实践的方式。

2017年，教育部43号令明确提出要"切实加强高等学校辅导员队伍专业化职业化建设""不断提高队伍的专业水平和职业能力"，标志着国家把专业化职业化发展摆在了新时代辅导员队伍建设的首要位置。规定中将工作要求凝练得更准确、更清晰，更加直观地展示了新时代高校辅导员所应具备的能力水平和素质要求，为高校辅导员的角色实践指明了方向。面对新时代越来越复杂多样的辅导需求，加快向"专家型""学术型"人员转变，使自己成长为术业有专攻的专门人才，已经成为当前辅导员角色实践的总体趋势。

（二）角色演变赋予辅导员角色定位的启示

角色定位不仅体现着时代要求、社会期望，而且规定着辅导员的身份地位及行为模式，决定了这支队伍的建设方向和发展趋势。因此，辅导员的职业能力建设以其角色定位为前提，不同时期的角色定位构成了职业能力建设的依据。新中国成立70多年来，高校辅导员的角色定位发生了很大变化，角色演变呈现出明显的突出特点，对新时期加强高校辅导员职业能力建设具有重要启示。

1. 高校辅导员角色定位应突显政治性

中国特色社会主义高校的中国特色体现在思想政治教育的重要性上，关系着关乎中国高校的办学方向和办学质量。不管育人理念与管理模式如何变化，讲政治是辅导员的鲜明底色。在辅导员制度确立初期，角色定位非常明确，就是开展思想政治工作。如：1954 年《人民日报》刊登社论强调，"培养青年一代的共产主义道德品质，就是不断地提高青年的共产主义觉悟，清除资产阶级腐朽思想对青年的影响，帮助青年们划清界限，明辨是非。"[①]

随着时代发展，高校思想政治工作要求始终将引导大学生坚定正确政治方向作为重中之重。一方面，注重引导学生用马克思主义的立场、观点观察和解决问题，树立正确的世界观、人生观、价值观，坚定为实现中华民族伟大复兴而不懈努力的理想信念。另一方面，注重在社会实践中强化大学生的理想信念，利用多种载体和形式不断丰富教育内容，有针对性地凝心铸魂，引导大学生成长为能堪当民族复兴大任的时代新人。

在此过程中，辅导员的角色地位被界定得越发清晰。教育部颁布的一系列政策文件均对辅导员的角色内涵、工作职责进行了确切的规定：辅导员是开展大学生思想政治教育的骨干力量，思想政治引领是辅导员的主责主业。[②]

当前世界正经历百年未有之大变局，伴随着低俗事物的不断涌现、不良诱惑的逐渐增多以及负面价值观的不断渗透，辅导员承担的大学生思想政治引领的任务面临更加严峻的挑战。因而，继续夯实辅导员作为思政工作骨干力量的角色担当刻不容缓。

2. 高校辅导员角色定位应体现时代性

辅导员角色是辅导员与外部社会关系的反映，是指在一定时间条件下的角色，要与时代发展协调一致、同频共振。不同历史时期，高校辅导员的角色定位呈现不同的矛盾与问题，国际国内局势是影响其角色演变的宏观因素，只有紧紧把握时代要求，始终坚持问题导向，才能实事求是地分析问题，有针对性地解决问题，为高校辅导员角色定位打开新的空间。

随时代变迁，风云莫测的国际国内局势给思想政治工作不断提出挑战。

---

① 李德芳,李辽宁,杨素稳.中国共产党思想政治教育史料选编[M].武汉:武汉大学出版社,2009:239.
② 白晓东."三全育人"理念下辅导员角色定位的嬗变与调适 [J]. 思想理论教育,2020(06):91-95.

新中国成立初期，党和国家面临着资本主义国家的围追堵截，敌对势力的破坏活动影响着高校思政工作的开展。此时，旗帜鲜明讲政治是对辅导员角色定位的唯一要求。

历经十几年曲折发展，改革开放后，我国与国际敌对势力的思想争夺战日益激烈，在党和国家的高度关注和科学部署下，高校思想政治工作进入科学化发展阶段，高校辅导员的角色定位更加清晰明确，从只负责学生政治学习的"政治指导员"转变为日常思想政治教育和管理工作的组织者、实施者和指导者。

进入 21 世纪，新的历史阶段，对外改革开放不断扩大，国际国内局势发生了深刻变化，越来越多样化的社会生活方式、就业创业方式、沟通交往方式，导致人们的思想观念日益多元化、独立化。因此，高校如何应对国外敌对势力的分化图谋，如何占领网络思想教育阵地将大道理转化为微话语，将中国特色社会主义的理想信念扎根在大学生的心里，这些问题给辅导员赋予了"人生导师和知心朋友"的新角色内涵。

进入新时代，新的历史方位下，意识形态领域斗争复杂严峻，大学生日益增长的美好生活需求与现有的教育环境、教育资源、教育手段、教育模式等存在落差与矛盾，发展不平衡不充分的问题影响着大学生的思想动态。此时，如何形成高校思政工作的强大合力、如何推动思政工作的科学化进程、如何推进思政工作的内涵式发展，又成为新时代辅导员角色定位需要重视与解决的当务之急。

发展至今，辅导员的角色定位伴随着时代的变化与发展走过了一条渐进之路。当前，高等教育被提到了前所未有的新高度，高质量发展的时代要求使得高校辅导员的角色内涵也在多种社会期望中变得日趋复杂。未来，辅导员的角色定位必将根据时代的发展变化不断进行调整和完善。

3. 高校辅导员角色定位应突出实践性

角色定位的科学性和清晰度对辅导员的角色认知起着关键性作用，角色定位模糊将严重影响辅导员在实践中的角色扮演，导致角色失败。

新中国成立之初，受国际国内环境制约，将辅导员定位为政治辅导员。

这一时期，辅导员主要"从专职的党政干部、政治理论课教师和青年教师中挑选出有一定政治工作经验的人担任，既做学生思想政治工作，又要坚持业务学习，有条件的要坚持半脱产，担任一部分教学任务。"①如此在工作实践中，往往造成不同角色间以及工作与学习间的冲突，影响着辅导员对角色的领悟与创造。

尤其改革开放以后，西方敌对势力对我国的思想和文化渗透不断加剧，同时，高等教育体制改革的不断深化也使教育需求多样化日益凸显，这些均使辅导员的角色定位更加符合实践现状、更加清晰科学的期待日益迫切。为此，党和国家对辅导员的角色定位和工作职责进行了重新调整和规定。相较于前一时期，此时辅导员的角色定位更加细化和丰富，更加专业和科学。除日常思想政治教育外，还增加了网络思想政治教育、心理健康教育、学生住宿管理、班级建设、学生骨干培养等方面新的内容。

这一时期，辅导员的角色定位从单一的思想引领向教育、管理、服务相结合的多重实践角色进行转化，要求辅导员在角色实践过程中，始终以生为本，以解决学生的实际问题为导向，积极主动深入大学生，全面了解和掌握不同学生群体的多样化、个性化、特殊化需求，及时科学合理地回应各类诉求，更好地促进大学生成长成才。但在实际工作中，辅导员所承担的具体工作往往超出高校辅导员的职责范围，事务性工作远远多于教育性和管理性工作，呈现出职责外溢。这些角色定位的实践偏差，影响着辅导员的角色实践与创造。

进入新时代，多元化的角色定位已成为时代发展的必然要求，但日趋精细化和科学化的工作指向，呼吁辅导员必须全面把握思政教育高质量发展的新要求，立足教书育人和学生成长实际需求，准确把握当代大学生的思想特点和行为习惯，善于发现实践问题，增加角色认知、增强角色情感、提升角色素养、提高角色技能，以增强思政工作的科学性、实效性和创新性。

4. 高校辅导员角色定位应着眼专业性

专业化发展已成为辅导员队伍建设的必然趋势。就辅导员群体而言，所

---

① 教育部思想政治工作司.加强和改进大学生思想政治教育重要文献选编(1978-2014)[M].北京:知识产权出版社,2015:2.

谓专业化，"是指辅导员职业逐渐符合专业标准、成为专门职业并获得相应专业地位的过程"①；就辅导员个体而言，专业化是相对于原来的"政治辅导员"工作的政治化、行政化、事务化而言的，就是要求把工作从依赖觉悟和经验上升为更加依赖科学理论，把握教育规律，提升专业水平和职业能力。而专业化的过程就是由感性上升为理性、由经验上升为科学、由仅凭热情上升为主动学习和把握规律的过程。②

辅导员制度设立之初，兼职的身份设定加之各项配套制度尚不完善，辅导员亦缺乏系统的专业化训练，因而导致角色实践无章可依，解决问题主要依靠经验而非理论。改革开放后，教育部明确提出："思想政治教育是一门专业，一门科学，需要一支精干的队伍专门从事研究，并培养成为这方面的专家。"③国家不仅从顶层设计方面完善了辅导员的角色定位和能力要求，还在培养实践层面积极完善体制机制，通过设置相应专业、专业硕士点和学科博士点、建立各级培训和研修基地等举措，促进鼓励辅导员学习深造，提升专业水平。

上述举措为辅导员的发展提供了强有力的学术支撑，辅导员的选拔与培养也日趋专业化。这不仅使辅导员在政治理论、专业技能和职业素养上有了极大提升，而且更好地促进辅导员在实际工作中开展角色实践。2014 年，教育部《高等学校辅导员职业能力标准（暂行）》的颁布，把辅导员职业化水平推向新高度。2017 年，教育部 43 号令的出台，标志着国家把专业化摆在了新时代辅导员角色定位的首要位置。

未来，推动辅导员向专业化发展，尚需继续完善相关的政策和制度。应针对当前辅导员发展的现实状况，进一步深化学位提升计划，鼓励辅导员攻读相关专业的博士学位，同时成立辅导员协会、各专业委员会，为实现辅导员专业化发展奠定好学术基础。

---

① 赵康.专业、专业属性及判断成熟专业的六条标准——一个社会学角度的分析[J].社会学研究,2000(05):30-39.
② 朱平,陈勇.《普通高等学校辅导员队伍建设规定》与辅导员队伍专业化、职业化发展——纪念《普通高等学校辅导员队伍建设规定》颁布十周年[J].思想理论教育,2016(08):11-16.
③ 王昌华.政治辅导员工作概论[M].哈尔滨:黑龙江人民出版社,1998:260-261.

二、高校辅导员的职业特性

职业特性是一门职业区别于其他职业的特有性质，从主体角度看，辅导员的职业特性是辅导员本质在职业活动及发展过程中的具体显现，是与其他职业在目标、身份、职责等方面的本质区别，制约着辅导员职业的角色价值、活动方式和发展模式等。[①]高校教师和管理干部的"双重身份"，不仅赋予了辅导员独特的职责和功能，也决定了辅导员有其独特的职业特性。明晰辅导员的职业特性，有助于准确把握其职业能力的主要特征，可为辅导员的职业能力发展提供必要的理论支撑。

1. 目标的教育性

辅导员肩负着培养社会主义事业合格建设者和可靠接班人的神圣使命，其职业目标必须要符合党和国家对高等教育的预期，这就决定了其职业的根本特性——教育性。从国家要求来看，辅导员的职业目标是培养事业建设者和接班人；从个人需求来看，就是引导大学生健康成长。无论何种角度，其职业目标都是人才强国和科教兴国战略对高等教育高质量发展要求的具体体现。辅导员作为高校教师的重要组成部分，其目标的教育性主要表现为通过深入大学生身边，结合大学生的多样化、个性化的发展需求，有组织、有计划、有目的开展各类教育，潜移默化地对大学生的思想、心理、价值观等产生影响，引导学生积极阳光地全面发展，为实现"两个一百年"奋斗目标贡献力量。教育属性是辅导员工作的根本属性，必须立足这一本质属性，强化辅导员的教育功能。

2. 岗位的基层性

辅导员工作在思想政治教育的第一线，处在高校组织关系中的最底层。"千条万线，系于一针"可以形象地描绘辅导员在高校中的位置。辅导员岗位的基层性首先体现在其岗位位置上，其次体现在管理层级中。通常，组织管

---

① 李忠军.高校辅导员职业特性分析[J].高校辅导员,2010(04):10-14.

理分为决策层、管理层、执行层三个层次，决策层负责目标的顶层设计，管理层负责方案的组织协调，执行层负责操作的具体实施。作为与学生联系最频繁、交往最紧密的教师群体，辅导员处在学校管理的最低层，直面学生遇到的各种困难和产生的各类问题。辅导员职业岗位的基层性还体现在日常工作和关系互动中。辅导员上面要接受多对一指导，中间要统筹多对多协调，下面要实行一对多负责，职能部门的宏观要求、所在学院的具体安排，都汇聚到辅导员这里具体实施。学生的合理诉求、权益申请、问题反馈又借由辅导员向上沟通反映。因此，辅导员对上要全方位承接，对下要无缝隙连结。这种工作模式，充分体现了辅导员位于思想政治教育结构中最前沿、最基层的位置，发挥着最重要的教育、管理、服务功能。

3. 职能的综合性

从工作职能上看，高校辅导员作为大学生的"人生导师""知心朋友"，其从事的思政教育、管理、服务工作涉及面极广，包括思想引导、价值引领、就业指导、心理疏导等诸多方面，故其职业效果体现在功能发挥的综合性上。作为人生导师，其主要功能在于教育引导，解决长远发展的价值困惑；作为知心朋友，其主要功能在于帮助疏导，解决当下现实的困难问题。总之，辅导员所有工作的出发点都在大学生的健康成长和全面成才上，政治方向引导、思想价值引领、学习就业指导、心理困惑疏导的每个环节都是辅导员功能的体现，这也是辅导员职业特性彰显最鲜明之处。除此之外，无论是教育、管理还是服务，其功能不是分割的、独立的，而是一个综合作用过程。例如对学生违纪行为进行处理，既是管理方式，又是教育行为，两者紧密融合，共同提升。可见，辅导员职能是教育、管理、服务功能的综合体系，无论是教育机制还是管理模式，抑或服务理念和工作方式，都是为了同一教育目标而设计，体现了辅导员职能的综合性。

4. 影响的直接性

从教育过程看，教师的工作是生命与生命的互动。作为特殊的教师，辅导员在对学生进行教育时，其个人观念、工作方法、谈话态度、语言方式、行为艺术等都深刻影响着学生的理想信念和价值观塑造。辅导员影响的直接性也是其职业特性的一个重要表现。从教育距离看，辅导员在组织结构中处于与学生联系最紧密的层级，与学生是零距离接触和无缝隙连结，朝夕相处的接触模式、亲密无间的工作方式对学生潜移默化的影响更加深远。从教育内容看，对学生的思想和价值引领是辅导员的主责主业，辅导员被国家赋予了神圣的育人职责，被社会寄予了崇高的道德期待，在各种舆论争端和学生困惑敏感的思想焦点上，辅导员的观念态度和引导方法直接决定了学生思想道德和价值理念的发展走向，作用至关重要，尤其是对学生精神生命的培养和塑造。马克思的哲学理论为思想政治教育提供了重要的哲学基础。在马克思看来，人永远处在不断的自我塑造过程中。理解人的本真含义，重视人的意义追寻，引导人，尊重人，激励人，发展人，是思想政治教育的重要使命。因此，教育引导学生找寻自己的精神信仰和价值追求是辅导员影响直接性的关键所在。

第二节　高校辅导员职业能力的特征及价值功能

从学理上厘清高校辅导员职业能力的科学内涵，揭示其时代特征及价值意蕴，是辅导员职业能力发展研究的基本理论范畴，也是探索研究辅导员职业能力发展的实践路径所必需的重要理性前提。

一、高校辅导员职业能力的主要特征

思想政治教育是一种特有的培养人的社会实践活动，辅导员的职业能力是辅导员按照工作职责、任务和要求，在实践中形成发展起来并逐渐内化的，有目的、有计划地组织实施大学生思想政治教育活动不可或缺的知识、技能、态度、价值观等系列要素整合而成的抽象结构。辅导员的职业能力具有多重维度，既体现为职业的要求，也反映在专业的品质；既体现为认知层面的价值和理念，也反映在实践层面的技术和才能，是显性能力与隐性能力的统一。《高等学校辅导员职业能力标准（暂行）》中把"政治强、业务精、纪律严、

作风正"确定为辅导员的职业能力特征。结合国家政策和辅导员的职业特性，本研究认为，辅导员的职业能力具有鲜明的职业特点，突出体现为以下四种特征。

（一）本质特征：政治性

思想政治工作是党一切工作的生命线。教育部文件中对辅导员工作职责的规定带有鲜明的政治色彩，如"深入开展中国特色社会主义、中国梦宣传教育和社会主义核心价值观教育""引导学生成为又红又专、德才兼备、全面发展的中国特色社会主义合格建设者和可靠接班人"。[①]"讲政治"是立足中国大地办教育的必然要求，是高校辅导员与生俱来的属性，辅导员职业的政治性决定了其职业能力的政治属性，故政治性是辅导员职业能力的本质特征，必须把"政治要强"摆在职业能力要求的首要位置。

辅导员职业能力的政治性，首先表现在坚持正确的政治方向，坚持用习近平新时代中国特色社会主义理论武装头脑，指导实践，立足于高等教育高质量发展的新要求，站在为党育人，为国育才的高度，坚决落实立德树人根本任务，主动肩负起培养堪当民族复兴重任的时代新人的光荣使命；其次，具备敏锐的政治眼光，在瞬息万变的复杂形势中保持清醒头脑，善于用政治眼光分析局势、判断问题，客观理性地看待政治、经济、文化各领域的社会矛盾，在重大问题上立场坚定、是非清楚、态度明确、行动果决。再次，保持清醒的政治意识，与党中央时刻保持高度一致，任何情况下都能做到筑牢政治忠诚、保持政治定力，方能使思政工作不会偏离党的根本目标。因此，辅导员必须以思想价值的积极引导和政治方向的正确引领为核心，帮助学生健康全面发展。

（二）基本特征：教育性

立德树人是高校的根本任务，体现着育人的本质。辅导员的教师身份决

---

① 中华人民共和国教育部. 中华人民共和国教育部令（第 43 号）[EB/OL].(2017–09–21).http: //www.gov.cn/gongbao/content/2017/content_5244874.htm.

定了其所从事的岗位是教育岗位，无论是实施思想政治教育，还是结合学生的不同实际需求进行管理和服务，实质都是育人，促进学生的全面发展是最终旨归。"教育性"是辅导员职业能力的基本属性，是其职业特色化存在的意义所在，彰显着辅导员的职业功能。

高校教育，育人为本；全面发展，德育为先。辅导员作为教育者，毫无保留地引领和指导不同个性特点的学生全面健康发展，凭借的是深厚的因材施教的职业能力，体现的是对高等教育事业的无线热爱和一片赤诚，一定程度上，教育智慧即是辅导员的职业能力的代名词。然而，对教育而言，没有一成不变的学生，也没有一劳永逸的方法，面对纷繁复杂的国际国内局势，面对千变万化的高等教育情境，面对学生多样化、个性化的发展需求，辅导员必须转换思维定式，与时俱进地去学习、探索、创新，勇于向各种教育困难和障碍挑战，主动地在"育人"前先"育己"，不断提升专业技能，完善职业素养，才能紧扣育人工作的时代脉搏，跟上教育发展的步伐。

（三）职业特征：实践性

思想政治教育是一种特有的培养人的社会实践活动，"是指社会或社会群体用一定的思想观念、政治观点、道德规范对其成员施加影响，使之形成一定社会或阶级需要的思想品德的社会实践活动。"[1]因此，作为其中的骨干力量，辅导员需要借助第二课堂中丰富的教育实践活动，通过具体真实的教育情境，引导学生将蕴含其中的知识形态转化为潜移默化的价值形态，进而外化为体现思想的具体实践行为，从而实现培养合格建设者和接班人的育人目标。工作中时时处处彰显的操作性，决定了辅导员的工作实质就是教育人、培养人的社会实践活动，实践性是其职业能力的职业属性。

实践性还体现为工作的基层性。辅导员冲锋在思政工作的最前沿，经常深入学生，与之交流以准确充分地把握学生的思想动态、思维方式和行为习惯，及时主动回应学生的诉求与关切，困惑与现实迷惘，引导学生做努力奔

---

① 何萌,周向军.高校辅导员职业能力考评体系的构建与分析[J].高教探索,2016(02):107-111.

跑的追梦人。丰富、具体的教育情境，让辅导员积累了实践经验，增长了实践智慧，提升了实践能力。再次，实践性还表现为感召学生、影响学生的人格力量。教育就是用生命影响生命，教师的工作就是生命与生命的互动。思想政治教育是由辅导员策划创造的有目的、有计划的特殊生命互动，真情交流产生的亲和力、生动宣讲引发的号召力、人格魅力造就的向心力等，都蕴涵着浓厚的实践色彩。辅导员的气质、胸怀、学识、教养、追求在举手投足间，潜移默化地影响学生成长成才。

（四）岗位特征：综合性

教育部第 43 号令规定辅导员的主要工作职责包括："思想理论教育和价值引领、党团和班级建设、学风建设等九项内容"①。九项工作职责的描述，从一个侧面反映出了辅导员职责的综合性，这便决定了辅导员的职业能力也需要具有很强的综合性。

从工作职责层面看，综合性由辅导员工作任务的艰巨性和复杂性使然。为满足学生的个性化成长需求，辅导员的工作涉及面极广，涵盖了大学生学习、生活、社交的方方面面，需要组织管理能力、沟通协调能力、教育引导能力、语言表达能力、科学研判能力等多种能力的综合运用，单一的素养和能力很难胜任工作需要。从解决问题角度看，思想政治教育涉及学校的各个领域，需要各相关部门协同配合方能完成，如果辅导员高效率地协调职能部门配合自己完成工作，必须注重职业素养的综合性积累，不断强化职业能力的综合性，具备扎实的多维素质与能力。

二、高校辅导员职业能力的价值功能

研究辅导员职业能力的价值及其功效，既是探讨辅导员的职业能力本质所必须，也是研究探索解决辅导员能力发展困惑的重要理性前提。

---

① 中华人民共和国教育部. 中华人民共和国教育部令（第 43 号）[EB/OL].(2017-09-21).http://www.gov.cn/gongbao/content/2017/content_5244874.htm.

　　一直以来，作为高校思政工作的主要承担者与实施者，辅导员为落实不同阶段思想政治工作目标，完成历史赋予的各项使命做出了应有的贡献。进入新时代，人民更加期待公平而有质量的教育，此时，有效提升辅导员的职业能力，实现其职业的"不可替代性"，对于落实立德树人根本任务，形成更高水平人才培养体系具有重要的时代价值。

（一）关乎立德树人根本任务的落实

　　所谓"立德树人"，就是树人为本、立德为先。国家始终把"德才兼备"作为中国特色社会主义人才培养的重要目标，并且坚持把"德"摆在首位。立德树人揭示了教育的本质，党中央历代领导人都强调要把"德才兼备"作为培养优秀人才的重要标准与行动指南。进入新时代，以习近平同志为核心的党中央更是先后在全国高校思想政治工作会议、全国教育大会和党的二十大报告中多次强调要"坚持把立德树人作为中心环节和根本任务"，"培养造就大批德才兼备的高素质人才，是国家和民族长远发展大计。"这一系列论述进一步丰富和发展了立德树人的教育思想，也进一步确立了立德树人在高校思想政治教育中的指导地位，为广大辅导员提供了根本遵循。

　　要实现"立德树人"的根本任务，就要解决好"培养什么人、怎样培养人、为谁培养人以及谁来培养人"这四个关键问题。这四者共同构成了一个有机统一的育人整体，相互促进、相互配合、缺一不可。其中，"谁来培养人"是解决立德树人的责任主体问题。育人是一项需要学校、家庭、社会协同配合的系统工程，辅导员作为大学生健康成长的指导者和引路人，在立德树人中起着至关重要的作用。当前，国际国内社会正处于"转型期"，多元社会思潮暗流涌动、相互交织，深刻影响着大学生的思想认知和价值取向。同时，全媒体时代网络社会迅速崛起，各种意识形态和思想文化依托网络传播，消解着思想政治教育主渠道的权威性，对大学生的主流价值观教育造成了极大的冲击。

　　不管是学生成长环境的复杂化以及思想意识的多元化，还是学生成长成才道路上不断涌现的困惑与需求，都需要辅导员具有扎实的专业理论知识及强大的实践应用能力。辅导员作为立德树人的关键力量，其职业能力水平直接影响着主流价值观在高校的培育和践行，影响着立德树人根本任务的落实。辅导员的职业能力发展是一个动态的发展过程，要求辅导员在教育实践中不断增强素质能力，为培养德才兼备的高素质人才服好务。从这个立意出发，辅导员的职业能力是新时代实现立德树人根本任务的关键因素。

（二）影响教师队伍建设改革的成效

党的十八大以来，党中央始终坚持教育优先发展，多次强调教师工作的极端重要性，围绕建设高素质、专业化的教师队伍提出了一系列重要论述。习近平总书记把"政治素质过硬、业务能力精湛、育人水平高超"①摆在突出位置，强调教师要增强责任感与使命感，做"有理想信念、有道德情操、有扎实学识、有仁爱之心"②的好老师，以"政治要强、情怀要深、思维要新、视野要广、自律要严、人格要正"③为目标，做到"八个相统一"；要"爱心从教、热心从教"，不忘初心，爱惜职业，这些论述思想深邃、情真意切，为如何衡量好教师提供了明确标准，也为辅导员的职业能力发展提供了理论指导与行动指南。

以此为基准，2016 和 2017 年，中共中央、国务院和教育部先后印发文件，提出"把高校思想政治工作队伍纳入高校人才队伍建设总体规划，形成一支专职为主、专兼结合、数量充足、素质优良的工作力量"④，"高等学校要把辅导员队伍建设作为教师队伍和管理队伍建设的重要内容，整体规划、统筹安排，不断提高队伍的专业水平和职业能力。"⑤这些论述和文件无不在强调兴国必先强师，把培养"学科知识扎实、专业能力突出、教育情怀深厚的高素质复合型教师"作为教师队伍建设改革的目标，为新发展阶段辅导员

---

① 习近平.在北京大学师生座谈会上的讲话[M].北京：人民出版社,2018：8.
② 习近平.在北京大学师生座谈会上的讲话[M].北京：人民出版社,2018：11.
③ 习近平.习近平谈治国理政(第三卷)[M].北京：外文出版社,2020：330.
④ 中共中央党史和文献研究室.十八大以来重要文献选编（下）[M].北京：中央文献出版社,2018：781.
⑤ 中华人民共和国教育部.中华人民共和国教育部令（第 43 号）[EB/OL].(2017–09–21).http：//www.gov.cn/gongbao/content/2017/content_5244874.htm.

的队伍建设营造了良好的发展氛围，提供了清晰的政策指引。

辅导员是教师队伍的重要组成部分，习近平总书记关于教师发展的系列论述对辅导员同样具有普适性与约束性，故辅导员的职业能力发展水平不但影响着教师队伍整体的思想政治素质和专业能力水平，也直接影响着新时代教师队伍建设改革质量的高低。因此，如果辅导员队伍的素质能力不过硬，何谈建设高素质专业化的教师队伍。新时代教师队伍建设改革的一系列重大决策部署为辅导员的职业能力提升指明了发展方向，提供了制度保障。持续提升辅导员的职业能力水平，既是这支队伍职业能力发展的内在需要，也关系到新发展阶段教师队伍建设改革的成效。

（三）决定新时代人才培养质量的高低

"培养什么人"是教育的最终目标，从新中国成立之初的"又红又专的社会主义事业建设者"到"社会主义四有新人"，再到"中国特色社会主义事业建设者和接班人"，尽管人才培养目标被不断赋予新的时代内涵，但其最终目的始终是培养符合中国社会发展需要的人。

随着社会主要矛盾的转化，"当今教育的基本矛盾已具体化为教育供给的单一、粗放，与人民群众教育需求的多样、个性之间的矛盾。"[①]这一矛盾使得教育目的聚焦到提供更加公平而有质量的教育，不断增强人民群众的教育获得感上面，并提出深化教育改革的一系列新论断，要牢固树立"九个坚持"，以"六个下功夫"为着力点，"努力构建德智体美劳全面培养的教育体系，形成更高水平的人才培养体系。[②]

人才培养体系是一个不断变化的复杂共同体，思政工作体系是贯通其中的一根主线。作为高校人才培养的关键力量，辅导员在高水平人才培养体系中具有主导性作用。辅导员担负着精神培育、价值引导、人格塑造的神圣使命，其职业能力水平直接影响着思政工作的效果，决定着人才培养的质量。

---

① 柴葳葳,刘博智.社会主要矛盾转化,教育如何应对[N].中国教育报,2018-03-07.
② 中共中央党史和文献研究室. 十九大以来重要文献选编（上）[M]. 北京：中央文献出版社，2019:653.

随着"两个一百年""中华民族伟大复兴中国梦"的提出，全面提高人才培养质量，着力造就德智体美劳全面发展的社会主义建设者和接班人的培养目标更加明确。这一目标指引着辅导员的发展目标向更加崇高的教育理想、更加深厚的职业素养以及更加高超的专业能力转变。新发展阶段，辅导员更需具备强烈的职业能力发展自觉，以扎实的素养与能力提升思想政治工作的科学化水平，为全面提升人才培养质量、形成更高水平人才培养体系提供可靠的队伍保障。

（四）事关辅导员自由全面发展的实现

人通过生成能力并发挥能力的实践活动来创造价值并生成意义。辅导员所从事的思想政治教育活动是培养人的社会实践活动，通过心灵的交流、生命的互动与人格的影响来提升大学生的生命质量，促进大学生的人格塑造与精神培育，引导其全面健康发展。人类社会发展的根本目的即实现人的自由全面发展，辅导员的自由全面发展是马克思主义全面发展理论在思政教育工作中的体现。这种有组织、有目的实施思政教育活动的过程就是辅导员全面发展的实现过程，在这一过程中，辅导员通过职业能力的发挥获得幸福感、成就感、价值感等精神上的享受。

根据马斯洛的需求层次理论，当一定层次上的需要得到满足实现后，就会根据自己对更高需要的追求，寻找下一个既定目标而继续去努力奋斗。辅导员就是在职业能力的发挥和发展过程中不断加深对自身全面发展的意义以及创造生命价值的体悟。故辅导员职业能力的提升，可以提升他们的职业自信心，增强他们的职业认同感，提高他们的职业社会地位，从而实现从职业向专业的转变，成为思想政治教育不同领域的专门人才，成为高校中"术业有专攻"的不可替代的角色，这也是高校辅导员愿意致力于此岗位的幸福感、荣誉感和成就感所在。只有不断推动职业能力的发展，辅导员才能够实现更多、更高层次的精神追求，才能够在实现自己全面发展的过程中更有力地推动思想政治教育的长足发展。

第三节　高校辅导员共同体的内涵及特征

　　"共同体"思想源远流长，共同体关注的是人的发展。对照滕尼斯和马克思对共同体的论述，因辅导员群体具备众多共同性和一致性，故辅导员群体符合"共同体"的特征，也是一个"共同体"。基于共同体的内涵界定和思想政治教育的时代要求，本研究认为高校辅导员共同体是以促进成员个人与高校思想政治教育工作协同发展为目标，成员自由自愿参加，亲密无间、互惠互利的新型辅导员非正式组织。

一、高校辅导员共同体的内涵

　　高校辅导员共同体具有丰富的内涵和表现形式，是多种共同体的综合体，既是精神共同体、职业共同体、学习共同体，也是发展共同体、育人共同体，每一种共同体都具有各自的功能，这种复合功能性共同体的建构可以让广大辅导员以相同的价值理念或者兴趣爱好为纽带，以有意义的共同愿景为目标追求，在开放包容和共同进步的互助氛围中唤醒辅导员自我主动发展的意识，通过个体与组织之间共享愿景、深度互动、资源互惠、交互协作，实现个体多样需求与组织共同发展，以此推动辅导员职业能力提升，提高大学生思政教育的创造性和实效性。它的内涵体现在五个方面：

　　第一，该共同体是辅导员精神共同体。在滕尼斯看来，共同体之所以是精神共同体，是因为"相互之间的一种共同的、有约束力的思想信念作为一个共同体自己的意志，它是把人作为一个整体的成员团结在一起的特殊的社会力量和同情。"①辅导员共同体不同于以血缘或地缘为特征的共同体，它的形成是源于共同的价值追求。在辅导员共同体内，成员彼此之间是拥有共同志趣的伙伴，他们因为对思政教育事业的热爱而相聚，因为对学生管理工作

——————————
　　①　[德]斐迪南·滕尼斯.共同体与社会——纯粹社会学的基本概念[M].林荣远,译.北京:商务印书馆,1999:62.

的喜爱而相知，因为对共同育人目标的挚爱而惺惺相惜。这种志趣与追求的"共同性"不仅满足了共同体成员之间的情感需求，更为重要的是它使共同体具有了强烈的精神特质。①高校辅导员共同体为辅导员们构建了一个精神港湾，使成员们因一致的育人目标凝聚在一起，因潜在的共同价值观形成温暖和谐的有机整体。

第二，该共同体是辅导员职业共同体。英国著名社会学家鲍曼认为，"共同体是一个温暖而舒适的场所，一个温馨的'家'，在这个家中，人们彼此信任、互相依赖。"②在某个群体里，只有当成员都感受到归属感和安全感时，共同体才会出现。在高校中，辅导员群体有一致的工作场域和核心的工作内容，共同的职业生活把他们凝聚在一起，此时的辅导员共同体就像辅导员们源于职业角色自发组织的一个"家"，在这个家里，他们有成为大学生人生导师和知心朋友的共同职业愿景，辅导员工作是他们甘愿奋斗终生的共同事业，成员间相互理解、相互关照，共享的情感体验带来的归属感和荣誉感，推动他们最终实现成员的自我价值和队伍的可持续发展。

第三，该共同体是辅导员学习共同体。博耶尔率先提出了学习共同体的概念，他认为："学习共同体是所有人因共同的使命朝共同的愿景一起学习的组织，共同体中的人共同分享学习的兴趣，共同寻找通向知识的旅程和理解世界运作的方式，朝着教育这一相同的目标相互作用和共同参与"③。作为大学生的人生导师，高质量发展对其职业能力提出了更高要求。学习共同体的核心是共享学习资源，

合作互助解决共同问题，是由拥有共同学习意愿和研究兴趣的辅导员，为了共同的学习目标形成的由学习者与助学者共同构成的学习团队。团队成员运用丰富的学习工具和共享资源反思实践，通过探究交流、对话协商构建新的知识，以取长补短获得进步和成长。它强调在真实的学习情境中反思，

---

① 张增田,赵庆来.教师教育共同体:内涵、意蕴与策略[J].首都师范大学学报(社会科学版),2012(06):132-135.

② [英]齐格蒙特·鲍曼.共同体[M].欧阳景根,译.南京:江苏人民出版社,2003:76.

③ Boyer,E..ABasicSchool:ACommunityforLearning[R].Princeton,NJ:TheCarnegie Foundation for the Advancement of Teaching,1995:3.

重视知识或意义的重新建构，倡导信任、对话与共享，鼓励辅导员在共享中相互成就，并在经验交互与对话协商中完成从"新手"向"专家"的专业转变，更好满足学生个性化成长需求。

第四，该共同体是辅导员发展共同体。滕尼斯认为，"共同体是持久的和真正的共同生活……共同体本身应该被理解为一种生机勃勃的有机体。"①其中的"持久、真正、生机勃勃"等词语代表着被共同体成员一致认同的、主动追求的共同愿景。当共同愿景被广泛接受，且通过成员的共同努力可以达成时，此愿景便焕发出强大的感召力，这就是共同体运转的内在动力。辅导员共同体便是将辅导员的价值追求融合内化为团队的共同愿景，共同愿景让大家有了明确的奋斗目标，可以激发出辅导员追求愿景蕴藏的无限潜能和终身从事辅导员事业的恒久热忱，从而焕发出强大的生命力与感召力，成为辅导员不懈奋斗的持久动力。在追求愿景实现的过程中，发展共同体可以让辅导员通过交流和合作，集成情感能量，实现知识积累，激发内驱力与创造力，提升实践智慧，从而促进辅导员个体成长和群体的专业发展。

第五，该共同体是辅导员育人共同体。实施思想政治教育是辅导员共同体的特色体现，在身份上，共同体成员是思想政治教育的骨干力量，在任务上，以引领和指导大学生全面健康成长为主要职责。因此，辅导员只有成为"育人育心"的专家，才能真正成为学生的人生导师和知心朋友。辅导员共同体为成员个体能力的发展和价值的实现提供着保障，同时也在不断强化辅导员作为共同体成员的育人责任感和使命感，立志成为学生锤炼品格、学习知识、创新思维、奉献祖国的引路人。"三全育人"背景下，辅导员共同体要破解传统"各管一块、负责一批"的辅导员工作模式，实现"一对多"单打独斗向"多对多"团队协同的模式转变，达到"许多力量融合为一个总的力量而产生新的力量"，从根本上推动立德树人这一根本任务的落实。

---

① ［德］斐迪南·滕尼斯.共同体与社会——纯粹社会学的基本概念[M].林荣远,译.北京:商务印书馆,1999:58-65.

二、高校辅导员共同体的特征

1. 理解与包容

真正的共同体，相互理解是其最根本的特征，因此，共同体内的成员能达成精神共享和情感共融，时刻感受到安全感和归属感。辅导员共同体即是建立在这样的理解基础之上，这种理解即是对彼此身份定位、工作职责、角色规范以及实践要求的普遍认同，也是对辅导员这一职业的职业价值和发展困境的普遍共识。包容则是对理解的进一步深化，是辅导员共同体基于相互理解的更深层次体现。和而不同是辅导员共同体应该秉持的原则，即对所有成员的专业背景、学历学位、能力经验保持接纳的态度，同时对所有成员身上的缺点和不足给予包容的姿态，如此方能让辅导员在共同体中去除疏离感、获得归属感、降低倦怠感、赢得幸福感。

2. 平等与自愿

滕尼斯指出，"共同体是建立在自然基础上的、历史和思想沉淀的联合体，表现为直接自愿的、和睦共处的、更具有意义的一种平等互助关系"。①基于共同体的上述内涵，可以推断其具有平等和自愿的特征。其平等的特征源于群体成员身份的相同性，辅导员共同体的成员多为从事一线辅导员工作的教师，彼此之间没有等级差别，作为一个自治性组织，成员可以在共同体内自由发表意见和看法，平等对话、对等协商，相互帮扶、彼此支持。除此之外，真正的共同体必须建立在自愿参与的基础上，辅导员完全根据个人意愿来参加活动，如此方能支撑共同体的良性运转，既能满足共同体成员个体的个性化需要，也能尊重不同个体的多样化需求。

3. 开放与交流

基于辅导员队伍的持续流动性，开放特征是对辅导员共同体自愿特征的延续，既确认了辅导员个体加入这一团体获得认同与发展的权力，又肯定了

① [德]斐迪南·滕尼斯.共同体与社会——纯粹社会学的基本概念[M].林荣远,译.北京:商务印书馆,1999:2.

辅导员个体通过这一团体取得情感支持与帮助的权利。该权利可鼓励辅导员主动加入共同体以促进自己得到发展和进步。而交流特征则体现在对内、对外的平等交流上。通过内部持续性、常态化的充分对话与交流，辅导员之间才能畅通感情倾诉、实现资源共享、开展对话协商、进行学术探讨，使共同体成员达成更多共识。同时，共同体经由对外交流获得外界对辅导员群体的评价，外界的良好评价会增加辅导员的精神慰藉和情感支持，获取的外界形象感知也会影响辅导员通过共同行为做出一致的调整。

4. 民主与自主

在高校辅导员群体中，辅导员担任领导职务的比例非常低，其中的党总支副书记虽然担任着领导职务，但也依然深入工作一线，从事具体的大学生思想政治教育和管理服务工作。党总支副书记与普通辅导员的关系更像是工作在一个阵地的战友或同志。这种关系融洽的工作体系决定了辅导员的工作机制比较民主，工作方式相对灵活，工作协商体现出广泛的群众路线式的民主。民主，是辅导员共同体客观存在与和谐发展的必要条件，可确保其稳定运行。除了内部民主，辅导员共同体具有自主特征，这一特征的存在依赖于辅导员共同体中自然存在的"相互理解"，正是基于这种"相互理解"，共同体成员之间方能融洽相处，形成一种和睦的关系和联结在一起的情感。因为共同体具有与生俱来的自在内生性，所以辅导员既是共同体建设的绝对主体，也是共同体建构成果的主要受益群体。辅导员共同体的民主与自主特征决定着该共同体的运作方式和交流互动模式。

第四节　高校辅导员共同体建构的理实考量

综合众多学者对共同体的论述，共同体最重要的研究价值是共同体的发展为人的自由和全面发展提供了便利条件。面对新发展阶段的高质量发展要求，高校思政工作原有的"单打独斗、各自为政"的育人模式已经无法满足时代的要求、学生的期望和社会的关切。习近平总书记指出，"要把思想政治工作贯穿教育教学全过程，实现全员全程全方位育人"，建构高校辅导员共同体是高校落实立德树人根本任务和辅导员自身职业发展的共同需要。

一、高校辅导员共同体建构的可行性分析

在滕尼斯看来，共同体是一种持久和真正的共同生活，是一种原始的或者天然状态的人的意志的完善的统一体。①对照滕尼斯及众多学者对"共同体"的内涵及特征的界定，高校辅导员群体符合"共同体"的相关特征。

（一）具有场域一致性

共同体是基于自然意志以及血缘、地缘和精神而形成的一种社会有机体，这是共同体原始意义上的基本内涵之一。其中的地缘指因共同的地理位置而产生的联系，通常指某种共同的生活，在其中人们被某纽带联结成了相对稳定的有机体。辅导员在高校中具有一致的工作场域，共享相同的学校生活，因而辅导员共同体是缘于共同的辅导员职业而结成的稳定的人群集合，共同的职业生活把他们凝聚在一起，彼此间相互理解、相互支持、相互帮助、共同发展，并在此过程中彼此分享某些情感、精神和价值观。学校生活工作场域的一致性为辅导员共同体的建设提供了前提条件。

（二）拥有众多共同性

高校辅导员群体是一种较为亲密的群体状态，这种群体以共同的理想和目标、共同的规则和价值观以及和谐的人际关系为基本特点，具备众多共同性。第一，该群体拥有共同的工作职责，即承担思想理论教育和价值引领等九项工作职能；第二，该群体拥有共同的工作对象，即年龄相近、思想状态相似、学业水平大致相同的大学生群体；第三，该群体拥有共同的价值理念，即秉持一系列共同的价值观和认同一致的工作理念；第四，该群体拥有共同的职业愿景，即希望成为大学生的人生导师和知心朋友。辅导员群体众多共

---

① ［德］斐迪南·滕尼斯.共同体与社会——纯粹社会学的基本概念[M].林荣远,译.北京:商务印书馆,1999:58-65.

同拥有的一致性为辅导员共同体的建设提供了现实可能。

(三) 存在发展共向性

当前，在高等教育高质量发展的时代背景下，国家持续发出加强和改进辅导员队伍建设的指示批示，并将"建设一支敬业精神好、工作能力强、专业水平高、学术素养厚的专业化、职业化、专家化的学生辅导员队伍"作为这支队伍发展的一致性目标。高校辅导员共同体不仅可以促进辅导员对职业内涵的认知，培养职业归属感，增强职业认同，还可以拓展多学科视野，在分享学习中解决知识不完备、自信感缺失、目标定位不明等制约辅导员发展的难题，为辅导员实现三化提供可能。辅导员职业发展的共向性，为辅导员共同体的建设提供了基本动力。

(四) 符合现实需求性

辅导员作为开展思政教育工作的主要群体，其职业修养、职业意识、职业知识以及职业技能直接影响着其工作质效。这一群体要高质量完成国家与社会赋予其的目标任务和使命担当，就必须形成辅导员内部的共同认知，使该群体内部各成员之间具有共同的接纳、信任、理解和支持，以凝聚工作合力，提高工作质效。"共同体是个人存在与发展的前提和基础，是人与他人、人与自然进行物质、精神、信息能量的交换的场所"①。建构高校辅导员共同体不失为实现这一目标任务和使命担当的可行性路径。辅导员的职业需求和职业所承担社会功能的需要，为高校辅导员共同体建设提供了现实着力点。

二、高校辅导员共同体建构的价值意蕴

在高等教育普及化、大学生个体发展个性化、价值诉求多元化的今天，提升高校辅导员的职业能力引导其向专业化职业化发展，是国家、高校、辅

---

① 马俊峰."共同体"的功能和价值取向研究[J].石河子大学学报(哲社版),2011(4):48.

导员、大学生四者共同对时代变革诉求作出的一种回应，亦是教育理论界需要结合实际认真思考进行解决的问题。建构高校辅导员共同体不失为解决这一问题的可行性路径。本研究所指的高校辅导员共同体，是基于一致的教育信仰，以相同的价值理念或者兴趣爱好为纽带，以有意义的共同愿景为目标追求的新型辅导员非正式组织。该共同体的建构实现了情感支持和精神共享，可以让广大辅导员在开放包容和共同进步的互助氛围中唤醒辅导员自我主动发展的意识，通过个体与组织之间共享愿景、深度互动、资源互惠、交互协作，满足个体多样需求与组织共同发展，以此来推动辅导员职业能力提升，促进高校思政教育工作高质量发展。该共同体建构的价值意蕴主要体现在两个方面：

（一）高校辅导员共同体的建构可推动辅导员个体发展

1. 高校辅导员共同体有利于挖掘和共享资源，优化知识结构

目前，我国高校尚未开设专门的"辅导员专业"，未通过成熟的学科体系为辅导员这一职业培养专业从业者，故现有辅导员并没有自身成熟而独立的知识体系，尚需要依靠其他学科专业的知识转化来完成工作职责。[①]为了最大化地实现知识的转化利用，教育学、管理学、心理学、法学、文学等相关专业便顺理成章地成为各高校辅导员招聘时的优选专业。为了保证工作的同质性，对这种多样化的知识结构进行优化整合已成为当务之急。

帕尔默曾指出："同事的共同体中有着丰富的教师成长所需要的资源。"[②]辅导员之间在知识结构、智慧水平、思维方式、认知风格、工作方法等方面存在明显差异，这种差异本身就是一种宝贵的群体资源。辅导员共同体这种生态系统为不同专业的辅导员提供了柔性化的交流平台，鼓励成员相互学习、切磋，在互通有无和深入探讨的基础上吸取其他成员的优秀成果以转变理念增加学识促进自身发展。

在辅导员共同体中，虽然成员之间原有知识背景不同，但共同体营造的

① 胡建新.关于高校辅导员专业发展的若干思考[J].教育研究,2009(10):106-108.
② 帕尔默.教学勇气——漫步教师心灵[M].上海:华东师大出版社,2005:65.

团结协作的良好学习氛围，能最大限度地将各成员学术专长、思维范式、理念方法等方面的优势整合起来，通过对话协商、多次互动达到资源共享、视角交融、优势互补，从而产生新的知识、新的思想实现知识重组，使共同体成员的知识结构得到优化，专业学识得到丰富，促进个体和组织的共赢发展。

2. 高校辅导员共同体有利于培养协作精神，提升实践智慧

一直以来，受传统带班制的影响，辅导员在开展思想政治教育工作时大多保持一种孤立、封闭的状态。然而身处复杂多变的工作环境中，面对个性鲜明的工作对象提出的层出不穷的问题与困惑，没有任何辅导员可以单凭一己之力解决所有疑难，需要整合集体的智慧帮助其做出合理的判断，提出科学的举措。特别是那些年轻辅导员，尤其渴望身处一个充满实践智慧的集体，与同事共同探讨工作方法，解决工作难题。

辅导员共同体的存在恰可以解决这一现实需求，通过打破院系隔阂开展院际合作，形成互惠互利、优势互补的多赢格局。共同体营造的宽松环境和开放氛围，可以鼓励成员借助集体智慧解决个人发展中遇到的困境和难题，并让资源惠及更多的一线辅导员。在这个过程中，共同体成员克服相互间封闭孤立的现象，通过分享各自的见解，与同伴开展对话协商、相互依赖、承担责任等多方面的合作性活动，使个体从共同体成员的互动中获益，更快地学习优秀辅导员的思想政治教育工作技能、工作艺术，同时在互动中培养合作意识，增强自己与他人的有效协作能力。

正如托马斯指出的那样，"在共同体中，教师通过参与合作性的实践来滋养自己的教学知识和实践智慧。"[1]辅导员共同体正是依托团结互助形成团队协作意识，在互动合作中激发整体潜能，凝聚集体智慧，从而使思想政治教育工作焕发出强大的生命活力。

3. 高校辅导员共同体有助于创设交流平台，推动反思研究

辅导员的科学研究能力与辅导员的个人成长和发展紧密关联，目前，科

---

[1]　Thomas，G.，Wineburg，S.，Grossman，P.，Hyhre，O.&Woolworth，S.In the company of colleagues：an interim report of the development of a community teacher learners［J］.Teaching and Teacher Education，1998（01）：21-32.

学研究能力相对不足是制约辅导员职业能力建设的一大瓶颈。辅导员的科学研究能力不仅指辅导员对专业理论知识的掌握和运用，也指辅导员要注重实践性知识的研究与提炼，开展"反思性实践"①。辅导员的教育实践活动可以理解为一种行动研究，行动研究致力于在实践中进行持续不断的反思和探索，以检视行动、改善现状、增进知识，其中的核心即反思。

辅导员共同体的核心是资源共享、合作互助，其互动、交流、共享的特性可为辅导员提供一个良好的交流平台，互动交流可以让共同体成员从不同视角充分地表达各自观点，在视角和观点的碰撞中反思实践，在理念和行动的反思中拓宽理解、活跃思维。辅导员借助反复观察自己的教育行为，并进行持续不断地交流和反思，不断地提出假设、分析问题、解决问题，循环往复螺旋上升，从而逐渐养成善于思考、总结和研究的习惯，以此来不断改善自己的教育行为，实现理论的应用与经验的升华。

辅导员通过对自己的教育实践活动进行不断观察和反思，在此过程中生成自己的研究兴趣，就相应专题的内容在共同体中与相同志趣成员进行积极对话，在互帮互助的深入研究过程中，逐渐明晰自己专注的专业发展方向，提升自己的科学研究水平。辅导员共同体实现了成员间的顺畅对话沟通，促进了教育思想的互动，有益于辅导员强化反思意识，深化对教育实践的研究，从而深入地了解思想政治教育工作的规律，实现向研究型、专家型教师的转变。

4. 高校辅导员共同体有利于营造愉悦氛围，促进身心健康

萨乔万尼这样定义共同体："共同体是基于共同的意愿紧密联合起来的个体的集合体，这种联合会使集合体中的'我'转型为'我们'，'我们'通常共享一些情感、观念与理想。"②辅导员共同体即是这样的集合体，集合体中辅导员们愿望同一的特性为这个集合体创设了融洽的合作氛围，提高了成员自愿参与其中的参与度。

---

① [美]唐纳德·A·舍恩.反映的实践者——专业工作者如何在行动中思考[M].夏林清,译.北京:教育科学出版社,2007:1-3.

② Sergiovanni,T.J.Building community in schools [M].San Francisco,CA:Jossey-bass Publishers,1994:120.

辅导员在参与过程中，"互相间的交流和沟通让成员获得心理支持，通过分享材料和资源，共同营造轻松愉快的学习氛围。"①在辅导员共同体中，成员通过融洽地持续地交流分享和合作，碰撞产生新想法的同时，相互之间的情感和关系也得到了更好的维系，不仅消解了工作中的不顺心与不愉快，而且同事之间原本的疏离和陌生逐渐转化为日益增加的关怀、支持和信赖，在共同体中寻找到情感上的慰藉、心理上的支持和精神上的鼓励。而且，共同体成员间的团结协作越频繁，情绪同一性越强，情感关系自然也就越和谐，交流氛围也就越融洽。这种良好的情感关系和愉快氛围势必会带动所有成员的身心健康发展，也会影响共同体成员的创造潜能得到充分激发。

（二）高校辅导员共同体的建构可促进学校育人质量提升

1. 高校辅导员共同体有利于增强职业归属，保持队伍稳定

辅导员是高校中与大学生接触最频繁、交流最密切的群体，作为大学生的价值引领者和成长指导者，辅导员队伍保持一定的稳定性，有益于辅导员与学生在长期接触、教育、指导过程中培养深厚的感情、建立充分的信任。然而，由于工作负荷重、工作认可度低、福利待遇差、双线晋升难，当前这支队伍呈现出归属感弱、倦怠感强、流动性高、稳定性低的特点，部分辅导员只是把这个岗位作为跳板，发挥暂时性的过渡作用。

作为高校思政工作的关键群体和直接主体，职业认同感和队伍稳定性影响着这支队伍的工作积极性、成长主动性与教育创造性。在访谈过程中，当被问及"是否愿意终身从事辅导员职业"时，大多数辅导员表示，"毕竟是一份这么有意义的工作，如果辅导员职业能够给我们提供足够的归属感、认同感、价值感和幸福感，让我们感觉这份工作大有可为，那自然是非常愿意终身从事的"。辅导员共同体可为成员提供情感支持和精神动力。"辅导员共同体中成员亲近的业缘关系可以给辅导员塑造'家'的感觉，相互之间的交流

---

① 徐丽华,吴文胜.教师的专业成长组织:教师协作学习共同体[J].教师教育研究,2005(9):33-36.

与帮助，有助于其全面地认识职业价值，增强职业自信心。"①故辅导员共同体的出现，可打破目前的矛盾状态，增强辅导员的职业归属感和认同感，使辅导员职业不再是过渡性角色，保障这支队伍的平衡稳定。

2. 高校辅导员共同体有利于破解发展瓶颈，优化队伍管理

多年来，高校基本依靠自上而下制定的一系列规章制度对辅导员队伍进行管理，这些规章制度既包括国家、地方出台的各类政策、文件，也包括高校自己制定的一系列聘任、考核、评价和晋升制度等。在这些规章制度的保驾护航下，辅导员队伍不断向前发展，取得现有成绩的同时，也面临着职责难以界定、考核难以公平、评价难以服众、三化难以推进等诸多亟待破解的难题。要想突破这些发展瓶颈，单纯依靠冰冷的规章制度难以实现。

辅导员共同体作为一种非正式群体、非正式组织，为高校提供了除行政管制之外的一条柔性管理渠道。"共同体是一个温暖而舒适的场所，一个温馨的"家"，在这个家中，人们彼此信任、互相依赖"②。在共同体中，成员们是建立在平等关系之上的合作、共享、依赖的关系，在这里，大家都是志趣相投的伙伴，拥有共同的目标愿景，把辅导员工作视为真心向往并为之终生奋斗的事业，彼此之间分享资源、技术、经验、价值观，在融洽的合作氛围中相互鼓励、彼此扶持、同甘共苦、患难与共，在理解支持中增强归属感和认同感，在分享互助中提升专业知识和实践智慧，从而实现成员的自我价值和队伍的可持续发展。

3. 高校辅导员共同体有利于提高育人水平，促进学生成长

大学生思想政治教育要坚持贴近生活、贴近实际、贴近大学生的基本原则，坚持全员育人、全方位育人和全过程育人。辅导员共同体是推动思想政治教育高质量发展的新视角，为开展好这项工作提供了群体性视野。辅导员共同体中共同的目标愿景、价值追求，有助于对大学生进行主流价值观教育，推动主流意识形态的整体渗透。

---

① 黄大周.高校辅导员共同体建设研究[J].求知导刊,2015(04):148-150.
② [英]齐格蒙特·鲍曼.共同体:在一个不确定的世界中寻找安全[M].欧阳景根,译.南京:江苏人民出版社,2003:76.

　　同时，传统的辅导员工作以个体的形式独立开展，辅导员共同体可改变辅导员传统的"单兵作战"的落后模式，将院系、专业、年龄不同但发展目标、兴趣领域相同的辅导员组合到一起，形成大学生思想政治教育的合力。这种合力不是若干个体力量的简单叠加，而是以许多力量整合而成的新力量去全方位立体式地影响教育学生。这种整合，是通过共同体内的相互扶持、通力合作、优势互补，充分发挥每一位共同体成员的个体优势进行分工，增强辅导员工作的专业属性，促进辅导员工作实现由单兵作战到阵线联盟的转变，有效提升思政育人的科学化水平。倡导一致性的同时，共同体也积极鼓励成员根据各自的兴趣专长多样化发展，通过聚集和共享丰富的个性化教育资源，让辅导员形成具有个人特色的育人模式，成长为思政领域的行家里手，提升思政育人的针对性和实效性，从而加速大学生成长成才。

第二章　高校辅导员职业能力模型建构

　　高校辅导员的职业能力结构关系到高校思想政治教育的成效，早已引起国家的高度重视和学界的积极关注。只有明晰辅导员应具备的职业能力结构及其诸要素之间的逻辑联系，才能更好地分析探讨未来发展的实践路径。然而，辅导员的职业能力的构成要素，不能凭空设想，而是需要学界进行深入的学理研究。本章从分析辅导员职业能力结构的建构依据和原则入手，进而探讨辅导员职业能力的结构要素，为本研究后续的辅导员职业能力测评奠定基础。

第一节　模型建构的依据与原则

　　高校辅导员职业能力模型就是高校辅导员所需的知识、技能、方法、态度与价值观等系列要素整合而成的抽象结构，属于辅导员职业能力发展研究的基本理论范畴，是探索辅导员职业能力发展的实践路径所必需的重要理性前提。质性研究作为社会科学领域的研究范式，已经广泛应用于教育研究领域，本部分主要运用行为事件访谈法和扎根理论建构高校辅导员职业能力模型。

一、模型建构的依据

（一）辅导员的职责要求是职业能力结构要素确立的根本依据

以辅导员的职业属性为出发点探讨辅导员的职业能力是应有之义，因此辅导员的职责要求是确立其职业能力结构要素的根本依据。

1. 辅导员职责的根本性要求是基本依据

从辅导员这一职业角色诞生以来，无论是其工作职责还是职业能力标准，抑或是辅导员队伍的建设要求和发展目标均由国家层面进行主导。因此，国家政策对辅导员职责提出的根本要求是探索职业能力结构要素的重要遵循。

当前，辅导员的职责被赋予了新的内容。2017 年，《普通高等学校辅导员队伍建设规定》（以下简称《规定》）修订下发，重新规定了辅导员的职责内容和要求，将"辅导员的工作职责扩展为思想理论教育和价值引领、学风建设、党团和班级建设等九项内容。"[1]新《规定》包括了对学生健康生活和成长成才各领域的详细要求，明确指出思想理论教育和价值引领是辅导员的核心职责，特别强调要将传统思政工作与新媒体技术紧密相结合开展思想政治教育，并着重强调对理论和实践研究提出了明确要求。国家政策对辅导员的工作职责设定了全新要求，辅导员的职业能力结构要素也必须与时俱进严格遵循。

2. 辅导员职责的政治性要求是重要依据

追溯辅导员的发展历程，从"政治指导员"到"政治辅导员"再到"辅导员"，辅导员的职业称谓几经改变，但"思想引领"这一鲜明的政治属性从未改变。尤其新《规定》仍将"思想理论教育和价值引领"列为辅导员的首要职责，再次强调了辅导员职业的政治属性。

立德树人是教育的根本任务，作为落实此项根本任务的重要力量，党的

---

① 中华人民共和国教育部. 中华人民共和国教育部令（第 43 号）[EB/OL].(2017-09-21).http://www.gov.cn/gongbao/content/2017/content_5244874.htm.

人才培养目标就是辅导员的使命引领。党的二十大报告再次强调，"育人的根本在于立德，要培养德智体美劳全面发展的社会主义建设者和接班人"。从辅导员制度的历史沿革来看，辅导员一直承担着强化和保证党对高校的思想政治领导，促进学生思想培育、人格塑造的使命与责任。这样的初心与使命，要求辅导员必须具备过硬的政治素质和高尚的道德情操，扮演好党的政策部署的实践者的重要角色，这也为我们确立辅导员的职业能力结构要素提供了价值导向和内涵要求。

（二）教育对象的发展需求是职业能力结构要素确立的现实依据

习近平总书记在全国高校思想政治工作会议上强调："提升思想政治教育亲和力和针对性，满足学生成长发展需求和期待"。①辅导员作为大学生成长成才的施教主体，其职业能力的结构要素应该以教育客体的成长成才需求为导向进行探索和分析。

1. 重视学生思想和价值引领等精神需求

习近平总书记指出："高校思想政治工作实际上是一个解疑释惑的过程。微观上是为学生解答人生应该在哪里用力、对谁用情、如何用心、做什么样的人的过程，要及时回应学生在学习生活社会实践乃至影视剧作品、社会舆论热议中所遇到的真实困惑。"②当前形势背景下，西方社会思潮的大量涌入，对大学生的思想认知和价值取向产生极大冲击，从而滋生出多元的思想观点和意识形态。此时，迫切需要有人在其成长道路上进行价值引领，满足其不断增长的精神生活需要。

面对大学生群体瞬息万变的精神世界，如何让学生对主流价值理念产生情感共鸣和价值共识？如何帮助大学生在全面发展中立主导定方向？如何提高思政工作的精准度和有效性？这一系列问题都彰显出一个事实，辅导员面临的挑战比以往任何时候都更加复杂和艰巨。作为学生成长成才道路上的解

---

① 吴晶.胡浩.习近平在全国高校思想政治工作会议上强调:把思想政治工作贯穿教育教学全过程开创我国高等教育事业发展新局面[J].中国高等教育,2016(24):5-7.
② 同①.

疑释惑者，作为学生精神需求的重要供给侧，辅导员必须具备扎实的专业理论知识及强大的实践应用能力以保障优质精神食粮的供给，提高学生精神需求的获得感和满足感。

2. 满足学生学习和生活指导等成长需求

全国高校思想政治工作会议强调，"思想政治工作必须围绕学生、关照学生、服务学生，不断提高学生思想水平、政治觉悟、道德品质、文化素养，让学生成为德才兼备、全面发展的人才。"①新时代大学生的需求更加个性化、广泛化、层次化，根据腾讯"00后"研究报告显示，"00后"学生的成长环境较之以往有很大不同，物质更为丰盈、精神更为自由，思维方式、交友方式、知识获取模式、就业心理期待等都发生了很大变化，他们的可塑性与变动性增强，给辅导员工作提出了更高的挑战。②

所以，确立辅导员职业能力的结构要素要与大学生的实际需求有机结合。随时代发展，辅导员的角色定位早已不是单一的思想政治教育者，而是集教育管理服务于一体的综合性、复合型的角色集，因此，除了具备思想价值引领等核心能力外，一个优秀的辅导员必须不断强化日常教育、管理和服务的能力才能给予大学生及时有效的指导和科学专业的帮助。

3. 关照学生个性化和多样化的培育需求

《关于加强和改进新形势下高校思想政治工作的意见》明确指出："思想政治教育工作要注重普遍要求和分类指导相结合，提高工作科学化精细化水平"③。随着信息化时代的迅猛发展，大学生的思想意识、价值理念、心理需求、发展方向均呈现个性化、多样化和复杂化的趋势特点。大学生对辅导员的角色需求不仅因个体的身心发展特点而异，而且同一个体不同成长阶段的成长需求侧重点也完全不同。

---

① 吴晶,胡浩.习近平在全国高校思想政治工作会议上强调:把思想政治工作贯穿教育教学全过程开创我国高等教育事业发展新局面[J].中国高等教育,2016(24):5-7.

② 范蕊,朱以财.高校辅导员本领恐慌的原因透视及破解途径[J].高校辅导员学刊,2020(04):20-25.

③ 中共中央国务院.中共中央国务院印发《关于加强和改进新形势下高校思想政治工作的意见》[EB/OL].(2017-02-27).http://www.gov.cn/xinwen/2017-02/27/content_5182502.htm.

　　因此，面对学生成长发展过程中日益个性化、多样化的需求，辅导员必须以差异性的、发展性的眼光去看待，方能全方位、系统性地关照和满足学生对个性化发展需求的心理期待。千差万别的培育需求要求辅导员在实际工作中必须尊重学生身心的差异成长特点因材施教，方能量体裁衣地为学生创建教育情境，因势利导地挖掘学生发展潜能，才能有针对性地提供优质的教育、管理和服务，帮助学生实现充分自由地全面健康发展。

（三）教育生态的新要求是职业能力构成要素确立的时代依据

　　党的十九届五中全会作出我国已进入高质量发展阶段的科学判断，提出了建设高质量教育体系的战略任务。高等教育进入新的发展阶段，辅导员职业能力迎来了新使命、新任务和新要求，需要辅导员紧跟时代发展节拍，培养不负时代期许的高质量建设者和接班人。

1. 新思想引领辅导员筑梦新时代

　　习近平新时代中国特色社会主义思想是马克思主义中国化的最新理论成果，在高质量发展时代的背景下，辅导员作为党的理论宣传者和实践者，要求必须具备时代感召力。首先，辅导员要切实担负起落实立德树人根本任务的光荣使命，用新理论、新思想、新论断武装好学生头脑，做好党的先进理论的宣传贯彻者；其次，辅导员要有大局意识、全局思维，号召大学生树立正确的时代观，做到应势而谋、因势而动、顺势而为地融入新时代发展的洪流，鼓励大学生做新时代的追随者、奋进者、搏击者，义无反顾地勇担"强国一代"的时代重任。

2. 新矛盾导向辅导员职业能力新要求

　　党的二十大报告指出，"我国社会主要矛盾是人民日益增长的美好生活需要和不平衡不充分的发展之间的矛盾，要紧紧围绕这个社会主要矛盾推进各项工作。"[①]进入新发展阶段，中国高等教育迎来了新的机遇，也承担着新的使命，面临着新的要求。不平衡不充分的发展问题同样存在于高校思政领域，

---

①　郝英明,季利清.党的二十大文件汇编[M].北京:党建读物出版社,2022:6.

表现为现有的教育环境、教育资源、教育手段、教育模式等与学生日益增长的、迫切的美好精神生活需求存在反差与矛盾。新时代大学生具有鲜明的时代特点，不再满足于基础性的和一般性的精神生活需要，而是追求更广范围、更多种类、更高品位的高质量美好精神生活，呈现出深刻化、广泛化和多样化的精神文化和价值取向需求。这就意味着辅导员必须与时俱进地提升其职业能力，方能为00后大学生提供高品质的精神文化生活，通过共享社会发展成果，提升社会主义现代化建设成就的获得感和满足感。

二、模型建构的原则

作为实践性特点明显的职业领域，辅导员职业能力模型的建构过程其实就是一个科学研究的过程，其建模原则对此过程起着导向和规范作用。因此，辅导员职业能力模型的建构，应当遵循以下原则：

(一) 专业化原则

当前，辅导员角色定位不准确、职业认同不高等现状制约着辅导员职业能力的发展。透过现象看本质，制约职业能力发展的本质原因是专业化建设不足，归根结底体现为职业能力结构的专业化不够。因此，只有辅导员的职业能力结构趋向专业化，才能从根本上解决职业能力无法继续向纵深发展的现实困境，且职业能力结构越趋向专业化，越能突显辅导员的专业归属、体现辅导员的专业价值、提升辅导员的社会地位，激活辅导员的内生动力。因此，在建构辅导员职业能力模型时，需要充分借鉴国内外关于辅导员职业素养以及教师职业能力等相关能力领域的研究成果。通过深入分析这些相关文献中所包含的关于辅导员职业能力相关的构成要素，从教育学、心理学、哲学等多个视角对辅导员职业能力进行全方位审视，从而为辅导员职业能力结构要素的析出提供理论借鉴。同时，运用行为事件访谈法、扎根理论等质性研究方法，提炼辅导员职业能力结构要素，并采用德尔菲法通过相关领域专家的权威判定以保障职业能力模型的科学性和专业化。

（二）发展性原则

建构模型时要根据时代的发展、工作的推进、辅导员主体的成长和大学生特点的变化，让职业能力紧跟时代发展的脚步，体现一定的时代性和动态性。进入新发展阶段，辅导员的职责内容、教育对象和教育环境均发生了日新月异的变化，其工作职能拓展至更广泛的领域，角色定位也被拓展了新的内涵。新发展阶段，高质量发展对高等教育提出了新的要求，亦对辅导员既有的知识、经验和能力提出了严峻的挑战。因此，建构辅导员职业能力模型时，必须充分观照现实状况的发展性和结构要素的动态性特点，不仅要在实际操作环节中精心设计反映职业能力动态发展的评价指标，而且要通过调查问卷、测评量表、专业软件等技术加强对隐形职业能力特征的测评，从而更加细致、更加全面地反映出辅导员职业能力的发展性。建构模型时要注重继承性、借鉴性与发展性相统一，除了充分吸收历史精华，更要大胆借鉴国外相关研究成果，尤其要时刻与时俱进，根据时代条件、客体需求的发展变化，及时充实和更新职业能力结构要素。

（三）整体性原则

现代系统科学理论中的整体性原则认为，"系统的整体性功能要大于各个要素之和"[①]。辅导员职业能力模型作为一个多要素耦合系统，其功能发挥是诸多要素交互作用的结果，各要素间的有机联系对整个结构系统起着促进和补充作用，体现出"一盘棋"的整体效应。辅导员职业能力是由辅导员的知识、技能、态度、价值观等系列要素整合而成的抽象结构，是很多小的单项能力共同发挥作用而形成的结果。因此，在建构辅导员职业能力模型时，既要重点关注每个维度分类下的具体结构要素对于辅导员职业能力发展的重要性，保证每个结构要素的独立性，不能产生逻辑上的交叉混乱，同时还要注意体现各个要素有机结合的集合性。能力结构的整体性能够避免能力短板，

---

① 谭璐,姜璐.系统科学导论[M].北京:北京师范大学出版社,2018:5.

不管是辅导员职业能力构成中某一要素比较薄弱抑或是某些辅导员的职业能力相对较差，都将影响辅导员个人的全面发展和队伍的整体提升。因此，建构辅导员职业能力模型，既要考虑辅导员个人能力的提高，又要兼顾队伍整体水平的提升，最终达成多方共赢。

第二节　模型建构的设计与实施

一、访谈对象与提纲的确定

（一）行为事件访谈法概述

行为事件访谈法[①]（Behavioral Event Interview，BEI），是哈佛教授麦克莱兰博士提出来的一套访谈程序和方法，作为半开放型的行为回顾式访谈技术，通常被运用在质性研究之中。行为事件访谈是通过询问引导受访者对整个行为事件进行细节描述的访谈，描述内容包括事件发生时的感受、思想、行动、情感以及结果，访谈重点是在过去具体的情境中采取的措施和行动，而不是假设性的答复或者抽象性的行为。这种访谈方法专业性很强，需要访谈者在访谈前必须有一个非常明晰的概念与组织结构，提前准备好探测性问题，采用 STAR 方法来深层次挖掘具体的行为细节。

S（Situation）：那是一个什么样的情境或事件？导致该情境或事件的原因是什么？是否还有其他人参与其中？

T（Task）：受访者面临的任务是什么，在整个事件中发挥了什么样的作用？在处理事件过程中遇到了什么困难或阻碍？又是如何处理的？

A（Action）：受访者当时的想法和感受是什么？想要采取的行动是什么？

R（Result）：事件最后的结果如何？受访者是怎么看待这个结果的？

---

① McClelland D C.Testing for competence rather than for intelligence［J］. American Psychologist,1973（28）:1-14.

该方法的优点是访谈者能很好地感受到受访者的真实状态，资料收集比较全面，缺点是较为费时费力，且因为需要反复追问深入挖掘行为细节，故对研究者的专业能力要求较高。

本项研究采用行为事件访谈法，通过深度访谈挖掘一线优秀辅导员在现实案例和具体情境中的行为细节，从不同层面、不同角度了解优秀辅导员在品质和技能上的典型特征和行为表现。

（二）访谈对象的选取

行为事件访谈法通过了解受访者对研究问题的真实情绪态度以及行动细节挖掘收集资料，这种方法收集到的访谈资料较之其他方法更为深入和全面。

1. 抽样方法的选择

为了提高研究结果的可信度，本部分研究采取目的性抽样，即选取那些能提供密集、丰富信息的个案。为此，本研究以 S 省属本科院校为依托，选取此类院校中的优秀专职辅导员、优秀专职辅导员所带领班级的学生、优秀专职辅导员的直接领导者进行访谈。

作为全国教育大省，从思政工作来看，S 省高度重视高校辅导员队伍建设，开展了大量扎实有效的工作。2008 年，中国高等教育学会辅导员工作研究分会作为首个全国性的高校辅导员学术团体落户 S 省，旨在团结全国高校辅导员队伍，加强理论探索和学术研究，交流工作经验，研讨工作思路，把握工作规律，提升职业能力。2018 年，S 省又成为教育部首批高校思想政治工作队伍培训研修中心建设单位，为切实加强高校思想政治工作专门力量建设，不断提高队伍的素质能力和工作质量赋能。由教育部主管、S 大学主办的社会科学类学术期刊《高校辅导员》，作为教育部确立的"全国高校辅导员工作研究指导性期刊"，亦一直致力于为高校辅导员队伍建设服务。自 2008 年开始，S 省高校辅导员累计有 9 人获得"全国高校辅导员年度人物"称号，19 人在全国高校辅导员素质能力大赛中获奖，在全国辅导员的队伍建设中做出了突出贡献，李长春、张德江、刘延东等多位中共中央政治局领导人先后对 S 省辅导员队伍建设工作做出重要批示，予以充分肯定。

从高等教育发展来看，S省一共有145所普通高校，其中3所部属院校，67所省属本科院校，78所高职（专科）院校，其中省属本科院校在生源质量以及师资招聘标准方面大体相当，具有可比性。因此，本研究选取与研究者所在高校同层次的S省属本科院校为研究样本，一是S省的辅导员队伍建设有代表性，属于典型样本；二是同层次院校之间相似度较高，便于"从实践中来到实践去"，研究成果可为后续行动研究提供服务；三是省属本科院校在S省高校中占据近半壁江山，研究结果便于推广借鉴。

2. 访谈对象的选取

本研究的访谈对象是省属本科院校参与辅导员队伍建设的相关人员，采用目的性抽样选取了三类人群进行深度访谈：

第一类是S省属本科院校的优秀专职辅导员，从主体视角了解当前辅导员职业能力发展情况。这类群体在实际工作中具有丰富的理论和实践经验，属于行为事件访谈法中的绩效优秀群体，具有较多的内隐知识。选取时按照以下四个标准进行筛选：一是至少获得过1次国家级、省市级或者校级等不同级别的"优秀辅导员"荣誉称号；二是至少单独主持过1次思想政治教育类或辅导员专项研究课题，级别不限；三是在辅导员岗位工作时间不少于4年，积累了较为丰富的工作经验；四是学生认同度较高，深受学生的喜欢与爱戴。

第二类是S省属本科院校优秀专职辅导员所带领班级的学生，从客体视角描述辅导员职业能力发展情况。这类群体与辅导员朝夕相处，交往距离最近、相处时间最长，因而对辅导员这个群体最为熟悉，且年级越高感受越深，尤其是毕业生感受最深。鉴于不同类型学生群体对辅导员的成长需求和接触感受不同，访谈对象从毕业生和高年级的学生干部、困难学生（家庭贫困、学习困难、心理问题）以及普通学生中进行选取。

第三类是S省属本科院校优秀专职辅导员的直接领导者，从顶层视角评价辅导员职业能力建设情况。这类群体作为辅导员群体的直接领导者和管理者，对辅导员应然职业能力最熟悉，对这个群体实然职业能力最关注。故选取了分管学生工作的校领导、学生工作处、校团委和人事处等与辅导员联系最密切的主要职能部门领导作为访谈对象。

(三) 访谈提纲的确定

根据行为事件访谈法的访谈特点，在征求 3 位专家 (教授) 意见的基础上，结合三类访谈对象的不同特征，分别编制了三份结构化访谈提纲。

优秀辅导员访谈提纲主要包括"介绍自己的学习、工作成长背景""分享 2—3 件印象深刻的非常满意的工作案例""剖析 1—2 件难以忘怀的比较遗憾的工作案例""举例说明做好辅导员工作需具备的知识、技能、品格等特征"等问题 (详见附录一)。

大学生访谈提纲主要包括"都会在什么状态或者情境下联系辅导员帮忙？具体描述辅导员帮助处理的具体过程和行为细节""是否认为自己的辅导员是优秀辅导员？举例说明他 (她) 身上吸引你的优秀特质有哪些？""谈谈心中理想的辅导员需具备的知识、技能、品格等特征"等问题 (详见附录二)。

管理人员访谈提纲主要包括"贵校是否有给您留下深刻印象的辅导员？请具体描述他 (她) 给您留下深刻印象的事件或者场景？包括当时的环境、涉及的人物以及他 (她) 当时的具体行为细节""结合您对贵校优秀辅导员群体的了解，列举他 (她) 们具备的优秀特质有哪些？""您认为目前辅导员队伍缺乏的素质和能力有哪些"等问题 (详见附录三)。

研究者通过请受访者"讲故事"，采集典型或者关键事件的详细资料。为得到每个"故事"的完整信息，会根据受访者的回答随机展开询问，并对关键信息进行追问，直到获得所需的信息。最后，研究者请受访者归纳描述辅导员所需的知识、技能、品格等特征，并要求进一步举例说明。这样做目的有二：一是让受访者感到他 (她) 的专业意见受到尊重，二是对前面的事件描述进行检验和确认，通过这个步骤对访谈进行回顾和拾遗补漏，以深入了解受访者观点。

二、访谈数据的收集与分析

(一) 访谈数据的收集整理

整个访谈过程从 2022 年 3 月到 7 月，本研究共访谈了 35 名受访者，其中 12 名优秀专职辅导员 (8 名辅导员、4 名学院党总支副书记，12 人中2 人是全国高校辅导员年度人物，2 人是全国辅导员素质能力大赛获奖选手)、16 名大学生 (7 名毕业生、9 名高年级在校生)、7 名管理人员 (2 名分管学生工作校领导、5 名中层管理干部)，访谈对象基本情况详见附录四、附录五。

访谈大致按照以下步骤进行：

1. 访谈开始前，制定周密的访谈计划，提前对受访者进行初步了解、预约时间和地点 (因疫情原因，除个别受访者为面对面访谈，其他大多采用腾讯会议访谈或者微信视频访谈的形式)，把控 35 名受访者的访谈进程。

2. 访谈过程中，事先征得受访者同意，对访谈内容进行录音，每次访谈时间在 40 分钟到 1 个小时左右，研究者会根据受访者给出的信息进行判断，当受访者无新增信息时，访谈便可结束。共计收集录音材料 35 份，实际访谈最短时间 34 分钟，最长时间 111 分钟，录音总时长达 32.2 个小时。

3. 访谈结束后，通过"讯飞录音"软件，转录整理录音资料，同时反思访谈不足，完善后续访谈提纲和访谈方式。为确保文本信息的保密性和转录的准确性，所有访谈录音材料由研究者转录整理，共转录约 40.6 万字。

(二) 访谈资料的分析

1. 扎根理论概述

扎根理论 (Grounded Theory，GT)，是由哥伦比亚大学的两位学者Anselm Strauss 和 Barney Glaser 共同提出来的一种自下而上建立实质理论的质性研究方法。这种方法在分析原始资料的基础上，依托寻找到的反映现象本质的核心概念之间的联系来建构理论。①扎根理论主张直接从原始资料中归纳出概念和命题上升到理论层面，认为如此产生的理论才具有生命力。

如何将收集的访谈资料上升到理论层面呢？扎根理论的主要分析思路是比较，在资料和资料之间、理论和理论之间不断进行对比，然后根据资料与理论之间的相关联系提炼出有关的类属及其属性，最后将他们之间的关系一层层地描述出来，作为对研究问题的回答。②

整个分析过程中，对原始资料进行逐级编码是最重要的环节，通常包括一级编码（开放式编码）、二级编码（关联式编码）和三级编码（核心式编码）三个步骤。其中开放式编码是从原始资料中寻找意义单位，加以命名进行概念化，形成概念类属；关联式编码是在一级编码基础上，发现和建立概念类属之间的联系，并分辨出主要类属和次要类属；核心式编码，顾名思义就是建立核心类属，并分析核心类属与二级编码中的主要类属及次要类属之间存在的意义关联，明确资料的故事线。③

本研究采用扎根理论通过对访谈资料进行三级编码分析，提炼优秀辅导员职业能力特征词汇，建构辅导员职业能力模型，从而为编制《高校辅导员职业能力测评问卷》提供充分的资料来源。

2. 编码分析

扎根理论适用于现象背后的意义研究，本研究运用扎根理论对所有文本资料进行编码。在 Strauss 看来，编码就是数据分析，分析就是对数据的诠释。结合扎根理论的三级编码，本研究借助质性分析软件 NVivo 11 Plus 对转录文本展开分析。NVivo 是一款定性研究软件，该软件操作方便，适用于分析大量的文本数据，其关键是创建不同节点进行编码。自由节点和树节点是 NVivo 编码过程中两种主要的节点类型，自由节点对应开放式编码，树节点对应关联式编码。

一级编码时，不考虑任何理论框架的限制，对访谈资料逐行、逐段地进行文本分解，从文本中寻找意义单位，加以命名进行概念化，形成概念类属。

① 陈向明.质的研究方法与社会科学研究[M].北京:教育科学出版社,2000:327.
② 同①,第 329—330 页.
③ 陈向明.质的研究方法与社会科学研究[M].北京:教育科学出版社,2000:332-335.

在此过程中出现了诸多现象，研究者将各种现象重新定义，之后加以总结分析形成概念化开放式编码。在开放式编码时，研究者借助 NVivo 软件对访谈的文本资料逐一进行分析，提炼出多个片段，并将相近的片段放置于相同的自由节点（概念类属）中，直到达到理论饱和状态，如图 2-1 所示。

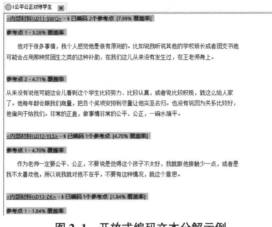

图 2-1　开放式编码文本分解示例

此阶段，共提炼出 927 个片段，分别放入了 114 个自由节点中，即形成了 114 个概念类属，如图 2-2 所示。

名称	材料来源	参考点
2改变提升	8	8
3认可学生	6	7
4照顾学生感受	7	7
5沟通交流能力	23	37
6足够信任	4	5
7全面发展	2	2
8执行力强	6	6
9管理方法科学有效	17	22
10解决问题的能力	23	35
11效率高	5	5
12组织协调能力	15	19
13成为学生的榜样（言传身教）	13	18
14潜移默化的影响学生	18	25
15有耐心	4	4
16语言表达能力	14	18
17观察细致	5	7
18终身学习能力	13	20
19时间管理能力	1	1
20应急处置能力（心理问题学生）	11	14
21创新能力	10	15
22总结提升	4	5
23探索能力	2	3
24信息获取能力	9	12

图 2-2　开放式编码部分自由节点示例

　　二级编码时，研究者尝试发现和建立各个概念之间的联系，对类属概念进行深度分析。随着分析的不断深入，起初杂乱的信息被整理成不同的类别，进而形成主要类属。体现在 NVivo 软件中，就是在自由节点的基础上，归纳、合并形成具有更强逻辑性的节点，使不同节点之间建立一定的树状关系，即形成树状节点。为了使理论达到饱和，研究者又循环性地探析了 35 份转录资料，在不断梳理辨析的基础上将 114 个自由节点合并成 68 个，然后将这 68 个自由节点进行总结归纳，上升为 15 个树状节点，即形成了 15 个主要类属，分别是基础性能力、专业性能力、拓展性能力、政策性知识、专业性知识、业务性知识、道德情操、政治觉悟、心理素质、形象气质、育人情怀、品质特质、职业信念、职业情感、职业精神，如图 2-3 所示。

基础性能力	33	91
专业性能力	35	249
拓展性能力	20	40
政策性知识	11	15
专业性知识	16	35
业务性知识	10	18
道德情操	25	54
政治觉悟	11	17
心理素质	12	18
形象气质	20	39
育人情怀	29	112
品质特质	16	24
职业信念	23	59
职业情感	26	72
职业精神	30	83

图 2-3　关联式编码树状节点示例

　　三级编码就是将已经提取的主要类属继续分析归纳，通过核心式编码建立核心类属。在整个树状结构中，核心类属是最具统领性的类属，核心类属通过串联各种概念之间的关系，得出抽象维度的理论雏形，建构出一套完整的理论框架。本研究最终将 15 个主要类属合并为 5 个核心类属，即职业技能、职业知识、职业素养、职业品格、职业意识，如图 2-4 所示。

节点		
名称	材料来源	参考点
职业技能	35	381
基础性能力	33	91
专业性能力	35	249
拓展性能力	20	40
职业知识	20	68
政策性知识	11	15
专业性知识	16	35
业务性知识	10	18
职业素养	31	89
道德情操	25	54
政治觉悟	11	17
心理素质	12	18
职业品格	32	175
形象气质	20	39
育人情怀	29	112
品质特质	16	24
职业意识	35	214
职业信念	23	59
职业情感	26	72
职业精神	30	83

图 2-4　核心式编码核心类属示例

应用 NVivo 软件的词云工具可以对文本资料中蕴含的关键要素进行可视化展示，如图 2-5 所示。由图可知，责任心、价值观、言传身教、潜移默化等关键性词汇属于高校辅导员职业能力中的高频词汇，突显了辅导员的职业价值，与学生相关的抑郁症、闪光点、就业率等词汇的高频出现，则再次印证了辅导员在学生成长过程中的重要作用，这些重要作用的发挥则与平易近人、尽职尽责、一视同仁、无私奉献等高频词汇密切相关。

图 2-5　文本分析的词云图

三、模型初构的验证与修订

在三级编码的基础上，本研究提出了一个初步的辅导员职业能力结构的理论框架，该框架由职业素养、职业意识、职业品格、职业技能、职业知识5 个一级指标，政治修养、职业信念、育人情怀、专业品质、专业性能力、专业知识等 15 个二级指标和信念坚定、三观端正、为人正直、喜教乐业、热爱学生、心理抗压力强、育人使命感、教育引导能力、马克思主义理论等 45 个结构要素组成。

但是，这个理论框架以及其中的结构要素尚处于初始化阶段，各级指标及其要素之间的关系亦不明确。因此，需要对其科学性与合理性进行评估。为此，我们需要采用专家调查法，借助专家的经验，对高校辅导员职业能力模型的理论框架进行意见征询并加以完善。专家调查法通常称之为德尔菲法，采用相关领域内的权威专家背对背匿名多轮次咨询的方式形成可靠的研究结果。

（一）专家征询的前期准备

一是问卷的设计与修改。为更好地验证高校辅导员职业能力模型的科学性和合理性，本研究将初步建构的高校辅导员职业能力结构理论框架，与浙江大学、西北师范大学、山东师范大学的 3 名专家教授进行反复研讨、修改，确定了《高校辅导员职业能力模型专家征询问卷（第一轮）》（详见附录六）。第一轮征询问卷设计共由三部分构成，其中第一部分为研究简介，简要介绍了本研究的部分概念和模型的基本情况；第二部分为专家基本信息调查表，主要涉及所在岗位、从业年限、专业技术职称、受教育程度和对高校辅导员职业能力相关研究的熟悉程度；第三部分是专家评定表，包括"高校辅导员职业能力模型一级指标""高校辅导员职业能力模型二级指标""高校辅导员职业能力模型结构要素"三个层面的分析架构。

二是专家选取与确定。本研究在专家选取的过程中，根据预测问题的性质选择专家，这是专家调查法进行预测的关键步骤。专家既要选择熟悉本行业、本领域的学术权威，还要选择来自一线从事具体思想政治教育工作的专家。一般而言，专家选取的数量在 10—20 人之间即可保证征询结构的可靠性。基于此，本研究在综合考虑以上因素的基础上选取征询专家 17 人。本研究采用目的性抽样，选取标准主要考虑如下两个方面：一是对高校辅导员队伍建设和职业能力建设情况较为熟悉；二是曾在国内外刊物公开发表关于高校思想政治教育或者高校辅导员队伍建设以及职业能力建设等方面的研究论文或出版过相关专著。根据上述标准，本研究选取的专家均为高校思想政治教育、网络思想政治教育、高等教育管理、教育学等相关领域的知名专家学者，主要来自中国人民大学、浙江大学、西北师范大学、山东大学、山东师范大学、哈尔滨师范大学、中国矿业大学、华中科技大学、黑龙江大学等高校，其中，中层管理人员 7 名，研究人员和辅导员各 3 名，校级领导和思政教师各 2 名，征询专家具体信息详见附录七。

（二）第一轮专家征询的实施

1. 第一轮专家征询过程

在征求专家意见并充分考虑到专家建议有效反馈的基础上，本研究使用邮件形式发放专家征询问卷。虽然有个别专家表示对于这一主题不是很熟悉，但明确表示了对本项研究非常感兴趣，愿意积极参与的态度。

本轮专家征询从 2022 年 9 月 21 日开始，截至 9 月 30 日回收问卷 17 份，问卷回收率为 100%，其中有效问卷 17 份，有效率为 100%。17 位专家均具有较好的理论研究功底，具有博士学位 15 人，硕士学位 2 人；其中教授 8 人，副教授 7 人，讲师 2 人。另外，专家们工作实践经验也比较丰富，教龄 20 年以上的专家有 7 人，教龄 16—20 年的专家有 4 人，教龄 10 年以上的专家有 3 人；从对辅导员职业能力建设的熟悉程度来看，专家们对辅导员职业能力建设都比较了解，16 名专家表示非常熟悉或比较熟悉（见图 2-6）。除认真进行评分外，其中 12 名专家根据自己的理论或经验判断，对模型三级指标及其要素提出了修改建议和意见。

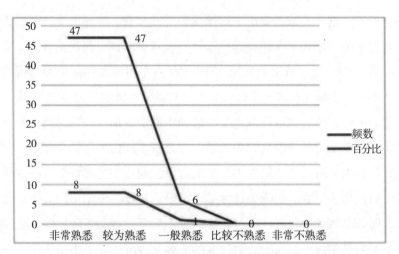

图2-6　征询专家对辅导员职业能力建设的熟悉程度

2. 第一轮专家征询结果分析

通常情况下，专家意见的协调程度和集中程度代表了专家意见的一致性和集中度。各级指标的筛选需根据专家意见的一致性和集中度，并结合专家详细建议进行确定。

专家意见的协调程度用来衡量专家对指标重要性的评价是否存在分歧，通常用变异系数（Cv）来表示。通常认为变异系数 <0.25 有效，且系数越小，表明专家间的协调程度越高，说明专家对该指标重要性的意见比较一致，反之，即表示专家意见的一致性程度不够，需要对该指标进行删除或修改。

专家咨询意见的集中程度代表了指标的重要程度，一般通过平均数 M 和满分频率 K 来表示，M 值越大，代表某指标的重要程度越高，K 值越大，说明该指标的集中程度越好。本研究设定 M 值大于等于4.0，小于设定值的指标将进行删除或者修改。此外，还可以通过上四分位数 Q+ 与下四分位数 Q-之差来反映专家意见的集中程度，一般采用公式（Q+-Q-）<a（an-al）来进行计算。其中，an 表示李克特五点量表中的最大值5，al 表示量表中的最小值1。通常情况下，将 a 赋值为0.45 时，a（an-al）=1.8，则1.8 即是基准值，当 Q+-Q-<1.8 时，可判定专家意见集中度较好，1.8<Q+-Q-<2 表示专家意见集中程度一般，当 Q+-Q->2 时，表示专家意见集中程度比较差。

一级指标分析。通过对专家意见进行统计分析，结果显示，专家们的意见在一级指标上比较集中，5 个一级指标中满分率在 60% 以上的有 3 个，且平均值全部都在 4.1 分以上，变异系数均小于 0.25。从 Q+-Q- 数值与基准值（1.8）的比较来看，5 个一级指标全部小于 1.8，属于专家意见高度集中（详见表 2-1）。由此可知，17 位专家的意见比较一致和集中，对于一级指标的重要性较为认同。但是，专家们一致指出，"职业素养"的概念内涵过宽，与其他一级指标可形成包含关系，命名不够精准，建议修改完善。

表 2-1 第一轮专家征询结果一级指标分析数据

一级指标	平均值	满分率（%）	变异系数	标准差	Q+-Q-	集中程度
职业素养	4.941	94.120	0.048	0.235	0	<1.8
职业意识	4.118	35.290	0.234	0.963	1	<1.8
职业品格	4.765	76.470	0.089	0.424	0	<1.8
职业技能	4.588	64.710	0.131	0.600	1	<1.8
职业知识	4.471	52.940	0.135	0.606	1	<1.8

二级指标分析。通过表 2-2 中数据发现，满分率在 80% 以上的二级指标有 6 个，包括"政治觉悟""道德情操""职业信念""育人情怀""专业性能力""专业知识"，占全部二级指标的 40%。从平均值来看，专家们对于二级指标的意见相对比较集中，除了"职业情感"和"形象气质"2 个指标之外，其他指标的平均值都在 4.0 以上。尤其是"形象气质"这一指标，有 17.65%的专家认为这一指标"极不重要"，其满分率仅有 23.53%，而且从平均值对比图上可以发现（见图 2-7），其平均值显著低于其它指标，仅有 3.176，并且它的变异系数为 0.461，Q+-Q- 值为 2，都超过了基准值。因此，可以确定这一指标必须被剔除或替换。"职业情感"这一指标，虽然它的 Q+-Q-<1.8，但是它的平均值为 3.941 且变异系数为 0.342，因此需要对这一指标进行修改。专家针对二级指标的修改和调整建议集中在：一是"职业情感"和"育人情怀"两个指标的内涵重叠，建议合并处理；二是"政治觉悟"和"品质特质"两个指标的概念准确性不够，需进一步厘清指标内涵予以修改；三是

国家出台的《高等学校辅导员职业能力标准（暂行）》中已对职业知识进行了明确分类和界定，建议命名与国家标准一致更具权威性。

表 2-2 第一轮专家征询结果二级指标分析数据

二级指标	平均值	满分率（%）	变异系数	标准差	Q+-Q-	集中程度
政治觉悟	5	100.000	0.000	0.000	0	<1.8
道德情操	4.824	88.240	0.106	0.513	0	<1.8
心理素质	4.294	35.290	0.133	0.570	1	<1.8
职业信念	4.941	94.120	0.048	0.235	0	<1.8
职业精神	4.706	76.470	0. 121	0.570	0	<1.8
职业情感	**3.941**	47.060	**0.342**	1.349	1	<1.8
育人情怀	4.882	88.240	0.066	0.322	0	<1.8
形象气质	**3.176**	23.530	**0.461**	1.465	**2**	**>1.8**
品质特质	4.706	76.470	0. 121	0.570	0	<1.8
基础性能力	4.412	52.940	0.157	0.691	1	<1.8
专业性能力	4.882	88.240	0.066	0.322	0	<1.8
拓展性能力	4.294	47.060	0.174	0.749	1	<1.8
专业性知识	4.824	88.240	0.106	0.513	0	<1.8
政策性知识	4.647	64.710	0.103	0.478	0	<1.8
业务性知识	4.706	70.590	0.097	0.456	1	<1.8

注：表中加粗的数值为超出基准值的数值。

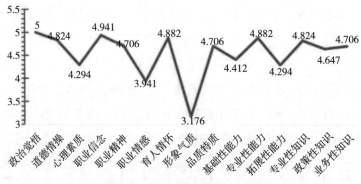

图 2-7 二级指标平均值对比图

　　结构要素分析。通过表 2-3 可知，专家们对于结构要素的意见比较一致，"信念坚定""政治敏锐""三观端正""担当精神""尊重理解学生""教育引导能力""沟通表达能力"等 12 个要素的满分率在 80% 以上，且选择"非常重要"和"比较重要"累计百分比为 100% 的要素有 26 项，可见，专家的整体意见还是比较集中。从平均值来看，除了"育人成就感""极致精神""形象阳光""中华传统文化" 4 个要素之外，其它 41 个要素的平均值都在 4.0 以上。其中"极致精神"这一要素的平均值为 3.059、变异系数为 0.469、Q+-Q- 数值为 2，均超过了基准值达不到筛选标准，因此必须将其剔除。"育人成就感""形象阳光""中华传统文化" 3 个要素的 Q+-Q- 数值均小于 1.8，但是它们的变异系数和平均值均超过了基准值，从平均值对比图上（见图 2-8）也可看出这 3 个要素的平均值显著低于其他结构要素，可见专家对这三个要素的分歧较大，因此需要对这 3 个要素进行修改调整。此外，专家针对其他结构要素也提出了具体修改建议：一是部分结构要素内涵有交叉，可合并处理，如"为人正直"与"处事公正"意思上有交叉重复，"热爱学生"和"真心关爱学生"意思上有重合，且"真心关爱学生"包含了"不放弃任何一个学生"，"担当精神"中包含了"责任心"，可将上述要素进行合并；二是部分结构要素不能支撑上位二级指标需进行调整，如"进取心"是做好任何职业均必需的品质，不属于辅导员必备的特殊品质，建议将专业品质的下属结构要素进行调整；三是部分结构要素的类属错位需进行调整，如对当今媒体时代的辅导员来说，"网络契合力、媒介应用力"应属于辅导员做好网络思想政治教育的必备专业能力，而不是拓展能力；四是部分结构要素的命名需再斟酌，如"职业知识"下属的底层支撑要素，国家出台的《高等学校辅导员职业能力标准（暂行）》已进行了明确界定，可参照进行修订。

表 2-3　第一轮专家征询结果三级结构要素分析数据

三级结构要素	平均值	满分率（%）	变异系数	标准差	Q+-Q-	集中程度
信念坚定	4.941	94.118	0.048	0.235	0	<1.8
政治敏锐	4.882	88.235	0.066	0.322	0	<1.8
爱党爱国	4.882	88.235	0.066	0.322	0	<1.8
三观端正	4.882	88.235	0.066	0.322	0	<1.8
为人正直	4.647	64.706	0.103	0.478	1	<1.8
处事公正	4.647	64.706	0.103	0.478	1	<1.8
心理抗压力强	4.529	64.706	0.154	0.696	1	<1.8
情绪调控力佳	4.529	58.824	0.134	0.606	1	<1.8
育人使命感	4.765	76.471	0.089	0.424	0	<1.8
职业认同感	4.706	76.471	0.121	0.570	0	<1.8
育人成就感	**3.647**	29.412	**0.387**	1.412	1	<1.8
奉献精神	4.647	70.588	0.127	0.588	1	<1.8
担当精神	4.824	88.235	0.106	0.513	0	<1.8
极致精神（追求卓越、竭尽全力）	**3.059**	17.647	**0.469**	1.434	2	>1.8
喜教乐业	4.471	70.588	0.232	1.036	1	<1.8
热爱学生	4.353	76.471	0.305	1.326	0	<1.8
尊重理解学生	4.941	94.118	0.048	0.235	0	<1.8
真心关爱学生	4.765	76.471	0.089	0.424	0	<1.8
不放弃任何一个学生	4.588	70.588	0.151	0.691	1	<1.8
形象阳光	**3.941**	29.412	**0.268**	1.056	1	<1.8
精神饱满	4.294	58.824	0.262	1.125	1	<1.8
举止得体	4.471	64.706	0.219	0.977	1	<1.8
强大的责任心	4.882	88.235	0.066	0.322	0	<1.8
强烈的进取心	4.471	58.824	0.156	0.696	1	<1.8

续表

三级结构要素	平均值	满分率（%）	变异系数	标准差	Q+-Q-	集中程度
真诚的共情力	4.588	64.706	0.131	0.600	1	<1.8
温暖的亲和力	4.588	58.824	0.107	0.492	1	<1.8
组织管理能力（组织力、领导力、协同力）	4.765	76.471	0.089	0.424	0	<1.8
统筹兼顾能力（工作协调力、时间管理力）	4.647	64.706	0.103	0.478	1	<1.8
终身学习能力（自我学习能力、知识运用能力）	4.647	64.706	0.103	0.478	1	<1.8
教育引导能力（思想引导力、价值引领力、灵活应变力）	4.882	94.118	0.096	0.471	0	<1.8
发展指导能力（学业领航力、就业指导力、心理疏解力、建立信任感）	4.647	70.588	0.127	0.588	1	<1.8
沟通表达能力（语言沟通能力、文字表达能力）	4.941	94.118	0.048	0.235	0	<1.8
调查研判能力（危机预判处置能力、实践经验迁移能力、理论与实践研究能力）	4.647	70.588	0.127	0.588	1	<1.8
教育创新能力（网络契合力、媒介应用力、情境创设力）	4.412	4.412	0.175	0.771	1	<1.8
马克思主义理论	4.765	82.353	0.114	0.546	0	<1.8
思想政治教育理论	4.588	82.353	0.225	1.032	0	<1.8

续表

三级结构要素	平均值	满分率（%）	变异系数	标准差	Q+-Q-	集中程度
教育学理论	4.529	58.824	0.134	0.606	1	<1.8
心理学理论	4.647	64.706	0.103	0.478	1	<1.8
政策文件	4.647	64.706	0.103	0.478	1	<1.8
法律法规	4.529	52.941	0.110	0.499	1	<1.8
时事热点	4.353	52.941	0.192	0.836	1	<1.8
中华传统文化	**3.529**	17.647	**0.309**	1.091	1	<1.8
安全防范知识	4.471	58.824	0.174	0.776	1	<1.8
学生工作实务	4.706	82.353	0.141	0.666	0	<1.8
跨专业业务知识（学生所学专业知识、学生感兴趣知识）	3.941	23.529	0.221	0.872	0	<1.8

注：表中加粗的数值为超出基准值的数值。

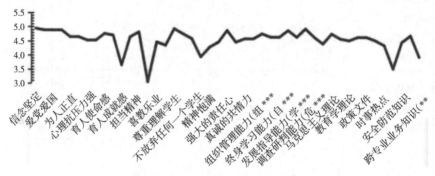

图2-8　三级结构要素平均值对比图

3. 高校辅导员职业能力模型修订

根据第一轮咨询中专家们提出的修改意见，结合对第一轮回收数据的统计分析，本研究对辅导员职业能力模型进行了修订，将专家意见比较集中的指标进行了删除、合并或者重新归属及命名，由原先的5个一级指标、15个二级指标、45个结构要素修订为5个一级指标、13个二级指标、33个结构要素，具体情况如下：

一级指标修订。针对专家对于一级指标中的"职业素养"指标概念内涵过宽的问题，本研究通过深入的文献查阅，对该概念内涵进行了厘清和界定，对该指标的表述进行了修订。

"职业素养"一般指某职业群体在从业过程中所体现的职业信念、职业知识、职业技能等综合素质。[①]而本研究想表达的概念内涵是人们为实现一定的职业理想而对自己的思想、德行、心理进行长期锤炼和陶冶后所达到的一种境界，包括政治素质、道德修养、心理素质等。故将"职业素养"修订为"职业修养"。

表 2-4　高校辅导员职业能力模型一级指标修订对照表

一级指标（第一轮征询前）	一级指标（结合第一轮征询修订后）
职业素养	职业修养 *
职业意识	职业意识
职业品格	职业品格
职业技能	职业技能
职业知识	职业知识

注：加 * 为修订部分

二级指标修订。结合分析数据和专家们提出的修改意见，二级指标中删除了 2 个指标，并调整了 6 个指标的表述，以使指标的概念表达更为精准。

（1）分析数据显示，"形象气质"这一指标，有 17.65% 的专家认为这一指标"极不重要"，且满分率仅有 23.53%，其平均值显著低于其他二级指标，仅有 3.176，并且它的变异系数为 0.461，Q+-Q- 数值为 2，都超过了基准值。因此，这一指标达不到筛选标准，予以剔除。

（2）从表 2-2 可知，"职业情感"这一指标，虽然它的 Q+-Q- 数值小于 1.8，但是它的平均值为 3.941 且变异系数为 0.342，两项评判标准超过了基准值，加之多数专家认为"职业情感"和"育人情怀"两个指标的内涵重叠，

---

① 艾楚君，陈佳. 论高校辅导员的职业素养及提升路径 [J]. 学校党建与思想教育, 2020(09): 37-39.

因此将"职业情感"与"育人情怀"合并为一个二级指标"育人情怀"。

（3）《中国大百科全书》中对"政治觉悟"的解释为，"人们在政治生活实践中领悟政治问题、明辨政治是非、参与政治活动的态度、能力和水平，是一定的社会成员对本阶级或阶层的地位、责任、根本利益和历史使命的认识"①。而"政治素质"指的是人的政治方向、政治立场、政治信念、政治观点、政治态度、政治纪律、政治品德、政治水平、政策水平等的统一，表现在对事关方向、原则问题上的立场、态度、观点；能否做到坚持真理、见微知著、把握趋势；是否具有认识、理解、熟悉、执行党和国家政策的水平。②多数专家认为"政治觉悟"包含的涵义较窄，故修订为"政治素质"。

（4）心理学视域中，"道德情操"是指根据一定的社会道德准则或社会价值，对人的行为进行评价时所产生的善恶感或正义感，不是一时性的激动或冲动，而是具有理智的、持续的情感。③而本研究初衷指的是，"个人自觉地将一定社会的道德要求转变为个人道德品质的内在过程，是从业者在道德意识和道德行为方面的自我锻炼及自我改造中所形成的职业道德品质以及达到的职业道德境界④"。多位专家认为"道德情操"的表述不够适切，不能涵盖其下面包含的结构要素，故将"道德情操"修订为"道德修养"。

（5）"品质特质"这一指标原意是想表达胜任辅导员这一职业需要具备的特殊的与其他职业相区别的优秀品质。多位专家认为该指标表述不清楚，概念模糊，容易引发歧义。因本研究此处意指辅导员的主责主业是思想政治教育，必须具备胜任辅导员职业不可或缺的思想政治教育维度的优秀的专业品质，故将"品质特质"修订为"专业品质"。

（6）针对"职业知识"下属的3个二级指标，有专家指出，国家出台的《高等学校辅导员职业能力标准（暂行）》中已对职业知识进行了明确分类和

① 中国大百科全书出版社编辑部.中国大百科全书(第二版)[M].北京:中国大百科全书出版社,
   2009:2336.
② 同②,第2337页.
③ 中国大百科全书总编辑委员会《社会学》编辑委员会.中国大百科全书·社会学[M].北京:中国
   大百科全书出版社,1991:339.
④ 崔福林等.教师职业道德修养[M].河北:河北大学出版社,2005:8.

界定，指标表述与国家标准一致更具权威性。本研究所分析归纳的职业知识本就与《标准》高度重合，故对照《标准》将"业务性知识""专业性知识""政策性知识"的表述调整为"基础知识""专业知识""法律知识"。

表 2-5　高校辅导员职业能力模型二级指标修订对照表

二级指标（第一轮征询前）	二级指标（结合第一轮征询修订后）
政治觉悟	政治素质 *
道德情操	道德修养 *
心理素质	心理素质
职业信念	职业信念
职业精神	职业精神
职业情感	删除 *
育人情怀	育人情怀
形象气质	删除 *
品质特质	专业品质 *
基础性能力	基础性能力
专业性能力	专业性能力
拓展性能力	拓展性能力
专业性知识	基础知识 *
业务性知识	专业知识 *
政策性知识	法律知识 *

注：加 * 为修订部分

三级结构要素修订。针对专家对三级结构要素提出的问题，本研究结合数据分析结果，删除了职业成就感、极致精神等 5 个要素，将 9 个内涵有交叉的要素进行了合并、拆分、类属调整或表述修改。

（1）数据分析显示，"职业成就感""极致精神"两个要素的平均值、变异系数和 Q+-Q- 值均超过了基准值，因此，根据筛选标准将这两个指标剔除。而"形象阳光""精神饱满""举止得体"三个要素为二级指标"形象气质"

的支撑要素，随二级指标"形象气质"的剔除自然剔除。

（2）多数专家认为，"为人正直"与"处事公正"意思上有交叉重复，建议合并。而"公道正派"作为传统美德，既是维系正常社会交往和社会稳定的基本的品质要求和行为准则，亦是辅导员为人处世的基本道德准则和行为规范，且"公道正派"可涵盖上述两个要素内涵，故将这两个要素合并为一个要素"公道正派"。

（3）专家们指出，"热爱学生"和"真心关爱学生"意思上有重合，且"真心关爱学生"包含"不放弃任何一个学生"，故将这三个要素进行了合并，二级指标"育人情怀"下仅保留三个支撑要素"喜教乐业""真心关爱学生""尊重理解学生"。

（4）多数专家提出，"担当精神"中包含了"责任心"，若无责任心势必无法担当，故将专业品质中的三级要素"强大的责任心"予以剔除。还有专家指出，作为辅导员，面对学生层出不穷的错误思想和不当言行，必须具备强大的包容能力才能更好地因材施教开展教育引导，而"进取心"是做好任何职业必需的品质，不属于辅导员必备的特殊品质。故将"强烈的进取心"调整为"宽厚的包容心"。

（5）专家们提出部分要素的类属归属不当，对当今媒体时代的辅导员来说，"网络契合力、媒介应用力"应属辅导员做好网络思想政治教育的必备专业能力，而不是拓展能力。针对这一问题，本研究在专业性能力中增加了媒体运用能力（网络契合力、媒介应用力），并将教育创新能力的支撑要素修订为"教育情境创设力、教育载体创新力"。在当前"三全育人"的大背景下，协同育人是高校思想政治教育工作加强和改进的重点，辅导员作为多元育人主体中的关键主体，具备协作意识与其他主体协同配合以发挥整体优势，是新时代赋予辅导员的职业要求，属于关键要素，故本研究将组织管理能力中的协同力调整至职业精神中，修订为"协作精神"。

（6）关于二级指标"基础知识""专业知识""法律知识"下的支撑要素，专家建议根据《高等学校辅导员职业能力标准（暂行）》中的界定进行修订更为权威，故对照《标准》予以修改。

表 2-6　高校辅导员职业能力模型三级结构要素修订对照表

三级结构要素（第一轮征询前）	三级结构要素（结合第一轮征询修订后）
信念坚定	信念坚定
政治敏锐	政治敏锐
爱党爱国	爱党爱国
三观端正	三观端正
为人正直、处事公正	公道正派 *
心理抗压力强	心理抗压力强
情绪调控力佳	情绪调控力佳
育人使命感	育人使命感
职业认同感	职业认同感
奉献精神	奉献精神
担当精神	担当精神
	协作精神 *（增加）
喜教乐业	喜教乐业
真心关爱学生	真心关爱学生
尊重理解学生	尊重理解学生
强烈的进取心	宽厚的包容心 *
真诚的共情力	真诚的共情力
温暖的亲和力	温暖的亲和力
组织管理能力（组织力、领导力、协同力）	组织管理能力（组织力、领导力）*
统筹兼顾能力（工作协调力、时间管理力）	统筹兼顾能力（工作协调力、时间管理力）
终身学习能力（自我学习能力、知识运用能力）	终身学习能力（自我学习能力、知识运用能力）
教育引导能力（思想引导力、价值引领力、灵活应变力）	教育引导能力（思想引导力、价值引领力、灵活应变力）
发展指导能力（学业领航力、就业指导力、心理疏解力、建立信任感）	发展指导能力（学业领航力、就业指导力、心理疏解力、建立信任感）

续表

三级结构要素（第一轮征询前）	三级结构要素（结合第一轮征询修订后）
沟通表达能力（语言沟通能力、文字表达能力）	沟通表达能力（语言沟通能力、文字表达能力）媒体运用能力（网络契合力、媒介应用力）*
调查研判能力（危机预判处置能力、实践经验迁移能力、科学研究能力）	调查研判能力（危机预判处置能力、实践经验迁移能力、科学研究能力）
教育创新能力（网络契合力、媒介应用力、情境创设力）	教育创新能力（教育情境创设力、教育载体创新力）*
马克思主义理论	马克思主义理论
思想政治教育理论、教育学理论、心理学理论	教育学、心理学、管理学、社会学等学科基本原理和基础知识*
	思想政治教育专业基本理论及知识*（增加）
	马克思主义中国化相关理论及知识*（增加）
学生工作实务、安全防范、跨专业业务知识	思想政治教育实务工作相关知识*
政策文件、法律法规	思想政治教育相关的政策法律法规*

注：加 * 为修订部分

（三）第二轮专家征询的实施

1. 第二轮专家征询过程

基于上述研究，在第一轮专家征询的基础上开展第二轮专家征询。本研究根据第一轮征询中专家们提出的修改意见，结合对第一轮回收数据的统计分析，对辅导员职业能力模型进行了修订，设计了《高校辅导员职业能力模型专家征询问卷（第二轮)》（见附录八）。第二轮专家征询问卷同样以邮件形式发放至 17 位专家手中，一周内 17 份问卷全部回收，回收率100%。

2. 第二轮专家征询结果分析

通过对第二轮专家意见进行统计分析，结果显示，第二轮专家征询意见集中。如表 2-6、表 2-7、表 2-8 所示，所有指标的平均值均在 4.2 以上，且 Q+ 与 Q- 的差值均小于 1.8，故此次专家征询意见非常集中。

表 2-6 第二轮专家征询结果一级指标分析数据

一级指标	平均值	满分率（%）	变异系数	标准差	Q+-Q-	集中程度
职业修养	5	100.000	0.000	0.000	0	<1.8
职业意识	4.588	64.706	0.131	0.600	1	<1.8
职业品格	4.706	70.588	0.097	0.456	1	<1.8
职业技能	4.706	70.588	0.097	0.456	1	<1.8
职业知识	4.471	47.059	0.112	0.499	1	<1.8

表 2-7 第二轮专家征询结果二级指标分析数据

二级指标	平均值	满分率（%）	变异系数	标准差	Q+-Q-	集中程度
政治素质	5	100.000	0.000	0.000	0	<1.8
道德修养	5	100.000	0.000	0.000	0	<1.8
心理素质	4.294	35.294	0.133	0.570	1	<1.8
职业信念	4.765	76.471	0.089	0.424	0	<1.8
职业精神	4.706	70.588	0.097	0.456	1	<1.8
育人情怀	4.765	76.471	0.089	0.424	0	<1.8
专业品质	4.471	47.059	0.112	0.499	1	<1.8
基础性能力	4.529	52.941	0.110	0.499	1	<1.8
专业性能力	4.941	100.000	0.048	0.235	0	<1.8
拓展性能力	4.353	35.294	0.110	0.478	1	<1.8
基础知识	4.706	76.471	0.121	0.570	0	<1.8
专业知识	4.824	82.353	0.079	0.381	0	<1.8
法律知识	4.294	29.412	0.106	0.456	1	<1.8

表 2-8 第二轮专家征询结果三级结构要素分析数据

三级构成要素	平均值	满分率（%）	变异系数	标准差	Q+-Q-	集中程度
信念坚定	5.000	94.118%	0.048	0.235	0	<1.8
政治敏锐	4.941	94.118%	0.048	0.235	0	<1.8
爱党爱国	5.000	100.000%	0.000	0.000	0	<1.8
三观端正	5.000	94.118%	0.000	0.000	0	<1.8
公道正派	4.941	94.118%	0.048	0.235	0	<1.8
心理抗压力强	4.647	64.706%	0.103	0.478	1	<1.8
情绪调控力佳	4.471	47.059%	0.112	0.499	1	<1.8
育人使命感	4.882	88.235%	0.066	0.322	0	<1.8
职业认同感	4.706	70.588%	0.097	0.456	1	<1.8
奉献精神	4.706	70.588%	0.097	0.456	1	<1.8
担当精神	4.706	70.588%	0.097	0.456	1	<1.8
协作精神	4.706	70.588%	0.097	0.456	1	<1.8
喜教乐业	4.471	52.941%	0.135	0.606	1	<1.8
真心关爱学生	4.882	88.235%	0.066	0.322	0	<1.8
尊重理解学生	4.588	64.706%	0.131	0.600	1	<1.8
宽厚的包容心	4.706	70.588%	0.097	0.456	1	<1.8
真诚的共情力	4.647	70.588%	0.127	0.588	1	<1.8
温暖的亲和力	4.588	58.824%	0.107	0.492	1	<1.8
组织管理能力（组织力、领导力、协同力）	4.765	76.471%	0.089	0.424	0	<1.8
统筹兼顾能力（工作协调力、时间管理力）	4.588	58.824%	0.107	0.492	1	<1.8
终身学习能力（自我学习能力、知识运用能力）	4.529	52.941%	0.110	0.499	1	<1.8

续表

三级构成要素	平均值	满分率（%）	变异系数	标准差	Q+-Q-	集中程度
教育引导能力（思想引导力、价值引领力、灵活应变力）	4.882	88.235%	0.066	0.322	0	<1.8
发展指导能力（学业领航力、就业指导力、心理疏解力、建立信任感）	4.706	70.588%	0.097	0.456	1	<1.8
沟通表达能力（语言沟通能力、文字表达能力）	4.765	76.471%	0.089	0.424	0	<1.8
媒体运用能力（网络契合力、媒介应用力）	4.529	52.941%	0.110	0.499	1	<1.8
调查研判能力（危机预判处置能力、实践经验迁移能力、科学研究能力）	4.588	58.824%	0.107	0.492	1	<1.8
教育创新能力（教育情境创设力、教育载体创新力）	4.294	35.294%	0.133	0.570	1	<1.8
马克思主义理论	4.706	70.588%	0.097	0.456	1	<1.8
教育学、心理学、管理学、社会学等学科基本原理和基础知识	4.706	70.588%	0.097	0.456	1	<1.8
思想政治教育专业基本理论及知识	4.765	76.471%	0.089	0.424	0	<1.8
马克思主义中国化相关理论及知识	4.588	58.824%	0.107	0.492	1	<1.8
思想政治教育务实工作相关知识	4.706	76.471%	0.121	0.570	0	<1.8
思想政治教育相关的政策法律法规	4.353	41.176%	0.135	0.588	1	<1.8

第二轮专家征询的协调程度方面，如表 2-6、表 2-7、表 2-8 所示，所有指标的变异系数在 0.000—0.133 之间，均未超过 0.250 的标准值。可见，17 位专家在高校辅导员职业能力构成要素方面达成了较高的协调程度。

（四）专家征询结果的可靠性探讨

1. 专家的积极程度

专家的积极程度主要通过问卷回收率和问卷意见提出率来反映。专家的积极程度对于征询结果具有较大的影响，专家的积极性越高，征询结果越佳。如表 2-9 数据显示，本研究两轮问卷的回收率均为 100%，第一轮专家意见提出率为 70.5%，专家参与积极性非常高，第二轮因为意见总体趋向一致，故而降为 23.5%。由此可见，两轮征询专家的积极性均比较高。

表 2-9　两轮专家征询问卷回收与意见提出分析表

轮次	发出数量	回收数量	回收率	意见提出数量	意见提出率
第一轮专家征询	17	17	100%	12	70.5%
第二轮专家征询	17	17	100%	4	23.5%

2. 专家的权威程度

专家的权威程度是专家调查法中衡量专家征询可靠性的重要指标，对于评价的可靠性具有显著影响。专家权威系数（Cr）一般采用专家自评方式来计算，计算公式为 $Cr=(Cs+Ca)/2$，其中 Cs 为专家对辅导员职业能力建设的熟悉程度，通常将非常熟悉赋值为 1，比较熟悉赋值为 0.8，一般熟悉赋值为 0.5，不太熟悉赋值为 0.2，不熟悉赋值为 0；Ca 为判断依据对专家判断的影响程度，通常从四个方面、大中小三个程度进行判断，赋值如下：实践经验（0.5，0.4，0.3）、理论分析（0.3，0.2，0.1）、参考国内外文献（0.1，0.1，0.1）、直观感觉（0.1，0.1，0.1）。

17 位征询专家中，有 8 位表示对辅导员职业能力建设非常熟悉，8 位表示比较熟悉，仅有 1 位表示一般熟悉，故 17 位专家对高校辅导员职业能力建设的熟悉程度，$Cs=(8*1+8*0.8+1*0.5)/17=0.876$。

表 2-10 显示的是 17 位专家判断依据及其影响程度的赋值，由此可计算出 17 位专家的判断依据，Ca=15.9/17=0.935。综上，本研究中 17 位专家的权威程度为（Cs+Ca）/2=（0.876+0.935）/2=0.906。在专家调查法中，一般认为专家权威程度大于或者等于 0.70 即可接受。由此可知，17 位专家的权威程度比较高，专家征询具有良好的可信度，即高校辅导员职业能力模型可取。

表 2-10　专家权威程度分析表

专家编号	实践经验	赋值	理论分析	赋值	参考国内文献	赋值	直观感觉	赋值	个体判断依据赋值
01	3	0.5	2	0.2	2	0.1	3	0.1	0.9
02	2	0.4	3	0.3	2	0.1	2	0.1	0.9
03	3	0.5	2	0.2	2	0.1	1	0.1	0.9
04	3	0.5	3	0.3	2	0.1	1	0.1	1
05	3	0.5	3	0.3	2	0.1	1	0.1	1
06	3	0.5	3	0.3	2	0.1	2	0.1	1
07	3	0.5	2	0.2	2	0.1	2	0.1	0.9
08	3	0.5	2	0.2	2	0.1	2	0.1	0.9
09	3	0.5	3	0.3	3	0.1	1	0.1	1
10	3	0.5	2	0.2	3	0.1	2	0.1	0.9
11	3	0.5	3	0.3	3	0.1	1	0.1	1
12	2	0.4	2	0.2	2	0.1	1	0.1	0.8
13	3	0.5	3	0.3	2	0.1	1	0.1	1
14	3	0.5	2	0.2	1	0.1	2	0.1	0.9
15	3	0.4	3	0.3	3	0.1	1	0.1	0.9
16	3	0.5	3	0.3	1	0.1	1	0.1	1
17	3	0.5	2	0.2	2	0.1	2	0.1	0.9
总赋值									15.9

注：专家判断依据中的大中小程度按照顺序以 3、2、1 替代。

第三节　模型的意蕴阐释与权重分析

一、模型的意蕴阐释

综上所述，高校辅导员职业能力模型的建构，运用扎根理论对 40 万字的行为事件访谈资料进行分析、归纳，获得一级指标 5 个、二级指标 15 个、结构要素 45 个，经过专家征询进行修改完善，最终确定高校辅导员职业能力模型由 5 个一级指标、13 个二级指标和 33 个结构要素组成，如图 2-9 所示。

高校辅导员职业能力模型是由职业修养、职业意识、职业品格、职业技能、职业知识五个维度共同组成的综合体。通过深入细致的剖析探索、梳理归纳，自上而下地形成辐射状的框架结构，一层一层逐级地延伸扩展，将高校辅导员职业能力细化为 13 个分维度和 33 个结构要素，形成一个同心圆。如图 2-9 所示，圆心每向外扩展一圈都细化为下一层级指标，每一个层级都

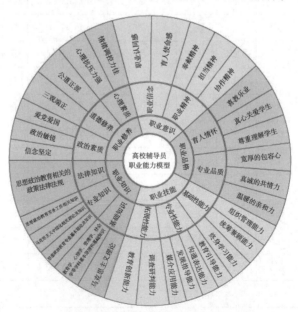

图 2-9　高校辅导员职业能力模型

是对其上级指标的细节填充，也是对上级结构的集中反映。每一层级代表一个维度，整体构成了一个层次分明、脉络清晰、各尽其效、综合完整的高校辅导员职业能力模型。

基于对辅导员职业能力内涵的思考，本研究建构高校辅导员职业能力模型，旨在刻画职业修养、职业意识、职业品格、职业技能和职业知识五个维度之间相互影响和转化促进辅导员职业能力发展的逻辑理路。

（一）职业修养

职业修养是辅导员职业能力的核心维度，是统领职业能力发展的灵魂。职业修养是高校辅导员修身立业、价值追求和工作态度的集中体现，是促进辅导员全面发展的首要前提。辅导员肩负着立德树人的重要使命，在辅导员的职业能力体系中，"德"毫无疑问放在首位。习近平总书记指出，"传道者，首先要明道、信道，要以德立身、以德立学、以德施教"[①]。辅导员只有自身先具备了过硬的政治素质与良好的道德修养，才能更好地承担起学生健康成长引路人的责任。本研究认为，辅导员的"德"主要包括以下三个方面：

1. 政治素质

政治素质是党和国家对辅导员角色定位的本质要求，包含信念坚定、政治敏锐、爱党爱国三个结构要素。信念坚定是指辅导员具有坚定的马克思主义信仰，牢固树立"四个意识"，坚定"四个自信"，积极引导青年学生不断增强坚定走中国特色社会主义道路的信心和决心。政治素质也表现在对事关方向、原则问题上的立场、态度、观点，政治敏锐是指辅导员领悟政治问题、明辨政治是非的高度和层次。辅导员的工作性质和工作使命决定了其必须具备敏锐的政治判断、坚定的政治立场、鲜明的政治观点、严明的政治纪律和较高的政策水平，才能帮助大学生提升政治觉悟，及时洞察和准确鉴别复杂的社会思潮。爱党爱国作为政治素质的集中反映，是政治素质的重要组成部分，决定了立德树人的政治方向。爱党爱国就是坚决拥护中国共产党的领导，

---

① 吴晶.胡浩.习近平在全国高校思想政治工作会议上强调：把思想政治工作贯穿教育教学全过程开创我国高等教育事业发展新局面[J].中国高等教育,2016(24):5-7.

热爱祖国，热爱人民，不断引导和激励学生在实现中华民族伟大复兴中国梦的过程中谱写青春华章。正人者必先正己，如此方能运用科学的政治理论帮助学生处理好思想认识误区和价值取向困惑。

2. 道德修养

道德修养是指"个人通过自我锻炼及自我改造，自觉地将社会道德要求内化所形成的个人道德品质以及达到的道德境界"①。陶行知说："教师的道德品质，不仅是规范自己行为的需要，更重要的是用于教育学生的需要。"②作为大学生的人生导师，其道德修养对大学生良好道德品质的形成起着示范、激励和指引的作用。辅导员的道德修养由三观端正和公道正派两个结构要素组成，正确的世界观是分析处理问题秉持的态度，正确的人生观、价值观则是人生发展道路的行动标尺。习近平总书记说："教师要成为学生做人的镜子，以身作则、率先垂范，以高尚的人格魅力赢得学生敬仰，以模范的言行举止为学生树立榜样，把真善美的种子不断播撒到学生心中。"③作为示范者和引领者，只有辅导员率先垂范、言传身教，才能引导学生树立正确"三观"，把好人生航向。道德修养是辅导员获得支持和认可、信任与爱戴的重要前提。因此，辅导员要为人正直、处事公正、作风正派，通过高尚的品行和充满魅力的人格教育感染学生。

3. 心理素质

辅导员的心理素质在辅导员的职业能力中占有重要的地位。面对日益复杂的工作环境、日趋多元的学生思想、日渐多变的突发状况，辅导员保持健康稳定的心理是做好工作的前提基础，故辅导员需要具备较强的心理抗压力和较好的情绪调控力。心理抗压力强是从事思想政治教育工作的必要条件，是由辅导员工作的复杂性和艰巨性决定的。首先要建立辩证的思维方式，学会以全面的、发展的眼光看待人和事，保持积极心态和工作热情；其次要树立正确的价值取向，坚持以豁达的、大度的心态正视得与失，面对困难、挫

---

① 崔福林等.教师职业道德修养[M].河北:河北大学出版社,2005:8.
② 陶行知.陶行知全集(第1卷)[M].成都:四川教育出版社,1991:26.
③ 习近平.习近平首次点评95后大学生[N].人民日报,2017-01-03(2).

折和压力保持平常心；再次要累积事业的心理满足，努力以学生成长中收获的快乐和幸福，涵养坚持不懈迎难而上的坚强意志。情绪调控力佳就是要求辅导员必须能够控制好自己的情绪，不能因为自己的情绪波动而影响到本职工作，更不能因此随意伤害学生。尤其是在遇到各种突发事件或者学生冒犯自己时，更要学会克制，否则不仅会影响对学生的教育效果，更会改变自己在学生心目中的形象。

（二）职业意识

职业意识是一种观念形态，是人们对职业的理解、评价、满意感和愿望等，影响着个人的就业和择业方向。[①]辅导员对职业的意愿和态度是其个人价值取向的体现，会对职业效果产生最直接的影响，是辅导员可持续发展的重要条件。作为一名教师，职业意识的"意"指的是职业信念和职业精神，就是要以献身思想政治教育事业、引领和服务学生成长为己任，全心全意履行党和人民赋予的神圣职责，以一流业绩回报党和人民的信任和重托。

1. 职业信念

信念是在任何情况下都毫不动摇地为之奋斗、执着追求的意向动机。一个人只要拥有强有力的职业信念，就拥有了百折不挠的心理根基。辅导员的职业信念包含育人使命感和职业认同感两个结构要素。育人使命感是指辅导员要将培养德智体美劳全面发展的社会主义建设者和接班人作为一切工作的出发点和着力点，把立德树人的使命和责任融入对学生无微不至的教育管理服务之中。辅导员的职业认同感，本质上是对其职业价值地位的态度与看法，体现着辅导员对职业情感的忠诚度。只有不断地提高辅导员的职业归属感、育人使命感、职业自豪感，使辅导员愿意将这份职业作为终身事业来经营，致力于走专业化发展道路，才能更好地营造职业吸引力，提升职业能力与水平。

2. 职业精神

马克思主义哲学认为精神具有极大的能动性。职业精神是从事某种职业

---

① 中国大百科全书总编辑委员会《社会学》编辑委员会.中国大百科全书·社会学[M].北京：中国大百科全书出版社,1991:278.

应然具有的精神、能力和自觉。①辅导员职业奉献性、创造性极强，一旦选择就意味着要秉持"捧着一颗心来，不带半棵草去"的奉献精神，执着地在思想政治教育工作上坚定前行，不计较个人得失。未来的时代是需要和创造强者的时代，职业精神是支撑辅导员职业发展的重要精神支柱。因而，辅导员应具有迎接挑战和战胜危机的顽强意志，更要具有义不容辞承担起责任与使命的担当精神。担当精神不仅是辅导员的工作态度，更是辅导员的立身之本，要有面对困难、风险和挑战迎难而上、敢试敢闯、勇谋结合破解难题的勇气和硬气。在当前"三全育人"的大背景下，协同育人是高校思政工作加强和改进的重点，协作精神是新时代赋予辅导员的职业要求。协作精神即指辅导员作为多元育人主体中的关键主体，应积极与其他主体协同联动，充分发挥所有育人主体的优势同频共振，实现思想政治教育一体化发展。

（三）职业品格

职业品格是在职业训练和职业实践过程中不断积淀和升华的品性与德行，是从事某一职业必须具有的合乎其职业特性的被赋予格外重要意义的品格。②习近平总书记关于思想政治理论课教师的"六要"论述中，就谈到了"情怀要深、人品要正"，本研究认为，职业品格是胜任辅导员职业不可或缺的育人情怀和专业品质，决定了主观能动性发挥的程度，是衡量辅导员职业能力的重要因素。作为一种内在的力量，职业品格是辅导员的人格品质以及做事态度，是辅导员生存和发展的根基。

1. 育人情怀

德国哲学家雅斯贝尔斯说过，"教育就是一棵树摇动一棵树，一朵云推动一朵云，一个灵魂唤醒另一个灵魂"，说明了教育者对受教育者的巨大作用。"爱是教育的基础，没有爱就没有教育。"辅导员从事着崇高的教育事业，应该饱含真诚与热爱，用真情服务学生成长成才。一是喜教乐业，增强对教育、

---

① 中国大百科全书出版社编辑部.中国大百科全书·哲学(1-2)[M].北京:中国大百科全书出版社,1987:379.
② 孙笑侠,傅蔚冈.论法官的职业品格[J].浙江社会科学,2002(05):59-68.

对岗位、对学生倾心热爱的真挚情感，在对责任的深刻理解和对使命的理性认知中，将其内化升华为境界和情怀，要怀揣大爱，上善若水，用爱与智慧为学生启迪心智、导航人生，并从中获得价值感、成就感和满足感。二是真心关爱学生，这既出于职业使命的要求，更出于对教育真谛的理解。要真心真意地关爱、指导、帮助学生，想方设法地帮助学生解决实际需求和现实困难，让学生感受到关注和温暖。三是尊重理解学生，做学生的知心朋友，要理解学生情感、尊重个人隐私，让学生感受到教育的包容、体谅、尊重和温暖，对实现人生理想充满信心和希望。

2. 专业品质

辅导员的主责主业是思想政治教育，专业品质是指胜任辅导员职业不可或缺的思想政治教育维度的优秀的专业品质。"亲其师，方能信其道。"不管是辅导员想要给予引导帮助的主观要求，抑或是学生出于问题困难的主动需求，都需要以信任为基础、以接纳为前提。故而辅导员的亲和力、共情力和宽容心就成为辅导员专业品质的关键要素。一是温暖的亲和力，辅导员的化育应有温度，"陪伴是最长情的告白"，辅导员应当经常深入学生中间，以温度体贴、温情感召、温暖关怀来赢得学生的信赖和喜爱，建构融洽和谐的师生关系，做学生的暖心人。二是真诚的共情力，辅导员的教育应用心用情，辅导员不能居高临下地单纯从主体角度处理问题，而应推己及人、换位思考，设身处地体验学生作为教育客体的处境和感受，方能真心实意地为学生着想，耐心听取学生的诉求，用心解决学生的问题，做学生的真心人。三是宽厚的包容心，辅导员的教化应因材施教，辅导员应能接受学生的个性化差异，以更大更多的耐心包容学生的缺点和不足，全身心地接纳学生，才能诚心去了解、细心去分析、费心去处理。除此之外，包容心还包括在处理学生工作时，要善于倾听学生的不同意见，并积极采纳合理化建议，做学生的贴心人。

(四) 职业技能

职业技能是人们顺利完成某种职业活动的操作系统或行为模式，是胜任某种职业职责所必备的掌握和运用专门技术的能力，是取得某一职业资格的必备条件。①辅导员的职业技能是衡量职业能力的关键指标，是完成立德树人根本任务的核心能力。依据辅导员的工作任务和职责，辅导员职业技能主要由基础性能力、专业性能力和拓展性能力构成，三者逐层递进，缺一不可。其中，基础性能力是辅导员处理日常工作应具备的基本素质，属于共性能力；专业性能力是辅导员职业专有的能力要求，是区别于其他职业的本质性能力；拓展性能力是决定和影响职业能力提升的能力。

1. 基础性能力

辅导员的基础性能力是专业性能力和拓展性能力的基础，是指从事辅导员工作所需的基本素养能力，根据国家对辅导员的基本要求，本研究认为包含组织管理能力、统筹兼顾能力和终身学习能力三个结构要素。

（1）组织管理能力。作为学生工作的组织者、实施者和指导者，辅导员的组织管理能力水平决定了辅导员日常工作的成效。一是具有较强的组织力，能恰当地指导党团组织与班级建设，并能结合学生发展需求灵活开展生动活泼、内涵丰富的教育类、文体类、学术类、实践类等活动，提供高效优质的教育管理服务。二是具有较好的领导力，能够带动班级凝聚力和向心力的形成，做好学生骨干的培养、管理与激励工作，指导优秀的学生干部队伍进行自我教育、管理和服务。

（2）统筹兼顾能力。包括进行、生活指导等具体内容。可见，高校辅导员所从事的日常教育、管理和服务工作是内容复杂、种类繁多，不仅要求开展入学和毕业教育、组织学生军事训练、进行奖助学金评选和生活指导，而且还要组织助学贷款、勤工俭学、困难帮扶等等，这就要求辅导员不但要具备宏观决策和全局调控的能力，而且要具备微观指挥和细节安排的能力，因此，统筹兼顾能力也构成了基础性能力的重要内容。一是工作协调力，首先要重视上下协调，既要做到上情下达，使学生清楚了解上级的决策初衷、政策内容或者工作要求不存疑虑，还要做到下情上达，使上级领导了解工作落实的执行情况和学生的真实反应正确决策；其次要重视横向沟通，注意部门

---

① 叶瑞祥.简明学习科学全书[M].北京：团结出版社，2017：502.

之间、同事之间的沟通协调，最大限度解决信息之间的不对称造成的矛盾与不和谐，有效地协调好相关部门和负责人员协助自己完成负责的各项工作。二是时间管理力，辅导员的工作千头万绪、繁多琐碎，辅导员所处的层次和承担的职能，决定了辅导员必须具备洞察全局、科学规划、整合推进的能力，因而科学的时间管理能力和缜密的工作规划能力，对辅导员高效有序地完成纷繁复杂的工作必不可少。时间管理力的核心即：辅导员罗列出单位时间内需要完成的工作，梳理出每件事情的执行流程，通过调整不同工作每个流程的执行逻辑顺序，统筹安排相关人员有序地进行处理，以达到时间效率的最大化。

（3）终身学习能力。终身学习能力是指不断学习吸收新知识并培养自身创造力的能力。生命进取的力量就是在改造客观世界的同时改造主观世界。德国教育家第斯多惠认为，自我教育是教师的终身任务。因此，怀有高度责任感的辅导员，应深知自我教育的意义与价值，要有知识不足、本领恐慌的紧迫感，自觉加强学习，永不懈怠。一要具备自觉的自我学习能力，辅导员工作的多领域性需要辅导员打破自身专业界限，广泛深入地学习多学科知识，扩充知识储备，因而必须孜孜不倦地学习，将外在的知识以及他人的创造转化为自身的发展与成长，在"育人"过程中不断地"育己"，增强应对新形势、新任务、新挑战的多方本领。二要具备灵活的知识运用能力，当今时代，辅导员不仅要拥有丰富的知识储备，还要善于将知识灵活运用，引导学生客观分析社会现象、正确辨别社会思潮、辩证认识社会发展规律，在教育实践过程中实现个体经验的积累、获得独立的领悟。

2. 专业性能力

辅导员专业性能力，是指完成辅导员主要职责所应具备的专业技术领域的能力，是辅导员工作专业性的突出体现。辅导员能否胜任本职工作，取决于其具备的专业技术能力的水平。本研究认为，专业性能力包含以下四个结构要素。

（1）教育引导能力。辅导员的首要身份角色是人生导师，想要更好担负起学生健康成长指导者和引路人的责任，具备出色的教育引导能力非常重要。

一是思想引导力，具有科学理论和先进思想宣讲阐释能力，能够及时掌握学生思想动态，结合不同阶段的发展需求与思想关切，从学生的思想实际和接受心理出发，综合运用集体班会、私下谈心、微博微信等教育情境与平台，通过丰富多样的载体和形式，适切地进行教育引导。二是价值引领力，注重学生价值观念的塑造，善于把握价值引领的切入点和着力点，引导学生从积极正面的角度看待处理问题，对不良苗头能及时劝解和引导，有针对性地帮助学生纠正思想偏差，引导学生树立正确的价值取向与向上的人生态度。三是灵活应变力，注意捕捉开展思想政治教育的机遇，将思想理论宣讲与突发事件、时事热点以及学习生活中的点滴科学合理地结合起来，以深入浅出的方法引导学生理解，灵活机动地把握时机解决大学生思想问题。

（2）发展指导能力。发展指导能力是指高校辅导员在日常思想政治教育中，引导学生进行自我认知、学习转化，最终实现自我全面发展的能力，因此过硬的发展指导能力必不可少。首先要建立信任感，无论是辅导员给予引导帮助的主观要求，还是学生出于问题困难的主动需求，都需要以信任为基础、以接纳为前提。唯有深入学生中间了解学生，真心实意关心学生，温暖学生，与学生建立亲密的信任关系，方能为后续发展指导打下坚实的信任基础。其次是学业领航力，辅导员要具备激发学生学习的能力，通过加强班级学风建设，营造浓厚的学习氛围，激发学习兴趣，引导学生主动学习和创造性学习。再次是就业指导力，注重关注最新就业政策和信息，在把握学生学业状况的基础上，因人而异地开展职业规划和就业指导，提高学生就业质量。最后是心理疏解力，针对大学生心理问题日益增多的现实，更是源于辅导员知心朋友的角色要求，辅导员要善于发现学生的情绪和心理变化，主动开展心理疏导，帮助学生释放压力、调整心态，保护学生身心健康。

（3）沟通表达能力。沟通表达能力是与外界建立有效联系的关键能力，传达政策、部署工作依靠沟通交流，了解学生精神思想、日常状态依靠沟通交流，与校内外各部门、单位协调工作，接待家长来访也依靠沟通交流。合理有效的表达，是帮助辅导员胜任人生导师和知心朋友的"润滑剂"，主要包含语言沟通能力和文字表达能力两个方面。一方面是语言沟通能力，辅导员能否真正走进学生的精神世界和情感世界进行有效的说服教育，很大程度上取决于辅导员的语言沟通能力。这要求辅导员讲究教育引导的语言艺术，不断地提高语言的思想含量、知识含量、艺术含量，结合不同的教育场合与情境，把大道理转化成学生能够理解并接受的微话语，真正入脑入心。另一方面是文字表达能力，不论是撰写思路清晰的工作计划、层次分明的任务总结、客观缜密的调查报告，还是熟练运用学生话语体系发布网络文章，主动在网络与新媒体平台发声，对学生进行教育引导，良好的文章撰写能力和准确的文字表达能力必不可少。因此，辅导员应不断地探索研究沟通交流的有效方式方法，既要有面对面的对话沟通，也要有键对键的信息交流，既要加强语言艺术修炼，还要提高书面语言素养，方能在工作中做到得心应手、游刃有余。

（4）媒介应用能力。网络思想政治教育是辅导员的九大工作职责之一，因此媒介应用能力成为做好思政工作的必要条件之一。媒介应用能力是指辅导员能敏锐感知媒介环境变化，掌控好互联网领域内学生的动态变化，打破时空界限，对大学生关注的焦点进行主动回应和积极引导，从而形成高效精准的良性互动局面的网络思政工作能力。一是网络契合力，主动提升自身媒介素养占领网络教育阵地，成为积极的媒介使用者和熟练的信息分析者，熟悉学生网络社交空间，擅长对媒介信息进行解构和重构，及时进行信息捕捉。二是媒介应用力，面对学生成长发展困惑及需求、思想认识偏差及扭曲，与时俱进地发挥大数据的优势，熟练应用微信、微博、抖音等各类新媒体手段和网络语言进行教育引导，把握网络的话语权和主导权，提高思想政治教育的时效性、精准性以及吸引力和感染力。

3. 拓展性能力

辅导员的拓展性能力，生成于职业能力发展过程中，是实现辅导员能力发展、创造辅导员工作佳绩、提升辅导员职业竞争力的内在动力源，包括较强的调查研判能力和教育创新能力。

（1）调查研判能力。调查研判是做好辅导员工作的重要能力，辅导员要掌握科学的调查研究和分析判断能力，全面深入地了解工作对象，把握教育规律。一是危机预判处置能力，大学时代是学生的价值取向和思想认识的形成期，因该群体存在复杂性、差异性和多变性等特点，校园危机事件时有发生，故辅导员要善于捕捉分析学生的思想动态、精神特征与行为习惯，准确把握学生的发展脉搏，熟悉危机事件处置流程，能够积极有效地应对突发事件。二是实践经验迁移能力，许多中外教育家形成一致认同，教师的成长等于经验加反思。经验反思，就是对过往教育实践进行重新审视并作出价值判断的过程。辅导员需要对工作实践进行及时性反思、阶段性反思和系统性反思，善于汲取其中的经验与教训，深化对现实问题的认识，把握思想政治教育的规律，把实践经验上升到理性高度，不断创造工作新成效。三是科学研究能力，辅导员的研究能力是专业能力不断发展的必要条件，也是专业化程度的外在表现。首先是问题意识，对教育现象始终保持一份敏感意识和问题意识，善于在实践中发现问题；其次是研究意识，对思想政治教育规律和大学生成长规律，保持一种探索意识与研究意识，勇于在研究中解决问题。习近平总书记强调："调查研究是谋事之基、成事之道。"通过研究可以察微知著，有利于摆脱工作经验化，做到"早预见、巧解决"，提升科学化水平。

（2）教育创新能力。教育创新能力是辅导员提高职业能力的不竭动力，主要体现在辅导员不墨守成规，善于根据时代发展变化更新工作思维、丰富工作内容、创新工作模式。一是教育情境创设力，面对大学生对思想政治教育新的期待与更高的要求，辅导员必须善于抓准大学生成长的需求点，充分重视学生的教育体验，在创设教育情境和构想教育载体方面持续开拓创新，提高教育内容的接受度和品质感。二是教育载体创新力，在"大众创业、万众创新"的时代背景下，面对层出不穷的新情况、新问题、新事物，辅导员必须勇于强化创新意识，与时俱进地开发思想政治教育新载体，"使学生每一次接受思想政治教育都能产生新感觉、新惊喜和新期待，形成崭新的思想政治教育的理论感知模式和实践体验模式"[①]，让教育创新能力成为职业能力的"压舱石"和"定海针"。

---

① 马林海.大学生思想政治教育范式转换与辅导员核心能力的提升[J].高校辅导员学刊,2015（05）:49–53.

（五）职业知识

辅导员的职业知识是指经由学习实践获得的多元知识结构和良好知识储备，是辅导员专业化职业化的理论基础，也是促进其职业能力提升的基础力量。现代社会是知识社会，要求辅导员必须掌握广博的知识，具备精深的技能，方能完成培养高素质人才的职业使命。本研究认为，辅导员的职业知识包括专业知识、基础知识和法律知识。

1. 专业知识

专业知识是辅导员开展思想政治教育的核心知识，辅导员的知识结构必须具备三部分专业知识：一要准确掌握思想政治教育专业的基本理论及知识，熟悉教育的基本原则和主要方法。鉴于辅导员多样化的专业背景，具备这部分知识对于引导学生产生思想共鸣与价值认同以及提高个人专业素养有很大的帮助。二要系统掌握马克思主义中国化的理论及知识，真正做到学深悟透、真信笃行，方能增进学生对其的政治认同、理论认同和情感认同。此外，还要密切关注社会热点和国际局势，帮助学生正确认识纷繁复杂的世界变化与社会变革，牢固树立主流思想意识。三要精准掌握大学生党团班级建设、职业生涯规划与就业指导、奖助贷免等学生日常事务管理、突发事件应对等大学生思想政治教育工作实务知识，时刻牢记国家嘱托，认真履行工作职责。

2. 基础知识

"辅导员是高校中离学生最近的人，是宣传阐释党的理论最直接的人"[1]，辅导员首要具备的基础知识即马克思主义理论，学会用马克思主义的立场观点及方法去分析解决问题。其次是了解教育学、心理学、管理学、社会学等学科基本原理和基础知识，熟悉一般教育规律和大学生的成长规律，在理论的支撑下，方能进一步认识、思考、设计出科学有效的思想政治教育实践活动，并经过再思考、再提升，慢慢积累成辅导员的教育智慧。

---

[1]　杜玉波. 提升理论素养增强职业能力切实加强高校辅导员队伍建设［N］. 中国教育报，2016–06–06(007).

3. 法律知识

法律知识则是"为了这一专业的知识"中起支撑性作用的职业知识，主要指《中华人民共和国高等教育法》《普通高等学校学生管理规定》《学生伤害事故处理办法》等与思想政治教育相关的政策法律法规，帮助学生树立法制观念。

职业知识是辅导员开展思想引领和育人活动的主要"武器"，无论何时，辅导员都不能停止学习，要不断更新自己的理论知识，只有具备深厚的专业功底和独特的教育艺术，才能在学生中树立崇高威望，在日常思想政治教育和管理工作中掌握主动、占有先机。

二、模型的权重分析

高校辅导员职业能力是一个复杂的、抽象的概念体系，在这个体系中各个维度或者指标要素在每一层次中所处的地位及作用并不相同。因此，需要对于每级指标的组成部分进行讨论，以确定高校辅导员职业能力各指标要素的相对权重，并进行权重值设定的合理性分析。

（一）权重分析的方法

层次分析法是美国匹茨堡大学教授萨蒂提出的一种定量和定性分析相结合的研究方法，用来解决难以用定量描述的决策问题，适用于多级目标的评价或决策。①由于该方法具有简便性和准确性的优势，被广泛应用在教育研究在内的各个领域中。本研究即采用层次分析法来确定职业能力模型各维度及其要素的权重。主要遵循以下步骤进行：

首先，将辅导员职业能力的模型分解，建构辅导员职业能力的层次结构，清晰简明地展现不同层级要素之间的相互关系；

其次，通过第二轮专家咨询的打分对不同层级要素的重要性进行两两比较，得出各级要素对于上级指标的重要性排序情况；

---

① 刘新宪,朱道立.选择与判断——AHP层(次分析法)决策[M].上海:上海科学普及出版社,1990:5.

最后，进行权重计算，并对专家判断矩阵进行一致性检验，最终确定高校辅导员职业能力模型中各级指标及结构要素的权重值。

（二）层次结构的建构

按照本研究对高校辅导员职业能力模型的研究结果，将相对复杂的高校辅导员职业能力模型进行梳理和拆解，建构辅导员职业能力的层次结构（如图 2-10 所示），便于辅导员职业能力各层次权重的计算。

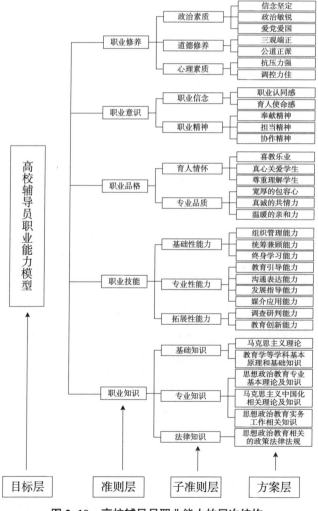

图 2-10 高校辅导员职业能力的层次结构

如图所示，辅导员职业能力的层次结构包含目标层、准则层、子准则层、方案层四个层次，最高层为目标层，即高校辅导员职业能力；其次为准则层，包括职业修养、职业意识、职业品格、职业技能、职业知识5个一级构成要素；再次为子准则层，包括政治素质、道德修养、心理素质等13个二级构成要素；最后一层为方案层，在此层中，政治素质包括3个构成要素，即信念坚定、政治敏锐、爱党爱国；道德修养包括2个构成要素，为三观端正和公道正派；心理素质包括抗压力强和调控力佳2个构成要素；职业信念包括育人使命感和职业认同感2个构成要素；职业精神包括3个构成要素，即奉献精神、担当精神和协作精神；育人情怀包括3个构成要素，为喜教乐业、真心关爱学生、尊重理解学生；专业品质包括宽厚的包容心、真诚的共情力、温暖的亲和力3个构成要素；基础性能力包括3个构成要素，为组织管理能力、统筹兼顾能力和终身学习能力；专业性能力包括4个构成要素，既教育引领能力、发展指导能力、沟通表达能力和媒介应用能力；拓展性能力包括调查研判能力和教育创新能力2个构成要素；基础知识包括2个构成要素，为马克思主义理论、教育学等学科基本原理和基础知识；专业知识包括3个构成要素，即思想政治教育专业理论及知识、马克思主义中国国化相关理论及知识和思想政治教育实务工作相关知识；法律知识只有1个构成要素，即思想政治教育相关的政策法律法规。

（三）结构要素的权重计算

根据第二轮专家咨询的打分对不同层级结构要素指标重要性进行两两比较，建构出这些能力要素间的判断矩阵，以一级指标为例，如表2-11所示。

表2-11　一级指标判断矩阵分析结果

平均值	一级指标	职业修养	职业意识	职业品格	职业技能	职业知识
5	职业修养	1	1.09	1.062	1.062	1.118
4.588	职业意识	0.918	1	0.975	0.975	1.026
4.706	职业品格	0.941	1.026	1	1	1.053
4.706	职业技能	0.941	1.026	1	1	1.053
4.471	职业知识	0.894	0.974	0.95	0.95	1

　　通过计算各判断矩阵的最大特征值 λ max 和相应的特征矢量 W，得出能力指标的权重，最后进行随机一致性检验。判断矩阵的一致性问题是层次分析法的核心问题。萨蒂提出用一致性比例 CR 来检验判断矩阵是否具有一致性，即若 CR<0.1，则判断矩阵具有满意一致性，否则，该判断矩阵不具有满意一致性，导出的权重不可靠，不能作为决策依据。[①]本研究采用几何平均法来计算各级构成要素的权重值，经过分析和计算，高校辅导员职业能力一级指标权重如表 2–12 所示。

表 2–12　专家对一级指标的赋值权重

一级指标	特征向量	权重值	最大特征值	CI 值
职业修养	1.065	21.303%		
职业意识	0.977	19.548%		
职业品格	1.003	20.050%	5.000	0.000
职业技能	1.003	20.050%		
职业知识	0.952	19.049%		

　　注：CI=0.000，RI=1.120，CR=0.000<0.1，一致性检验通过。

　　同理，经过分析和计算，高校辅导员职业能力二级指标权重如表 2–13 所示，高校辅导员职业能力三级结构要素权重如表 2–14 所示，由表中数据可知，三组判断矩阵均 CR=0.000<0.1，通过了一致性检验，可见三组专家判断矩阵均具有满意一致性。

表 2–13　专家对二级指标的赋值权重

二级指标	特征向量	权重值	最大特征值	CI 值
政治素质	1.072	8.244%		
道德修养	1.072	8.244%		
心理素质	0.920	7.080%		
职业信念	1.021	7.857%		

①　Saaty T.The Analytic Hierarchy Process[M].McGraw-Hilllnc,NewYork,1980:26.

续表

二级指标	特征向量	权重值	最大特征值	CI 值
职业精神	1.009	7.760%		
育人情怀	1.021	7.857%		
专业品质	0.958	7.372%	13.000	0.000
基础性能力	0.971	7.468%		
专业性能力	1.059	8.147%		
拓展性能力	0.933	7.177%		
基础知识	1.009	7.760%		
专业知识	1.034	7.954%		
法律知识	0.920	7.080%		

注：CI=0.000，RI=1.560，CR=0.000<0.1，一致性检验通过。

表 2-14 专家对三级结构要素的赋值权重

三级结构要素	特征向量	权重值	最大特征值	CI 值
信念坚定	1.052	3.288%		
政治敏锐	1.052	3.288%		
爱党爱国	1.065	3.327%		
三观端正	1.065	3.327%		
公道正派	1.052	3.288%		
心理抗压力强	0.989	3.092%		
自我调节力佳	0.952	2.975%		
育人使命感	1.039	3.248%		
职业认同感	1.002	3.131%		
奉献精神	1.002	3.131%		
担当精神	1.002	3.131%		
协作精神	0.952	2.975%		

续表

三级结构要素	特征向量	权重值	最大特征值	CI 值
喜教乐业	0.952	2.975%		
真心关爱学生	1.039	3.248%	32.000	0.000
尊重理解学生	0.977	3.053%		
宽厚的包容心	1.002	3.131%		
真诚的共情力	0.989	3.092%		
温暖的亲和力	0.977	3.053%		
组织管理能力	1.015	3.170%		
统筹兼顾能力	0.977	3.053%		
终身学习能力	0.964	3.013%		
教育引导能力	1.039	3.248%		
发展指导能力	1.002	3.131%		
沟通表达能力	1.015	3.170%		
媒介运用能力	0.964	3.013%		
调查研判能力	0.977	3.053%		
教育创新能力	0.914	2.857%		
马克思主义理论	1.002	3.131%		
教育学、心理学、管理学等学科基本理论及知识	1.015	3.170%		
马克思主义中国化相关理论及知识	0.977	3.053%	32.000	0.000
思想政治教育务实工作相关知识等	1.002	3.131%		
思想政治教育相关的政策法律法规	0.927	2.896%		

注：CI=0.000，RI=1.677，CR=0.000<0.1，一致性检验通过。

（四）结构要素的权重分析

构成要素的权重值，可以反映出高校辅导员职业能力不同构成要素的相对重要程度。因为赋值权重容易受到专家既有经验及主观意识的影响，所以，需要从多个视角对权重的科学性与合理性进行进一步分析。

1. 高校辅导员职业能力一级指标的权重分析

在高校辅导员职业能力的一级指标中，按照由大到小的权重值排序为：职业修养（21.303%）、职业品格（20.050%）、职业技能（20.050%）、职业意识（19.548%）、职业知识（19.049%），从以上权重值的排序可以发现：

第一，职业修养在高校辅导员职业能力一级指标中的权重值最高。辅导员肩负着立德树人的重要使命，"德"毫无疑问被放在辅导员职业能力体系的首位，是所有构成要素中最重要的存在。职业修养是辅导员职业能力的核心维度，是统领职业能力发展的灵魂，是促进辅导员全面发展的首要前提。因而，被赋予最高的权重值非常合理性。

第二，职业知识在高校辅导员职业能力一级指标中的权重值最低。高校辅导员的职业知识是指其通过学习、实践而获得的多元知识结构和良好知识储备，是高校辅导员把握思想政治教育规律和大学生成长规律的基础保障，是促进高校辅导员职业能力提升的最基础力量。相对于其它能力指标而言，其权重值最低也是合理的。

第三，根据权重所反映的重要程度来看，职业品格和职业技能比职业意识更重要，这基本符合对于辅导员能力需求的实际状况。职业品格作为一种内在力量、隐形能力，决定了主观能动性发挥的程度，也决定了高校辅导员的工作效果。作为显性能力的职业技能，是衡量辅导员职业能力的关键指标。而职业意识是对职业的理解、评价、满意感和愿望，影响着辅导员的就业和择业方向。职业品格所具有的主观能动性是促使高校辅导员职业能力提升的动力与源泉，影响着辅导员的就业愿望和择业方向，而出色的职业技能无形之中会增强辅导员的快乐感、价值感和自信心，加深师生之间的情感链接，继而会提升辅导员的自我效能感和对职业的满意感，会促进辅导员职业意识的提升。因而，专家认为职业品格和职业技能作为隐形能力的发展根基和显性能力的关键指标，两者几乎同样重要。从这个意义上来看，职业意识排在两者之后就有其必然性，也有其合理性。

2. 高校辅导员职业能力二级指标的权重分析

在二级指标中，按照由大到小的权重值排序为：政治素质（8.244%）、道德修养（8.244%）、专业性能力（8.147%）、专业知识（7.954%）、职业信念（7.857%）、育人情怀（7.857%）、职业精神（7.760%）、基础知识（7.760%）、基础性能力（7.468%）、专业品质（7.372%）、心理素质（7.080%）、法律知识（7.080%）。从以上权重值的排序可知：

第一，政治素质和道德修养在辅导员职业能力二级指标中的权重值最高。政治素质是党和国家对高校辅导员角色定位的本质要求，表现在对事关方向、原则问题上的立场、态度和观点，起着举旗定向的作用。辅导员作为大学生的人生导师和知心朋友，其道德修养在大学生的培养过程中起着导向性的关键作用，对大学生良好道德品质的形成起着指引、示范和激励的作用。辅导员的工作性质和工作使命决定了政治素质和道德修养在辅导员的职业能力体系中的重要地位，专家们赋予其最高的权重值完全合理。

第二，专业性能力在高校辅导员职业能力二级指标中的权重值仅次于政治素质和道德修养，位列第二。专业性能力作为职业技能中的核心能力，与职业技能在一级指标中的权重位置完全吻合。辅导员的专业性能力，是指完成主要职责必须具备的专业技术领域的能力，是工作专业性的突出体现。辅导员能否胜任本职工作，取决于其具备的专业技术能力的水平。故专业性能力位居第二合情合理、合乎逻辑。

第三，专业知识在高校辅导员职业能力二级指标中的权重值仅次于专业性能力，位列第三。职业知识整体在高校辅导员职业能力一级指标中的权重值最低，但作为它的核心知识的专业知识在整体职业能力体系中却居于相当重要的位置，这是因为要"推进辅导员专业化，首先需要一套较完整的专业知识和技能体系作为专业人员从业的依据。"[①]故辅导员必须具备精湛的专业知识，方能真正成为培养德才兼备的高素质人才的专业人员。从这个意义上来看，专业知识权重值较高就有其必要性。

---

① 马林海.大学生思想政治教育范式转换与辅导员核心能力的提升[J].高校辅导员学刊,2015(05):49-53.

第四，心理素质和法律知识在高校辅导员职业能力二级指标中的权重值最低。职业知识本身作为基础力量在高校辅导员职业能力一级指标中的权重值最低，法律知识又是职业知识中起支撑性作用的知识，可谓基础中的基础，重要性较之其他二级指标要素自然相对较低。心理素质作为最重要的职业修养的组成部分在高校辅导员职业能力二级指标中的权重值居然最低，令人意外。究其原因，心理素质属于高校辅导员职业能力的隐性素质，也是个体的软实力，健康稳定的心理是做好辅导员工作的前提和基础，解决的是工作成效好不好的问题，而非起到成败的关键性作用，故心理素质权重较靠后也有其合理性。

3. 高校辅导员职业能力三级结构要素的权重分析

在最底层的三级结构要素中，按照由大到小的权重值，爱党爱国、三观端正并列首位，权重值为 3.327%；其次是信念坚定、政治敏锐、公道正派并列第二，权重值为 3.288%；再次是育人使命感和真心关爱学生，权重值为 3.248%，并列第三；教育创新能力和与思想政治教育相关的政策法律法规排名最靠后，权重值分别为 2.857% 和 2.896%。从以上权重值的排序可以发现：

第一，权重排名位居前二的爱党爱国、三观端正、信念坚定、政治敏锐、公道正派五个三级结构要素，均属于一级指标职业修养的三级支撑要素，且均是权重值最高的二级指标政治素质和道德修养的下位支撑要素。前三者决定了立德树人的政治方向，后两者决定了思想政治教育的内容和效果，其重要性自然不言而喻。因此，专家们赋予其最高的权重值及其合理。

第二，育人使命感和真心关爱学生在高校辅导员职业能力三级结构要素中的权重值位列第三，仅次于职业修养的支撑要素。育人使命感是二级指标职业信念的支撑要素，育人使命感是指以献身思想政治教育事业、引领和服务学生成长为己任，全心全意履行党和人民赋予的神圣职责。一个人只要拥有强有力的职业信念，就拥有了百折不挠的心理根基，就会把立德树人的责任融入对学生无微不至的教育管理服务之中。真心关爱学生是二级指标育人情怀中支撑要素，"爱是教育的基础，没有爱就没有教育。"只有真心关爱学生方能发挥主观能动性，真正成为学生的人生导师和知心朋友。故这二者权重值较高有其合理性。

　　第三，教育创新能力和与思想政治教育相关的政策法律法规在高校辅导员职业能力三级结构要素中的权重值最低。教育创新能力是一级指标职业技能的三级支撑要素，是辅导员提高职业能力的不竭动力，要求辅导员不墨守成规，善于根据时代发展变化更新工作思维、丰富工作内容、创新工作模式，属于为辅导员职业能力发展锦上添花的因素，而非必要性因素。与思想政治教育相关的政策法律法规从属于权重值最低的二级指标法律知识，其权重值与其上位指标吻合乃情理之中。因而，这二者权重值最低亦合情合理。

第三章　高校辅导员职业能力现状

改革开放以来，国家制定了一系列政策与措施加强高校辅导员队伍建设，辅导员职业能力建设取得了明显的成效。新发展阶段，高等教育的高质量发展对辅导员的职业能力提出了新的挑战和要求。明确实然发展样态是高校辅导员职业能力发展的基础，对于探索辅导员能力发展的可行性路径，提高思想政治教育的水平和质效具有十分重要的意义。本章在前面建构的高校辅导员职业能力模型基础上，编制高校辅导员职业能力测评问卷，通过问卷调查法从宏观层面了解辅导员职业能力的总体大致面貌，然后结合深度访谈聚焦辅导员职业能力发展的微观层面做深入了解，通过点面结合的方式尽可能客观全面地呈现高校辅导员职业能力现状全貌。

第一节　调查问卷的设计与施测

调查问卷的设计思想是从职业修养、职业意识、职业品格、职业技能、职业知识五个方面来综合考察辅导员职业能力的实然样态。具体而言，基于前期建构的模型，设计和开发《高校辅导员职业能力测评问卷》，对高校辅导员的职业能力水平展开调查。调查目的有三：一是从实证的角度来检视和完善高校辅导员职业能力模型；二是了解我国高校辅导员职业能力发展水平；三是分析高校辅导员职业能力发展困境及原因。

一、初始问卷的设计

基于前期建构的高校辅导员职业能力模型，结合相关文献查阅，本研究设计和开发了《高校辅导员职业能力测评初始问卷》。问卷包括两个部分：第一部分为测评对象的基本信息，如：辅导员的性别、年龄、职称、学历、从业年限、婚姻状况、评优获奖情况等；第二部分为高校辅导员职业能力现状调研问卷，包含职业修养、职业意识、职业品格、职业技能、职业知识五个方面 46 道题目。

本次调查问卷采用李克特 5 点量表，为了保证问卷的科学性，在完成初步设计后，请相关领域的专家进行了讨论完善，最终形成《高校辅导员职业能力测评问卷》（详见附录九）。

二、预调查与信效度检验

调查问卷的合理性，决定了调查结果的科学性和准确性，所以，对于自主设计的问卷，进行信效度检验尤为重要。为验证问卷的科学性和有效性，本研究进行了小范围的预调查，通过问卷星平台对 120 名在职辅导员进行线上施测，剔除答题时间不足 150 秒的问卷 10 份，回收有效问卷 110 份，有效回收率为 91.7%。

（一）问卷的信度分析

信度，通常指测量工具获得数据的一致性和可靠性。在本项研究中，采用检测调查问卷内部一致性的信度评价方法，用 SPSS26.0 软件进行检验，通过克朗巴哈系数（Cronbach's Alpha 值）来反映问卷题目的可靠性。当 Cronbach's Alpha 的数值大于 0.7 时，认为调查问卷具有不错的内部一致性，该系数越高，表明调查问卷的一致性越好，意味着可靠性就越高。表 3-1 为问卷的信度分析结果，由表中数据可知，在职业修养、职业意识、职业品格、职业技能、职业知识 5 个一级维度上 Cronbach's Alpha 系数均大于 0.7，问卷整体的 Cronbach's Alpha 系数为 0.977，处于高信度，说明本研究设计的调查问卷，具有良好的一致性和可靠性。

表 3-1　问卷信度分析结果

可靠性统计量	Cronbach's Alpha	样本量	项数
职业修养	0.823	110	7
职业意识	0.908	110	5
职业品格	0.845	110	6
职业技能	0.969	110	22
职业知识	0.923	110	6
问卷整体	0.977	110	46

（二）问卷的效度分析

效度一般是指测量工具或手段能够准确测量出所需要测量的事物的程度，即有效性。[1]一般通过分析内容效度和结构效度来检验问卷的效度情况。

1. 内容效度

内容效度指的是测量内容的适当性和相符性。由于本项研究的问卷题目是基于前期建构的高校辅导员职业能力模型而设计，并且模型经由两轮专家咨询检验方确定，因此，可认为本调查问卷具有较好的内容效度。

2. 结构效度

结构效度指的是实验与理论之间的一致性。一般采用因子分析法检验结构效度，分为探索性因子分析和验证性因子分析两种。探索性因子分析用来发现各测量变量之间存在的复杂关系，而验证性因子用来测试已具有的模型与数据的拟合程度。鉴于调查问卷是基于建构的高校辅导员职业能力模型设计而来，故本研究采用验证性因子分析进行效度检验。

---

①　吴明隆.问卷统计分析实务——SPSS 操作与应用[M].重庆:重庆大学出版社,2010:267.

（1）可行性分析

在进行验证性因子分析之前，首先需要进行因子分析的可行性分析。判断因子分析是否可行，一般采用 KMO 值和 Bartlett 球形度两个指标。KMO 度量标准为：0.5 以下表示极不适合，0.6 表示不太适合，0.7 表示一般，0.8 表示适合，0.9 以上表示非常适合，也就意味着 KMO 值越接近于 1，越适合作因子分析。[①]Bartlett 球形度的检验标准为：如果该值较大，且其对应的显著性水平小于 0.05，那么认为原始变量之间存在相关性，适合做主成分分析。

故进行因子分析前，本研究首先检验了这两个指标，唯有 KMO 值大于 0.5 且 Bartlett 球形度检验的显著性水平小于 0.05 时，方能进行验证性因子分析。如表 3-2 结果显示，KMO 值为 0.810，且 Bartlett 球形度检验的显著性为 0.000（非常显著），说明本问卷在置信水平上存在显著差异，根据因子分析的评断标准，该研究适合进行因子分析。

表 3-2 问卷的 KMO 和 Bartlett 球形度的检验结果

Kaiser–Meyer–Olkin 取样适切性量数		0.810
Bartlett 的球形度检	近似卡方	6111.752
	自由度	1035
	显著性	0.000

（2）验证性因子分析

在满足 KMO 和 Bartlett 球形度检验条件基础上，应用因子分析法对于全部的 46 个测量数据进行了验证性因子分析。由表 3-3 中数据可以发现，使用主成分分析法，最终获得 5 个因素，变量解释的特征根高于 1，这 5 个因子的累计方差贡献率为 76.079%，具有较好的解释性。

---

① 吴明隆.问卷统计分析实务[M].重庆:重庆大学出版社,2015:266-296.

表 3–3　验证性分析的方差贡献率

成分	特征根	特征根		旋转后方差解释率		
		方差解释率(%)	累积百分比(%)	特征根	方差解释率(%)	累积百分比(%)
1	26.455	57.49999999999999	57.49999999999999	11.673	25.4	25.4
2	3.529	7.7	65.2	8.027	17.4	42.8
3	2.204	4.8	70	6.01	13.100000000000001	55.900000000000006
4	1.52	3.3000000000000003	73.3	5.239	11.4	67.30000000000001
5	1.289	2.8000000000000003	76.1	4.048	8.799999999999999	**76.079**
6	1.223	2.7	78.7			
7	1.097	2.4	81.10000000000001			
8	0.952	2.1	83.2			
9	0.887	1.9	85.1			
10	0.779	1.7000000000000002	86.8			
11	0.62	1.3	88.2			
12	0.582	1.3	89.4			
13	0.521	1.0999999999999999	90.60000000000001			
14	0.449	1	91.5			
15	0.401	0.8999999999999999	92.4			
16	0.344	0.7000000000000001	93.2			
17	0.312	0.7000000000000001	93.8			
18	0.298	0.6	94.5			
19	0.284	0.6	95.1			
20	0.264	0.6	95.7			
21	0.224	0.5	96.2			
22	0.203	0.4	96.6			

总方差解释

续表

成分	特征根	特征根		旋转后方差解释率		
		方差解释率(%)	累积百分比(%)	特征根	方差解释率(%)	累积百分比(%)
23	0.18	0.4	97			
24	0.18	0.4	97.39999999999999			
25	0.164	0.4	97.7			
27	0.13	0.3	98.3			
28	0.113	0.2	98.6			
29	0.102	0.2	98.8			
30	0.081	0.2	99			
31	0.074	0.2	99.1			
32	0.066	0.1	99.3			
33	0.061	0.1	99.4			
34	0.053	0.1	99.5			
35	0.045	0.1	99.6			
36	0.036	0.1	99.7			
37	0.029	0.1	99.8			
38	0.023	0.1	99.8			
39	0.022	0.000	99.9			
40	0.018	0.000	99.9			
41	0.016	0.000	99.9			
42	0.013	0.000	100			
43	0.008	0.000	100			
44	0.006	0.000	100			
45	0.003	0.000	100			
46	0.002	0.000	100			

总方差解释

　　进一步进行区分效度分析，一般采用平均方差抽取量（AVE）和组合信度（CR）两个指标，AVE 用来衡量收敛效度，当该值大于 0.5 时，表明具有较好的收敛效度；CR 用来衡量建构效度，当该值大于 0.7 时，表明具有较好的建构效度。如表 3-4 中，AVE 和 CR 的检验结果显示：5 个因子的平均方差抽取量（AVE）的值均大于 0.5，组合信度 CR 值均大于 0.7，说明 5 个因子内的测量指标提取度均为优秀。上述数据说明，本研究开发的高校辅导员职业能力测评问卷结构效度较为理想，能有效收集本研究所需信息。同时，也再次验证了本研究建构的模型指标的科学性及规范性。

表 3-4　区分效度分析结果

项	AVE 值	CR 值	MSV 值	ASV 值
因子 1（职业修养）	0.644	0.926	0.566	0.658
因子 2（职业意识）	0.738	0.933	0.713	0.747
因子 3（职业品格）	0.630	0.910	0.713	0.765
因子 4（职业技能）	0.651	0.976	0.880	0.797
因子 5（职业知识）	0.672	0.924	0.880	0.714

三、正式问卷的施测

（一）调查对象

　　在问卷调查对象的选择上，本研究以 S 省属本科院校为依托，选取专职辅导员作为调查对象，考虑到 S 省的区域和地方差异，采用分层抽样的方式从 S 省的东南西北中五个地区各选取了 2 所省属本科院校，即以 S 省 10 所省属本科院校的专职辅导员作为调查对象展开调查。

表 3-5　调研高校基本情况一览表

院校简称	所在地区	所在城市	学校类别
S 科技大学	东部	QD 市	理工类院校
LD 大学	东部	YT 市	综合类院校
LY 大学	南部	LY 市	综合类院校
ZZ 学院	南部	ZZ 市	文科类院校
LC 大学	西部	LC 市	综合类院校
HZ 学院	西部	HZ 市	文科类院校
BZ 医学院	北部	BZ 市	医学类院校
BZ 学院	北部	BZ 市	文科类院校
S 建筑大学	中部	JN 市	理工类院校
S 中医药大学	中部	JN 市	医学类院校

（二）数据收集

问卷调查时间为 2022 年 10 月 17 日至 10 月 21 日，采用"问卷星"进行问卷的发放与数据回收工作（如图 3-1 所示）。本次调查，共回收问卷 646 份，为保证样本数据的质量和有效性，剔除了答题时间过短（不足 150 秒）的问卷 33 份，最终保留有效问卷 613 份，问卷有效率为 94.7%。

图 3-1　"问卷星"平台问卷发放及回收情况

（三）调查样本

调查样本的具体信息如表 3-6 所示：

表3-6　调查样本具体信息

变量	类别	频数	比重（*）
性别	男	259	42.3
	女	354	57.7
年龄	30 岁以下	242	39.5
	31-35 岁	187	30.5
	36-40 岁	85	13.9
	41-45 岁	72	11.7
	46 岁以上	27	4.4
从业年限	5 年以下	420	68.5
	6-10 年	78	12.7
	11- 15 年	62	10.1
	16-20 年	42	6.9
	21 年以上	11	1.8
职称	初级	297	48.5
	中级	277	45.2
	副高级	37	6.0
	正高级	2	0.3
职级	副科级	390	63.6
	正科级	160	26.1
	副处级	63	10.3
受教育程度	学士	9	1.5
	硕士	567	92.5
	博士	37	6.0
婚姻状况	未婚	209	34.1
	已婚	404	65.9

续表

变量	类别	频数	比重（*）
评优情况	校级优秀辅导员	156	25.4
	省级高校优秀辅导员	38	6.2
	省级高校辅导员年度人物	2	0.3
	全国高校辅导员年度人物	1	0.2
	无	416	67.9
比赛获奖情况	校级辅导员职业能力大赛	203	33.1
	省级辅导员职业能力大赛	12	2.0
	全国辅导员职业能力大赛	2	0.3
	无	396	64.6

在样本中，有效数据共 613 个，通过表中数据，我们可以得出当前高校辅导员队伍的几个基本特征：

1. 从性别上看，女性 354 人，占 57.7%，男性 259 人，占 42.3%，女性辅导员比例略大于男性辅导员，这与我国现有辅导员岗位的现实情况基本吻合。

2. 从年龄和婚姻状况上看，未婚有 209 人，已婚有 404 人，年龄在 30 岁以下的人数最多，为 242 人，占样本总人数的 39.5%；其次是 31—35 岁，为 187 人，占比 30.5%；36—40 岁 85 人，占比 13.9%；41—45 岁 72 人，占比 11.7%；46 岁以上仅有 27 人，占比 4.4%。如果从整个年龄段划分看，各年龄段人数随着年龄的增长而减少，35 岁以下占比高达 70%，由此可见，高校辅导员队伍呈现出年轻化的发展趋势，辅导员队伍是一支充满朝气和活力的年轻队伍。

3. 从从业年限上看，从业 5 年以下的人数最多，为 420 人，占比 68.5%；从业 6—10 年的辅导员 78 人，占比 12.7%；从业 11—15 年者 62 人，占比 10.1%；从业 16—20 年者 42 人，占比 6.9%；从业 21 年以上者仅余 11 人，占比 1.8%。由此可见，从业年限各段人数也随着年限的增长而减少，从业年限在 5 年以下的辅导员占比高达 68.5%，这占据近七成的超大比例，也力证了辅导员队伍年轻化的趋势。但是，从业 6—10 年的辅导员人数较之 5 年以下者，从 420 人骤降至 78 人，这一变化表明辅导员队伍在结构上是非常不稳定的，人员流失非常严重。

4. 从职称和职级来看，初级称职和副科级的人数最多，分别为 297 人和 390 人，各占样本总数的 48.5% 和 63.6%；中级职称和正科级紧随其后，分别为 277 人和 160 人，各占样本总数的 45.2% 和 26.1%；副高级职称者仅有 37 人，占比 6.0%，而正高级职称者寥寥无几，占比 0.3% 的 2 个人显得异常珍稀；同样，样本中的副处级辅导员也仅有 63 人，占比 10.3%。从数据分析，在低层次晋升时，职称晋升和职级晋升的难易度差不多，但从中层晋升高层开始，不论是职称晋升还是职务晋升，都异常激烈，相比而言，职称晋升相对更困难，能晋升副高级职称者已经凤毛麟角，能站到职称金字塔顶端的更是寥寥无几，侧面反映出高校辅导员职业前景堪忧的问题。

5. 从受教育程度来看，高校辅导员的学历层次都比较高，92.5% 的辅导员是硕士学历，这与近年来高校招聘要求学历至少为硕士有关；本科学历微乎其微，仅有 9 个，所占比例仅为 1.5%，应该都是参加工作较早的副处级党总支书记；博士比例虽然不多，仅有 37 人，占比 6.0%，但较之以往比例已经上升。这说明随着时代发展，辅导员的学历层次也在不断提升。

6. 从评优获奖情况来看，被调查的 613 名辅导员中，有 197 名辅导员曾经获得过各级优秀辅导员荣誉称号，获得校级优秀辅导员的人数最多，有 156 人，各年龄段占比相差不大；获得省级高校优秀辅导员的有 38 人，其中 33 人从业年限在 11 年以上，从业年限在 10 年以下者仅有 5 人；仅有 2 人获得省级高校辅导员年度人物，从业年限均在 11 年以上，唯一的 1 名全国高校辅导员年度人物，从业年限在 16 年以上。样本中，获得过校级辅导员职业能力大赛奖励的辅导员有 203 人，占比 33.1%，其中 5 年以下者 88 人，占比 43.3%；获得省级辅导员职业能力大赛奖励的辅导员有 12 人，各年龄段占比基本持平；获得全国辅导员职业能力大赛奖励的辅导员有 2 人，1 名从业年限在 11—15 年，1 名获奖时工作还不到 5 年。数据显示，辅导员总体评优和获奖的比例均达到了 30%以上，说明高校辅导员整体素质不错，获得省级以上荣誉称号者以高年资辅导员居多，但获得省级以上职业能力大赛奖励者则各年龄段基本持平，且校级比赛获奖以五年以下者居多，可见从业年限不是鉴定辅导员职业能力高低的绝对标准，年轻辅导员因其较强的求知欲和积极的参赛热情，在这方面的表现反而非常亮眼。

第二节　结论与分析

前文介绍了在对依据模型编制的《高校辅导员职业能力测评问卷》进行质量分析和信效度检验后，通过"问卷星"在线调查平台发放《高校辅导员职业能力测评问卷》实施调研，同时辅以对辅导员和管理者两个群体的深度访谈对高校辅导员的职业能力现状进行实证考量。本节将对调研数据与访谈结果进行分析，用定量与定性相结合的方法了解和掌握辅导员对自身职业能力的认知，通过点面结合的方式尽可能客观全面地呈现高校辅导员职业能力现状全貌。

一、高校辅导员总体职业能力呈现良好状态

本次调研对 S 省 10 所省属本科院校辅导员的职业能力进行实测，问卷采用李克特 5 点量表的形式，设定十分符合、比较符合、一般符合、不太符合、极不符合 5 种选项，分别赋值 5 分（最高分）、4 分、3 分、2 分、1 分（最低分）。若某测试项均值得分高于 4.0 分，则可认为该测试项整体水平较高，辅导员在该方面整体状况比较好。问卷数据采用 SPSS26.0、SPSSAU 等软件进行统计分析，运用极大值、极小值、均值、标准差、方差进行描述性分析，运用卡方趋势性检验对不同群体辅导员的职业能力、职业修养、职业意识、职业品格、职业技能和职业知识进行差异性检验分析，显著性水平 =0.1。

（一）高校辅导员总体职业能力的描述性分析

通过对 613 名高校辅导员的现实调查，从自我测评的视角了解高校辅导

员职业能力的总体状况。如表 3-7 显示，从整体来看，高校辅导员职业能力测评总体均值为 4.639，高于 4.0 分，处于较高水平，说明职业能力总体呈现出良好的状态。

表 3-7   高校辅导员职业能力的总体描述性分析结果

维度	极大值	极小值	均值	标准差	方差
职业修养	5	3.161	4.829	0.265	0.070
职业意识	5	2.628	4.635	0.472	0.223
职业品格	5	2.817	4.763	0.362	0.131
职业技能	5	3.068	4.519	0.450	0.202
职业知识	5	3.000	4.429	0.469	0.220
总体职业能力	5	3.295	4.639	0.322	0.104

其中，职业修养方面均值为 4.829；职业意识方面均值为 4.635；职业品格方面均值为 4.763；职业技能方面均值为 4.519；职业知识方面均值为 4.429。所有维度的平均值均在 4.4 分以上、标准差比较趋近于 0，这种略显偏高的分数和极小幅度的波动，客观上可能是由于问卷设置的度量区间狭窄，因而分数差距没有合理拉开，主观上可能是辅导员在自我评价时受心理预期和主观影响导致自我认可度偏高。但也从侧面说明，辅导员在现实场域中的职业能力整体水平较高，反映出近些年来辅导员职业能力建设得到了快速向好发展的现实观照。

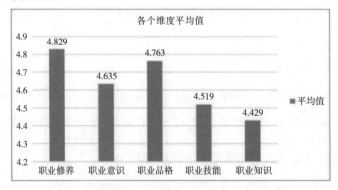

图 3-2   高校辅导员职业能力各维度平均值对比图

通过对高校辅导员职业能力 5 个一级维度的数据分析，可以清晰掌握辅导员职业能力在不同维度上所呈现的发展水平及存在的主要问题，通过将分析数据与访谈结果相互印证，可以深入探究职业能力不同维度发展不均衡的成因，为辅导员职业能力提升策略的提出提供数据支持。由上图（图 3-2）可以直观地发现，5 个一级维度中，职业知识的均值最低，其次是职业技能，职业意识和职业品格均值较高，职业修养均值最高。

（二）不同群体辅导员总体职业能力的差异性分析

高校辅导员职业能力的形成和发展会受到辅导员个体的自然条件、成长经历等多方面因素的影响，包括性别、年龄、职称、职级、从业年限、婚姻状况、受教育程度、评优获奖等因素。依据这些因素可以将辅导员划分为不同个体特征的群体，通过对这些不同群体的统计与分析，可以了解和掌握影响高校辅导员职业能力形成和发展的主要因素。

表 3-8　不同群体辅导员职业能力的差异检验

维度	χ^2CMH 值	P 值
性别	3.482	0.062
年龄	1.174	0.279
从业年限	3.265	0.071
职称	0.563	0.453
职级	2.699	0.1
受教育程度	1.144	0.285
婚姻状况	0.204	0.652
评优情况	0.54	0.462
比赛获奖情况	3.436	0.064

表 3-8 进行的差异检验表明：在 9 个观测视域上，年龄、职称、受教育的程度、婚姻状况和评优情况的皮尔逊卡方的渐进显著性水平（P 值）均远远大于 0.10，说明整体职业能力在这些方面是没有显著性差异的。性别、从

业年限、职级和比赛获奖情况的皮尔逊卡方的渐进显著性水平（P 值）小于0.10，则说明在这些方面高校辅导员的整体职业能力存在显著性差异，并且差异具有统计学意义。

（三）高校辅导员总体职业能力的调研结论

本研究界定的高校辅导员职业能力是有目的、有计划地组织实施大学生思想政治教育活动不可或缺的知识、技能、态度、价值观等系列要素整合而成的集合，具有职业修养、职业意识、职业品格、职业技能、职业知识五重维度，是显性能力与隐性能力的统一。总体得分的数据情况表明，高校辅导员整体职业能力处于较高水平，其中职业修养非常好，职业意识和职业品格也较好，反映出近些年来辅导员职业能力建设得到了快速向好发展的现实观照。

受访管理人员 G01 表示："作为思政工作的主力军，这些年我们学校辅导员队伍建设成果显著，相较前些年，队伍的整体实力大大增强，在青年学生的思想引领、心理疏导、素质提升以及校园维稳等工作中都发挥了不可替代的重要作用。"受访辅导员 F03 已经在辅导员岗位工作 18 年了，她在访谈中也表示："我感觉学校现在辅导员队伍的整体情况比起我刚工作那会完全不能同日而语，比如我们参加招聘那会对政治面貌没有硬性要求，所以党员是个加分项，如果你是党员会被优先考虑，但现在党员身份成了必选项，像我们学校都是'招聘政治素质和思想作风好，具有较强组织管理能力和创新意识的优秀党员毕业生'，不是党员根本没资格参加招聘，而且还必须是硕士以上学历，像我们那会本科能进高校根本不可能了。所以辅导员队伍的学历层次不断提高，我们学校现在全部都是硕士以上，以前的老本科在大环境的要求下都在职考取了硕士学位，这几年新入职的职工博士也越来越多了，加上现在博士在读的起码得有十几个，占比都超过 10% 了，而且队伍的年龄层次也在不断降低，不但时间精力有保证，也更有利于贴近了解学生的真实需求，队伍从活力到实力都越来越强。"

同时，数据显示辅导员职业能力的五个一级维度发展极不均衡，在职业技能和职业知识的掌握和运用方面存在不同程度的短板，这一状况在访谈中也得到了印证。受访辅导员 F07 就谈道："来了学工办之后就发现，辅导员之间的能力差别还是挺大的，有的辅导员老师这个组织协调能力确实差，语言表达能力也一般，有的连下通知都不会，很多辅导员的办公软件使用能力也超级差。尤其是现在整个的这种网络时代，你采用什么样的方式在网上跟学生交流，效果差别特别明显，所以不是所有的人都适合干辅导员的。我现在是越来越觉得辅导员这个岗位学习能力特别的重要，你的理论修养不足、知识存量不够就容易出现认识模糊判断不准，一旦传播观点有误将产生严重后果，所以需要一直学习。"

差异检验显示，不同个体特征辅导员群体的整体职业能力存在显著差异，女性辅导员对职业能力的自我评价比男性辅导员要高，职级越高、从业年限越长、在辅导员素质能力大赛中获奖级别越高的辅导员自我评价越高。这一结果与辅导员岗位的实践特征相契合，职业能力的提升是一个需要时间和实践经验积累的过程，随着从业年限的增加、实践历练的增多，必然会发生一个量的积累到质的飞升的转变。

二、高校辅导员的职业修养全面过硬

（一）高校辅导员职业修养的描述性分析

本部分研究主要从三个指标来考察和了解辅导员的职业修养情况，具体而言包括辅导员的政治素质、道德修养和心理素质。为了有效掌握辅导员的真实情况，通过"具有坚定信仰，始终坚持中国特色社会主义共同理想"等7 个题项进行测量（A1-A7）。如表 3-9，从测量题项的均值来看，政治素质均值为 4.917，道德修养均值为 4.897，心理素质均值为 4.603，平均值均达到4.5 分以上，表明高校辅导员在现实场域中对这三个指标的自我认知整体水平较高，说明辅导员整体上政治素质过硬、道德修养较好、心理素质稳定，同时标准差和方差均小于 1，说明政治素质、道德修养和心理素质这三个二级指标对职业修养的代表性较好。

表 3-9 高校辅导员职业修养的描述性分析结果

维度	极大值	极小值	均值	标准差	方差
政治素质	5	3.278	4.917	0.244	0.060
道德修养	5	2.503	4.897	0.270	0.073
心理素质	5	2.000	4.603	0.537	0.289

从 A1-A7 测量题项的分析数据来看，如表 3-10 所示，A1、A2、A3 三道题目分别呈现了辅导员政治素质中信念坚定、政治敏锐、爱党爱国三个支撑要素，三道题目选择"十分符合"的比例均超过了 90%，可见，辅导员的政治素质相当过硬，这与辅导员在选拔时要求政治面貌必须是"中共党员"不无关系。A4、A5 两道题目呈现了辅导员的道德修养，A4 题项中，95.2%的辅导员认为自己三观非常端正，能够引导学生树立正确的价值观念，A5 题项中，88.5%的辅导员认为自己非常公道正派，其余 11.3%的辅导员认为自己在处理学生事务时比较公正，能够以人格魅力教育感染学生。A4、A5 两道题目呈现的辅导员的心理素质虽然也相对稳定，但仅有 78.0%的辅导员认为自己面对工作中的困难、挫折和压力，可以很好地保持平常心和工作热情，仅有 73.9%的辅导员认为自己在面对学生各种突发状况时具备良好的情绪控制和心理调整能力，对比政治素质和道德修养，辅导员的心理素质测评数值较前两者尚有差距。

表 3-10 高校辅导员职业修养测量题项分析结果

题项	非常符合 (*)	比较符合 (*)	一般符合 (*)	不太符合 (*)	极不符合 (*)
A1. 具有坚定信仰，始终坚持中国特色社会主义共 同理想。	93.6	5.9	0.5	0	0
A2. 坚持正确的政治方向，具有敏锐的政治判断力、较强的政治领悟力和彻底的政治执行力。	91.3	8.0	0.7	0	0
A3. 拥护中国共产党的领导，对党和国家无比热爱和信赖。	97.2	2.8	0	0	0

续表

题项	非常符合 (*)	比较符合 (*)	一般符合 (*)	不太符合 (*)	极不符合 (*)
A4. 具备积极向上、符合人民利益的世界观、人生观、价值观，能引导学生树立正确的价值观念。	95.8	4.1	0.2	0	0
A5. 在处理学生各项工作过程中，作风正派、处事公正，能够以人格魅力教育感染学生。	88.5	11.3	0	0.2	0
A6. 面对工作中的困难、挫折和压力，能够保持平常心和工作热情。	78.0	18.4	3.4	0.2	0
A7. 面对学生各种突发状况，具备良好的情绪控制和心理调整能力。	73.9	23.2	2.6	0.3	0

从 A1-A7 测量题项所指向结构要素在其所属因子上的载荷量来看，如表 3-11，心理抗压力强对职业修养的影响最大，其因子载荷为 0.915；其次是情绪调控力佳，因子载荷为 0.881；再次是爱党爱国，因子载荷为 0.811；影响最小的是公道正派，因子载荷为 0.671。

表 3-11　A1-A7 在职业修养上的载荷量分布

题项	指向结构要素	因子载荷
A1. 具有坚定的马克思主义信仰，牢固树立中国特色社会主义共同 理想。	信念坚定	0.794
A2. 坚持正确的政治方向，具有敏锐的政治判断力、较强的政治领 悟力和彻底的政治执行力。	政治敏锐	0.78
A3. 拥护中国共产党的领导，对党和国家无比热爱和信赖。	爱党爱国	0.811
A4. 具备积极向上、符合人民利益的世界观、人生观、价值观，能引导学生树立正确的价值观念。	三观端正	0.787
A5. 在处理学生各项工作过程中，作风正派、处事公正，能够以人 格魅力教育感染学生。	公道正派	0.671
A6. 面对工作中的困难、挫折和压力，能够保持平常心和工作热情。	心理抗压力强	0.915
A7. 面对学生各种突发状况，具备良好的情绪控制和心理调整能力。	情绪调控力佳	0.881

（二）高校辅导员职业修养的差异性分析

为了更好地检测职业修养在辅导员职业能力中的显著性，我们以性别、年龄、职称、职级、从业年限、婚姻状况、受教育程度、评优获奖等观测视域为切入点，进行了差异检验，如表 3-12 所示，结果表明：性别、年龄、从业年限、职称、受教育程度、婚姻状况、评优情况和比赛获奖情况的皮尔逊卡方的渐进显著性水平（P 值）均远远大于 0.10，说明在这些方面，高校辅导员的职业修养是没有显著性差异的。皮尔逊卡方的渐进显著性水平（P 值）在职级方面显著小于 0.10，则可以说明不同职级的辅导员群体在职业修养方面有显著性差异，并且差异具有统计学意义。

表 3-12　不同群体辅导员职业修养的差异检验

维度	χ^2CMH 值	P 值
性别	0.149	0.699
年龄	0.002	0.967
从业年限	0.019	0.89
职称	0.184	0.668
职级	3.089	0.079
受教育程度	0.004	0.948
婚姻状况	0.006	0.937
评优情况	0.065	0.798
比赛获奖情况	0.149	0.699

（三）高校辅导员职业修养的调研结论

职业修养一词文献中未见一致见解，本研究将之定义为高校辅导员为实现共同的职业理想而对自己的内心思想和行为进行长期锤炼和陶冶后所达到的一种境界，是高校辅导员修身立业、价值追求和工作态度的集中体现。职业修养在辅导员职业能力体系中占据着最重要的比重，不仅影响着辅导员个人的职业发展，也影响着大学生的价值取向。实际分析数据显示，职业修养在一级维度中得分最高，排在第一位。

辅导员对职业能力进行自我测评的量表中，得分排在前10位的结构要素中，职业修养的结构要素就占据了5项，分别是爱党爱国、三观端正、信念坚定、政治敏锐和公道正派。这说明职业修养作为辅导员职业能力的核心维度，在高校辅导员职业能力体系中的表现异常夺目，新时代高校辅导员高度重视对自身职业修养的锤炼，整体政治素质过硬，道德修养良好，具有坚定的马克思主义信仰，坚持正确的政治方向，具有敏锐的政治判断力、较强的政治领悟力和彻底的政治执行力，对党和国家无比热爱和信赖，作风正派、处事公正，能以身示范做学生的价值引领者，引导帮助学生树立正确"三观"，把握正确航向。这与访谈中大家的表现和反映不谋而合：

受访辅导员F12说道："我对于马克思主义的信仰，我觉得还是非常彻底的。我坚持给学生上形势政策课，课堂上我言语中透露的对于党的发展历程的自信，其实这就是一种魅力，就是你有这种信仰，你有这种精气神儿，你传授给学生的这种东西他都是能感受到的。所以我觉得一个辅导员必然是政治素养是第一位的，要信念坚定、政治敏锐。这不仅仅是我自身专业出身使然，也是党和国家对辅导员的要求。"

受访大学生D01提出："作为思想政治辅导员，我认为最重要的是一个政治责任感或者叫政治立场，一定要有高度的政治责任感，还有坚定的政治立场。因为辅导员自身的价值观、言传身教非常重要，他们对学生的影响真的是非常深远。我觉得大部分辅导员这点做得都很好，政治立场很坚定，三观也很正，充满正能量。然后第二是他的为人得正派公道。因为辅导员实际上掌握很多学生的资源，尤其是评优评先、助学金、奖学金这些。辅导员是怎么操作的，对学生实际上影响比较大。我们辅导员就是比较公正、公开、透明，我觉得这点就特别好，他每年都会跟我们商量，把各个奖项安排得尽量实至名归。也没有说因为和班委关系比较好，就偏向于给我们。非常的正直，做事情一碗水端平，他对学生都是一视同仁的。"

受访管理者 G07 也谈道："辅导员就要旗帜鲜明讲政治，为大学生树立榜样，引导大学生树立坚定正确的政治方向。可以说讲政治是第一要求，政治不达标，一切都不行。尤其要做好三个坚持：第一坚持党的领导，第二坚持习近平新时代中国特色社会主义思想，第三一定要坚持社会主义办学方向，三个坚持到位了就不会出其他问题。大部分辅导员在这方面还是比较过关的。"

前面的差异分析结果显示，高校辅导员的职业修养随着职级的增高而提升。习近平总书记多次强调，"传道者，首先要明道、信道，要以德立身、以德立学、以德施教"①。打铁还需自身硬，职业修养仅在职级这一个体特征上存在差异性，因为高校在以"德才兼备"为标准选拔管理干部时，同样把对"德"的评价放在"德能勤绩廉"五个方面的首要位置。如此，职业修养对辅导员职业能力的重要性可见一斑。只有当高校辅导员的职业修养足够过硬，真正使"德"处于职业能力的首位时，才能科学地引导和教育学生，帮助学生处理好思想认识、价值取向等方面的困惑，为新时代高质量开展好大学生思想政治教育奠定坚实的思想基础。

三、高校辅导员的职业意识清晰坚定

（一）高校辅导员职业意识的描述性分析

针对这个维度，问卷设计了"具有崇高的职业理想和追求，以献身思想政治教育事业、引领和服务学生成长为己任"等 5 个题项（B1-B5）对辅导员的职业意识进行测量。辅导员的职业意识包括辅导员的职业信念和职业精神两个支撑要素，调研结果见表 3-13。从测量题项的均值来看，职业信念均值为 4.645，职业精神均值为 4.624，平均值均达到 4.5 分以上，表明辅导员具有良好的职业信念和职业精神；两者标准差和方差均小于 1，说明职业信念和职业精神这两个二级指标对职业意识的代表性较好。

---

① 吴晶.胡浩.习近平在全国高校思想政治工作会议上强调:把思想政治工作贯穿教育教学全过程开创我国高等教育事业发展新局面[J].中国高等教育,2016(24):5-7.

表 3-13　高校辅导员职业意识的描述性分析结果

维度	极大值	极小值	均值	标准差	方差
职业信念	5	2.000	4.645	0.551	0.303
职业精神	5	2.750	4.624	0.504	0.254

从 B1—B5 测量题项的分析数据来看，如表 3-14 所示，B1、B2 两道题目呈现的是辅导员职业信念中的育人使命感和职业认同感两个支撑要素。辅导员的育人使命感较强，86.6% 的辅导员具有崇高的职业理想和追求，以献身思想政治教育事业、引领和服务学生成长为己任；但辅导员的职业认同感并不一致，有 64.6% 的辅导员选择了"非常符合"，22.8% 的辅导员选择了"比较符合"，8.6% 的辅导员选择了"一般符合"，还有 3.9% 的辅导员选择了"不太符合"和"极不符合"。可见，仅有不到七成的辅导员非常愿意将辅导员职业作为终身事业来经营并愿意走专业化发展道路，而且有将近 13% 的辅导员的职业认同感非常低。这与前面职业修养维度调查中，辅导员整体心理压力过大容易导致职业认同降低前后相吻合。B3、B4、B5 三道题目则呈现了辅导员的职业精神，B3 题项中，累计 96.9%（"非常符合"占 78.3%，"比较符合"占 18.6%）的辅导员表示自己甘愿为学生工作牺牲个人利益，体现出了较高的奉献精神。B4 题项中，累计 95.9%（"非常符合"占 77.8%，"比较符合"占 18.1%）的辅导员表示自己具有强烈的责任心，在工作中勇于迎难而上、承担责任，表现出了较好的担当精神。B5 题项中，虽然累计 91.6% 的辅导员认为自己比较擅长整合优化资源，但选择非常符合仅占 59.1%，且有 8.4% 的辅导员认为自己在团结一切力量互助协作方面做得不够好，相较奉献和担当精神，辅导员在协作精神发挥方面有一定差距。

表 3-14　高校辅导员职业意识测量题项分析结果

题项	非常符合（*）	比较符合（*）	一般符合（*）	不太符合（*）	极不符合（*）
B1.具有崇高的职业理想和追求，以献身思想政治教育事业、引领和服务学生成长为己任。	86.6	11.7	1.5	0.2	0
B2.愿意将辅导员职业作为终身事业来经营，致力于走专业化发展道路。	64.6	22.8	9.6	3.6	0.4
B3.热爱学生工作，甘愿牺牲个人利益，不计较得失。	78.3	18.6	2.6	0.5	0
B4.具有强烈的责任心，工作中尽职履责，勇于迎难而上、承担责任。	77.8	18.1	4.1	0	0
B5.擅长整合优化资源，团结一切力量互助协作，发挥合力优势。	59.1	32.5	8.2	0.2	0

从 B1-B5 测量题项所指向结构要素在其所属因子上的载荷量来看，如表3-15，奉献精神对职业意识的影响最大，其因子载荷为0.843；其次是育人使命感，因子载荷为0.816；再次是协作精神，因子载荷为0.808；影响最小的是职业认同感，因子载荷为0.77。

表 3-15　B1-B5 在职业意识上的载荷量分布

题项	指向结构要素	因子载荷
B1.具有崇高的职业理想和追求，以献身思想政治教育事业、引领和服务学生成长为己任。	育人使命感	0.816
B2.愿意将辅导员职业作为终身事业来经营，致力于走专业化发展道路。	职业认同感	0.77
B3.热爱学生工作，甘愿牺牲个人利益，不计较得失。	奉献精神	0.843
B4.具有强烈的责任心，工作中尽职履责，勇于迎难而上、承担责任。	担当精神	0.796
B5.擅长整合优化资源，团结一切力量互助协作，发挥合力优势。	协作精神	0.808

（二）高校辅导员职业意识的差异性分析

本部分，同样从性别、年龄、职称、职级、从业年限、婚姻状况、受教育程度、评优获奖等方面入手，对不同群体辅导员的职业意识进行了差异检验，如表 3-16 所示：

表 3-16　不同群体辅导员职业意识的差异检验

维度	χ^2CMH 值	P 值
性别	0.004	0.95
年龄	1.089	0.297
从业年限	0.11	0.74
职称	0.886	0.346
职级	2.751	0.097
受教育程度	0.192	0.661
婚姻状况	1.005	0.316
评优情况	3.578	0.059
比赛获奖情况	3.77	0.052

表 3-16 的差异检验显示：在 9 个观测视域上，性别、年龄、从业年限、职称、受教育程度和婚姻状况的皮尔逊卡方的渐进显著性水平（P 值）均远远大于 0.10，说明职业意识在这些方面是没有显著性差异的。职级、评优情况和比赛获奖情况的皮尔逊卡方的渐进显著性水平（P 值）小于 0.10，则说明在这些方面高校辅导员的职业意识存在显著性差异，并且差异具有统计学意义。

（三）高校辅导员职业意识的调研结论

职业意识是辅导员对职业的理解、评价、满意感和愿望等，是职业信念和职业精神的结合体，是高校辅导员可持续发展的重要条件。辅导员职业意识的高低影响着其择业方向，也影响着其工作积极性、主动性、创造性和实效性。调研数据显示，当前辅导员整体职业意识呈现出较高水平，且职级越高、评优及获奖级别越高的辅导员，职业意识越强烈。

86.6%的辅导员表示自己以献身思想政治教育事业、引领和服务学生成长为己任，将培养德智体美劳全面发展的社会主义建设者和接班人、培养堪当民族复兴大任的时代新人作为自己一切工作的出发点和着力点，体现出强烈的育人使命感。受访辅导员F10谈道："为什么把责任心放在第一个，因为融合了很多的力量在里面，就感觉这个责任就是一种使命。使命担当，真的就是使命，就是感觉有一种很昂扬的这种精神气在里头。所以我们辅导员做的就是为国育才、为党育人的这样一个工作。"

同时，辅导员们也具备出色的职业精神。职业精神是从事辅导员职业应然具有的精神、能力和自觉，77.8%的辅导员表示自己具有坚定的事业心和责任感，具有教书育人、无悔献身的担当精神，面对困难、风险和挑战，能迎难而上，敢试敢闯。受访辅导员F02表示："其实我一直坚守的一个信念就是我要对每一个学生都负责，我觉得对每一个学生负责，其实就是对每一个学生的家庭负责，对所有的学生家庭负责，其实就是对这个社会负责。从这个意义上，我们的工作第一是有意义的，第二它是有价值的，第三它是可以挽救很多的这种家庭的。这就是支撑我走到现在的原因。"

还有近八成的辅导员表示甘愿为学生工作牺牲个人利益，不计较个人得失。辅导员职业奉献性、创造性极强，一旦选择就意味着要秉持"捧着一颗心来，不带半棵草去"的奉献精神，没有极强的奉献精神是做不好辅导员工作的。受访辅导员F09说道："首先得有无私奉献的精神，对，真的是你无法去计较，你如果要计较，这个工作也没法干。尤其疫情防控期间，抛家舍业这是必须的，家人和学生之间，首选学生。"受访大学生D11也表示："毕业后我们感触特别深，你进入社会了，跟你在学校里一点都不一样，你以后再想碰到一个像辅导员这样对你的人，教你怎么为人处世、怎么做事情还对你不求回报的人，真的非常罕见，非常难。"整体而言，高校辅导员的职业意识不错，为职业能力建构了良好精神支撑。

四、高校辅导员的职业品格优势突出

（一）高校辅导员职业品格的描述性分析

本部分研究从辅导员的育人情怀和专业品质两个指标来考察和了解辅导员的职业品格情况，主要通过"喜欢思想政治教育工作，能从中获得价值感、成就感和满足感"等6个题项进行测量（C1-C6），调研结果见表3-17。从测量题项的均值来看，育人情怀均值为4.730，专业品质均值为4.796，均为4.5分以上，说明高校辅导员在现实场域中自我认知的职业品格整体水平较高。两者标准差和方差均小于1，说明育人情怀和专业品质这两个二级指标对职业品格的代表性较好。

表3-17　高校辅导员职业品格的描述性分析结果

维度	极大值	极小值	均值	标准差	方差
育人情怀	5	2.971	4.730	0.418	0.175
专业品质	5	2.662	4.796	0.380	0.144

从C1-C6测量题项的分析数据来看，如表3-18所示，二级指标育人情怀通过C1、C2、C3三道题目进行呈现，C1题项中，累计96.9%（"非常符合"占81.6%，"比较符合"占15.3%）的辅导员表示喜欢思想政治教育工作，并能从中获得价值感、成就感和满足感，"喜教乐业"的情怀溢于言表。C2题项中，累计99.2%（"非常符合"占86.6%，"比较符合"占12.6%）的辅导员表示真心关心学生，能够想方设法帮助学生解决需求和困难，让学生感受到关注和温暖。C3题项中，累计99.9%（"非常符合"占90.9%，"比较符合"占9.0%）的辅导员表示自己尊重理解学生，能够尊重学生人格和个人隐私，细心保护学生的自尊心、自信心和进取心。三道题目体现出了辅导员极高的育人情怀，饱含对学生真挚的热爱，用自己的热情与真情服务学生成长成才。C4、C5、C6三道题目呈现的是辅导员的专业品质即宽厚的包容心、

真诚的共情力和温暖的亲和力，三道题目选择"非常符合"和"比较符合"的辅导员均累计超过 98.5%，可见，绝大多数辅导员能够包容学生的缺点和不足，善于倾听不同意见，积极采纳合理化建议；能够深刻体会学生的处境和感受，真心实意为学生着想；并且喜欢深入学生中间，与学生关系融洽，受到学生的喜爱和认可。

表 3-18　高校辅导员职业品格测量题项分析结果

题项	非常符合 (*)	比较符合 (*)	一般符合 (*)	不太符合 (*)	极不符合 (*)
C1.喜欢思想政治教育工作，能从中获得价值感、成就感和满足感。	81.6	15.3	2.9	0.2	0
C2.想方设法帮助学生解决需求和困难，让学生 感受到关注和温暖。	86.6	12.6	0.7	0.2	0
C3.尊重学生人格和个人隐私，细心保护学生的 自尊心、自信心和进取心。	90.9	9.0	0.2	0	0
C4.接受学生的个性化差异，包容其缺点和不足，善于倾听不同意见，积极采纳合理化建议。	86.9	12.1	0.8	0.2	0
C5.能够深刻体会学生的处境和感受，真心实意 为学生着想。	87.6	12.1	0.3	0	0
C6.喜欢深入学生中间，与学生关系融洽，受到 学生的喜爱和认可。	82.9	15.6	1.5	0	0

从 C1-C6 测量题项所指向结构要素在其所属因子上的载荷量来看，如表 3-19，真心关爱学生对职业品格的影响最大，其因子载荷为 0.873；其次是宽厚的包容心，因子载荷为 0.871；再次是真诚的共情力，因子载荷为 0.841；影响最小的是温暖的亲和力，因子载荷为 0.727。

表 3-19　C1-C6 在职业品格上的载荷量分布

题项	指向结构要素	因子载荷
C1.喜欢思想政治教育工作，能从中获得价值感、成就感和满足感。	喜教乐业	0.813
C2.想方设法帮助学生解决需求和困难，让学生感受到关注和温暖。	真心关爱学生	0.873
C3.尊重学生人格和个人隐私，细心保护学生的自尊心、自信心和进取心。	尊重理解学生	0.825
C4.接受学生的个性化差异，包容其缺点和不足，善于倾听不同意见，积极采纳合理化建议。	宽厚的包容心	0.871
C5.能够深刻体会学生的处境和感受，真心实意为学生着想。	真诚的共情力	0.841
C6.喜欢深入学生中间，与学生关系融洽，受到学生的喜爱和认可。	温暖的亲和力	0.727

（二）高校辅导员职业品格的差异性分析

辅导员的性别、年龄、职称、职级、从业年限、婚姻状况、受教育程度、评优获奖等情况可能都会对职业品格的形成与发展造成影响，本部分同样从以上 9 个方面入手，对不同群体辅导员的职业品格进行了差异性分析。

表 3-20　不同群体辅导员职业品格的差异检验

维度	χ^2CMH 值	P 值
性别	1.849	0.174
年龄	0.111	0.739
从业年限	0.541	0.462
职称	0.008	0.929
职级	0.087	0.768
受教育程度	0.136	0.712
婚姻状况	0.009	0.923
评优情况	0.054	0.816
比赛获奖情况	1.323	0.250

表 3–20 的数据显示：在 9 个观测视域上，年龄、从业年限、职称、性别、职级、受教育程度、婚姻状况、评优情况和比赛获奖情况的皮尔逊卡方的渐进显著性水平（P 值）均远远大于 0.10，说明职业品格在这些方面均没有显著性差异。

（三）高校辅导员职业品格的调研结论

职业品格是高校辅导员在教育实践过程中不断积淀和升华的人格品质以及做事态度，是胜任辅导员职业不可或缺的育人情怀和专业品质，决定了主观能动性发挥的程度。调查研究表明，90% 以上的高校辅导员具有较好的职业品格，且不同群体间没有明显差异。主要表现在以下六个方面：

一是喜教乐业，对教育、对岗位怀有倾心热爱的真挚情感，愿意用爱与智慧为学生启迪心智、导航人生，并从中获得价值感、成就感和满足感。受访辅导员 F04 提到："这几年新招的辅导员，他们本科的时候都是我的学生，看到他们跟他们的学生说想认真地做好辅导员的工作，是因为他们觉得当时大学的时候，他们的辅导员有在用心对他们，我就觉得学生能感知到我的付出。现在他们把这种精神又传递下去，这种传承真的是让人感觉成就感爆棚，就觉得这么多年默默无闻的付出还有辛苦都值了，一瞬间就感觉太幸福了，太满足了。"

二是真心关爱学生，真诚指导学生、真实帮助学生，想方设法解决学生的需求和困难，让学生感受到关注和温暖。受访大学生 D13 在谈到他辅导员时说道："我感觉对于学生来说，你有一个老师很关心你，反正我觉得这方面对于我是帮助非常大的。我们杨老师就特别细心地关爱我们。她不是为了完成什么工作，也不是为了去赢得什么，真的是就出于关心我们的角度想让我们每一个孩子好，这种真心是掩饰不了的，而且随着我们年龄增长就会体会越深，觉得越来越珍贵。"受访大学生 D01 也谈道："前阵疫情我们封校封了 70 多天，我一直在宿舍里。那时老师就会主动给我打电话，问最近怎么样了？他会给我一些建议说，在宿舍的时候你可以听听歌，或者是和同学们聊聊天，沟通一下、联络一下感情，你的心情会好一点。那种一如既往很细心很细致的关心，特别感动我。"

　　三是尊重理解学生，理解学生的情感处境，尊重学生的个人隐私，保护学生的自尊心、自信心和进取心，让学生感受到教育的温暖，对实现人生理想充满自信。受访大学生 D11 对这方面特别有感触："就是确确实实对学生的关心就是很多事情都很到位，并且他把学生的隐私保护得非常好，像每次成绩下来了，可能有的不太好的，老师会在私下里去找到这些同学，一个一个去和他们谈话，去开导激励，他会特别注重我们每一位同学的自尊心。就业那会儿，他会给我们分析外部的就业形势是什么样的，再来结合你自己的情况，你到底选择就业还是升学，还是考公务员，我给你们提一些意见和建议，但还是尊重大家自己的选择。"

　　四是具有宽厚的包容心，做学生的贴心人，善于倾听学生的不同意见，并积极采纳合理化建议，能够全身心地接纳学生，包容学生的缺点和不足，根据学生的个性化差异因材施教。受访大学生 D02 就提到这么一个情况："5 班有一个同学，他大一、大二的时候很叛逆，不上课，也总是惹事，确实是很淘气，同学们都不愿意接触他。但是我们张老师真的是特别耐心地去开导他，在我们老师眼里，每一个孩子都是他的宝，一个都不会放弃。结果那个同学从大三开始，成绩一路高歌，突飞猛进，直接在这个年级考到前 20 的水平，而且最后他考上了首都医科大的研究生。不仅仅是成绩方面，人也变得特别开朗了。如果不是张老师，他可能这辈子就废了。"

　　五是具有温暖的亲和力，做学生的暖心人，经常深入学生中间，以温度体贴、温情感召、温暖关怀来赢得学生的信赖和喜爱，师生关系融洽和谐。受访辅导员 F07 谈道："我经常晚上值班的时候去转宿舍，跟学生聊天。另外有时候也会去查课或者主动要求参加他们的活动，跟他们多接触。尤其对于那些内向的孩子，我会经常在同学们看得到的地方，跟他说两句话，就是显示出来老师关注你，他心理上也会觉得被别人给注意到了。就这样慢慢去温暖和引导，我就在想，只要真心去陪伴他们，人心换人心，一定会是积少成多、量变引起质变。"

　　六是具有真诚的共情力，做学生的真心人，能够用心用情地换位思考去体验学生的感受，真心实意地为学生着想。受访大学生 D04 表示："我觉得真的愿意站在我们那个角度去了解大家的老师是很宝贵的。因为他真正地了解大家了，知道大家的需求了，自然而然他的工作就会做好了。你比如说封校间隙我们想出去散个心，有一天据说学校一共出去了好像是 80 个人，光我们专业就出去了 35 个。这老师得顶着多大的压力啊，他肯定是想着隔离了这么长时间，要是他肯定也受不了，所以说尽量都让我们在做好防控的前提下请假出去了，这真的挺不错，也很难得。"

"亲其师，方能信其道。"在思想政治教育过程中，无论是辅导员给予引导帮助的主观要求，还是学生出于问题困难的主动需求，都需要以信任为基础、以接纳为前提。"爱是教育的基础，没有爱就没有教育。"只有当辅导员具备了良好的职业品格，愿意用自己的温情与真情去关爱学生时，这种内在的持续的力量才会让学生与辅导员产生情感与思想上的共鸣，才会让学生信服辅导员的育人理念、育人方法和育人举措，进而衍生出良好的育人效果。

五、高校辅导员的职业技能短板明显

（一）高校辅导员职业技能的描述性分析

针对这个维度，问卷设计了"擅长组织策划，运用多种形式指导党团组织和班级建设，开展高效优质的教育管理服务""具有科学理论和先进思想宣讲阐释能力，能及时掌握学生思想动态并恰当地进行教育引导""善于捕捉分析学生动态，熟悉危机事件处置流程，能积极有效地应对突发事件"等 22 个题项（D1–D22）对辅导员的职业技能进行测量。辅导员的职业技能包括基础性能力、专业性能力和拓展性能力三个支撑要素，调研结果见表 3–21。从测量题项的均值来看，基础性能力均值为 4.576，专业性能力均值为 4.509，拓展性能力均值为 4.448，较之前的其他数据可知，辅导员在这三个指标上的自我测评度较低，说明辅导员在现实场域中对职业技能的掌握和运用方面存在不少短板，三者标准差和方差均小于 1，说明基础性能力、专业性能力和拓展性能力这三个支撑要素对职业技能的代表性较好。

表 3-21 高校辅导员职业技能的描述性分析结果

维度	极大值	极小值	均值	标准差	方差
基础性能力	5	2.996	4.576	0.483	0.233
专业性能力	5	3.057	4.509	0.455	0.207
拓展性能力	5	2.586	4.448	0.535	0.286

D1-D22 这些测量题项代表了辅导员的不同职业技能，从测量题项的分析数据来看，如表 3-22 所示，D1-D6 这六个题项呈现了组织管理能力、统筹兼顾能力和终身学习能力三项基础性能力，接近七成的辅导员认为自己具备了国家对辅导员要求的基础性能力，在这三种能力中，组织管理能力优于统筹兼顾能力，统筹兼顾能力优于终身学习能力，其中超过 30% 的辅导员认为自己统筹兼顾能力中的时间管理力和终身学习能力中的知识运用能力最差。D7-D17 这十一道题目则细致地考察了四种专业性能力的掌握程度，其中发展指导能力掌握度最好，其次是教育引导能力，再次是沟通表达能力，媒介运用能力最差。尤其是媒介运用能力，有四成多的辅导员表示不是经常浏览学生网络社交账号，运用微信、微博、抖音等各类新媒体手段不是特别熟练，不能从中及时捕捉信息并熟练运用网络语言对学生进行教育引导。此外，辅导员对沟通表达能力的评价度也比较低，41.9% 的辅导员认为自己的文章撰写能力较差、文字表达能力不够准确，不擅长运用学生的话语体系与学生交流，还有 32.1% 的辅导员认为自己的语言表达不具备较好的感染力和说服力。而且辅导员对自己的思想引领力评价度也不高，33.1% 的辅导员认为自己不具备良好的科学理论和先进思想宣讲阐释能力，不能及时恰当地对学生的思想动态进行教育引导。辅导员的调查研判能力和教育创新能力这两项拓展性能力则通过 D18-D22 这五个题项来呈现，数据显示，这两项拓展性能力的得分也不高，近四成辅导员认为，面对层出不穷的新事物，自己不能与时俱进地开发思想政治教育新载体，为学生积极创设寓教于乐的教育情境提供有品质的教育内容，教育情境创设力和教育载体创新力均较差。同时，数据表明，辅导员的科学理论研究能力最差，56.1% 的辅导员认为自己在思想政治教育规

律、大学生成长规律等相关的理论和实践研究方面比较欠缺，撰写论文和申报课题的能力较差。

表 3-22　高校辅导员职业技能测量题项分析结果

题 项	非常符合（*）	比较符合（*）	一般符合（*）	不太符合（*）	极不符合（*）
D1.擅长组织策划，运用多种形式指导党团组织和班级建设，开展高效优质的教育管理服务。	70.1	26.4	3.4	0	0
D2.能够带动班级凝聚力和向心力的形成，并培养指导一支优秀的学生干部队伍进行自我教育、管理和服务。	75.4	23.0	1.6	0	0
D3.能够有效地协调好相关部门和人员完成负责 的各项工作。	76.0	21.4	2.3	0.2	0.2
D4.能够科学管理时间、合理安排计划，高效有序 地完成纷繁复杂的工作。	67.7	27.1	4.6	0.5	0.2
D5.具有较强的持续学习的意识，充分利用课余时 间更新知识，积极参加各类培训。	68.8	25.0	5.7	0.2	0.3
D6.能够把习得的理论知识灵活运用到学生工作中。	67.0	29.0	3.8	0.2	0
D7.具有科学理论和先进思想宣讲阐释能力，能及 时掌握学生思想动态并恰当地进行教育引导。	66.9	29.0	3.9	0.2	0
D8.注重学生价值观念的塑造，引导学生从积极正面的角度看待处理问题，对不良苗头能及时劝解和引导。	79.9	18.9	1.1	0	0
D9.坚持因材施教的育人理念，灵活机动地处理学生的各类问题和需求。	79.1	18.3	2.3	0.3	0
D10.注重班级学风建设，营造浓厚的学习氛围，能激发学生主动学习和创造性学习。	78.1	19.9	2.0	0	0
D11.关注最新就业政策和信息，因人而异开展职业规划和就业指导，提高学生就业质量。	72.9	23.5	3.6	0	0

续表

题项	非常符合（*）	比较符合（*）	一般符合（*）	不太符合（*）	极不符合（*）
D12.学生遇到困难都愿意跟我倾诉并征求我的意见和建议。	69.3	28.7	2.0	0	0
D13.善于发现学生的情绪变化，并能帮助其释放压力、调整心态。	73.7	25.4	0.8	0	0
D14.具备较好的文章撰写能力、准确的文字表达能力，能熟练运用学生话语体系与学生交流。	58.1	32.8	8.6	0.3	0.2
D15.经常与学生谈心谈话或者开展宣教演讲，语言表达具备较好的感染力和说服力。	67.9	29.2	2.8	0.2	0
D16.熟悉学生网络社交空间，经常浏览学生网络社交账号，并从中捕捉信息及时正面引导。	62.6	31.5	5.5	0.3	0
D17.能够熟练应用微信、微博、抖音等各类新媒体手段，擅用网络语言对学生进行教育引导。	59.7	31.3	8.3	0.5	0.2
D18.善于捕捉分析学生动态，熟悉危机事件处置流程，能积极有效地应对突发事件。	69.3	27.9	2.6	0.2	0
D19.深入开展思想政治教育规律、大学生成长规律相关的理论和实践研究，撰写论文，申报课题。	56.1	29.2	12.9	1.6	0.2
D20.经常进行自我反思，总结经验规律应用到后续工作中。	69.8	27.1	3.1	0	0
D21.紧扣学生的需求与痛点，积极创设寓教于乐的教育情境提供有品质的教育内容。	66.2	28.9	4.7	0.2	0
D22.面对层出不穷的新事物，与时俱进地开发思想政治教育新载体，创新教育感知和实践模式。	63.1	29.9	6.5	0.5	0

从 D1-D22 测量题项所指向结构要素在其所属因子上的载荷量来看，如表 3-23，思想引导力对职业技能的影响最大，其因子载荷为 0.839；其次是心理疏解力，因子载荷为 0.82；再次是教育情境创设力和语言沟通能力，因子载荷分别为 0.812 和 0.81。另外，对职业技能影响最小的是科学理论研究能力，因子载荷为 0.72。

表 3-23　D1-D22 在职业技能上的载荷量分布

题项	所指向结构要素	因子载荷
D1.擅长组织策划，运用多种形式指导党团组织和班级建设，开展高效优质的教育管理服务。	组织力	0.787
D2.能够带动班级凝聚力和向心力的形成，并培养指导一支优秀 的学生干部队伍进行自我教育、管理和服务。	领导力	0.787
D3.能够有效地协调好相关部门和人员完成负责的各项工作。	工作协调力	0.787
D4.能够科学管理时间、合理安排计划，高效有序地完成纷繁复杂的工作。	时间管理力	0.771
D5.具有较强的持续学习的意识，充分利用课余时间更新知识，积极参加各类培训。	自我学习能力	0.756
D6.能够把习得的理论知识灵活运用到学生工作中。	知识运用能力	0.809
D7.具有科学理论和先进思想宣讲阐释能力，能及时掌握学生思 想动态并恰当地进行教育引导。	思想引导力	0.839
D8.注重学生价值观念的塑造，引导学生从积极正面的角度看待 处理问题，对不良苗头能及时劝解和引导。	价值引领力	0.765
D9.坚持因材施教的育人理念，灵活机动地处理学生的各类问题和需求。	灵活应变力	0.775
D10.注重班级学风建设，营造浓厚的学习氛围，能激发学生主动学习和创造性学习。	学业领航力	0.79
D11.关注最新就业政策和信息，因人而异开展职业规划和就业指导，提高学生就业质量。	就业指导力	0.775
D12.学生遇到困难都愿意跟我倾诉并征求我的意见和建议。	建立信任感	0.776

续表

题项	所指向结构要素	因子载荷
D13.善于发现学生的情绪变化，并能帮助其释放压力、调整心态。	心理疏解力	0.82
D14.具备较好的文章撰写能力、准确的文字表达能力，能熟练运用学生话语体系与学生交流。	文字表达能力	0.769
D15.经常与学生谈心谈话或者开展宣教演讲，语言表达具备较好的感染力和说服力。	语言沟通能力	0.81
D16.熟悉学生网络社交空间，经常浏览学生网络社交账号，并从中捕捉信息及时正面引导。	网络契合力	0.742
D17.能够熟练应用微信、微博、抖音等各类新媒体手段，擅用网络语言对学生进行教育引导。	媒介应用力	0.735
D18.善于捕捉分析学生动态，熟悉危机事件处置流程，能积极有效地应对突发事件。	危机预判处置能力	0.78
D19.深入开展思想政治教育规律、大学生成长规律相关的理论和实践研究，撰写论文，申报课题。	科学理论研究能力	0.72
D20.经常进行自我反思，总结经验规律应用到后续工作中。	实践经验迁移能力	0.802
D21.紧扣学生的需求与痛点，积极创设寓教于乐的教育情境提供有品质的教育内容。	教育情境创设力	0.812
D22.面对层出不穷的新事物，与时俱进地开发思想政治教育新载体，创新教育感知和实践模式。	教育载体创新力	0.801

（二）高校辅导员职业技能的差异性分析

本部分同样从性别、年龄、职称、职级、从业年限、婚姻状况、受教育程度、评优获奖等 9 个方面入手，对不同群体辅导员的职业技能进行了差异分析。

表 3-24　不同群体辅导员职业技能的差异检验

维度	χ²CMH 值	P 值
性别	0.6	0.439
年龄	1.415	0.234
从业年限	0.073	0.787
职称	0.29	0.59
职级	2.812	0.094
受教育程度	0.365	0.546
婚姻状况	0.056	0.813
评优情况	0	0.999
比赛获奖情况	3.224	0.073

表 3-24 的数据显示：在 9 个观测视域上，性别、年龄、从业年限、职称、受教育程度、婚姻状况和评优情况的皮尔逊卡方的渐进显著性水平（P值）均大于 0.10，说明高校辅导员的职业技能在这些方面是没有显著性差异的。职级和比赛获奖情况的皮尔逊卡方的渐进显著性水平（P 值）小于 0.10，则说明在这两方面高校辅导员的职业技能存在显著性差异，并且差异具有统计学意义。

（三）高校辅导员职业技能的调研结论

本研究认为，辅导员职业技能主要由基础性能力、专业性能力和拓展性能力构成。其中，基础性能力是辅导员必须具备的基本素质，专业性能力是辅导员职业专有的能力要求，拓展性能力是决定和影响辅导员职业能力提升的能力。

辅导员职业能力测评数据显示，辅导员在现实场域中的职业技能掌握和运用情况存在不少薄弱环节，职业技能得分在高校辅导员职业能力五个维度中排名倒数第二。在排名最后十位的结构要素中，职业技能维度占据了 6 项，分别是科学研究能力、文字表达能力、媒介应用力、网络契合力、教育载体创新力和教育情境创设力，集中在专业性能力和拓展性能力上。访谈中，辅导员们也坦承自己在不少能力方面都有欠缺。

受访辅导员 F01 就表示："我们现在欠缺的肯定是随着新形势的变化而产生的新生事物的掌控能力，比如说新媒体。新媒体这块它需要投入大量的时间和精力去跟随它的形式变化。现在学生她们已经不完全在 QQ 空间和朋友圈里面秀东西了，实际上这两个地方她们是只秀生活，她们真的发言，会在微博、抖音这些地方来展示她们自己，而这些地方对于我来说很陌生，他们现在的网络常用语我也不是很熟悉，有时候感觉他们好像在打暗号一样。"

管理者也表示辅导员确实有部分能力比较薄弱，亟待加强。管理者 G05 表示："辅导员作为学校最基层、最前沿的工作人员，直接面对的是思维活跃、诉求多元、情感丰富、心理脆弱的青年学生，还有少数学生有比较严重的身体问题、思想问题、心理问题、学业问题、情感问题，甚至还有少数学生有意识地掩盖修饰自身存在的这些问题，这就需要辅导员千方百计地掌握真实细致的情况，更要深入全面地分析研判，去伪存真、去粗取精，让每一个学生、最起码是重点学生的情况都清晰准确。分析研判能力这是辅导员的基本功，但是说起来容易做起来难，如果在工作中不够深入细致，面对纷繁复杂的各种矛盾，就难以形成有针对性的应对方案，就不能很好把握处理时机争取到处置主动权，有的甚至还小事化大，引发矛盾。"

从职业技能掌握情况来看，高校辅导员基础性能力的掌握度优于专业性能力，专业性能力的掌握度又优于拓展性能力，而且职级越高、在辅导员素质能力大赛中表现越好的辅导员，职业技能越扎实、实践应用越熟练。这也与职业技能的实践属性相契合。

六、高校辅导员的职业知识相对薄弱

（一）高校辅导员职业知识的描述性分析

该维度主要从三个指标来考察辅导员职业知识的掌握情况，包括基础知识、专业知识和法律知识三个支撑要素，通过"熟悉马克思主义理论，能活用马克思主义理论分析和解决现实问题"等 6 个题项进行测量（E1-E6），调研结果见表 3-25。从测量题项的均值来看，基础知识均值为 4.318，专业知识均值为 4.493，法律知识均值为 4.460，与之前数据比较，发现辅导员在这三个指标上的自我测评度也较低，说明辅导员现实场域中对职业知识的掌握不够扎实，三者标准差和方差均小于 1，说明基础知识、专业知识和法律知识这三个支撑要素对职业知识的代表性较好。

表 3-25　　高校辅导员职业知识的描述性分析结果

维度	极大值	极小值	均值	标准差	方差
基础知识	5	3	4.318	0.532	0.283
专业知识	5	3	4.493	0.494	0.244
法律知识	5	1	4.460	0.637	0.406

E1-E6 这最后六个题项考察的是辅导员职业知识的掌握情况，从测量题项的统计分析来看，结果并不乐观，如表 3-26 所示。在这三类职业知识中，专业知识的掌握情况最好，有 70.6% 的辅导员表示自己熟悉大学生党团班级建设、职业生涯规划与就业指导、奖助贷免等学生日常事务管理、突发事件应对等思想政治教育实务工作相关知识，能够保证日常工作的实效性；有近七成的辅导员表示自己熟悉中国特色社会主义理论体系、社会主义核心价值体系等马克思主义中国化相关理论及知识，能够增进学生对其的政治认同、理论认同和情感认同。其次是法律知识，而基础知识的掌握情况最差，有 51.0% 和 44.2% 的辅导员表示不能熟练使用马克思主义理论解决问题，而且对于教育学、心理学、管理学、社会学等学科的基本原理和基础知识也不是很了解，对一般教育规律和大学生的成长规律把握也不准确。

表 3-26　高校辅导员职业知识测量题项分析结果

题项	非常符合 (*)	比较符合 (*)	一般符合 (*)	不太符合 (*)	极不符合 (*)
E1.熟悉马克思主义理论，能活用马克思主义理论分析解决现实问题。	49.0	44.7	6.3	0	0
E2.了解教育学、心理学、管理学、社会学等学科基本原理和基础知识，熟悉一般教育规律和大学生的成长规律。	55.8	37.0	6.7	0.3	0.2
E3.熟悉思想政治教育专业的理论知识，掌握教育的基本原则、主要方法和工作艺术。	61.2	34.1	4.7	0	0
E4.熟悉中国特色社会主义理论体系、社会主义核心价值体系等马克思主义中国化相关理论及知识，增进学生的政治认同、理论认同和情感认同。	68.2	28.9	2.9	0	0
E5.熟悉大学生党团班级建设、职业生涯规划与就业指导、奖助贷免等学生日常事务管理、突发事件 应对等思想政治教育实务工作相关知识，保证日常工作的实效性。	70.6	27.1	2.3	0	0
E6.了解《中华人民共和国高等教育法》《普通高等学校学生管理规定》《学生伤害事故处理办法》等涉及思想政治教育的政策法规，帮助学生树立法 制观念。	65.3	30.5	3.9	0.2	0.2

　　从 E1-E6 测量题项所指向结构要素在其所属因子上的载荷量来看，如表 3-27，马克思主义中国化相关理论及知识对职业知识的影响最大，其因子载荷为 0.885；其次是大学生思想政治教育专业基本理论及知识，因子载荷为 0.85；再次是马克思主义理论，因子载荷为 0.825。另外，对职业知识影响最小的是思想政治教育相关的政策法律法规，因子载荷为 0.803。

表 3-27　E1-E6 在职业知识上的载荷量分布

题项	指向结构要素	因子载荷
E1.熟悉马克思主义理论，能活用马克思主义理论分析解决 现实问题。	马克思主义理论	0.825
E2.了解教育学、心理学、管理学、社会学等学科基本原理和基础知识，熟悉一般教育规律和大学生的成长规律。	教育学等学科基本原理和基础知识	0.816
E3.熟悉思想政治教育专业的理论知识，掌握教育的基本原则、主要方法和工作艺术。	思想政治教育专业基本理论及知识	0.85
E4.熟悉中国特色社会主义理论体系、社会主义核心价值体系等马克思主义中国化相关理论及知识，增进学生的政治认同、理论认同和情感认同。	马克思主义中国化相关理论及知识	0.885
E5.熟悉大学生党团班级建设、职业生涯规划与就业指导、奖助贷免等学生日常事务管理、突发事件应对等思想政治教育实务工作相关知识，保证日常工作的实效性。	大学生思想政治教育工作实务相关知识	0.823
E6.了解《中华人民共和国高等教育法》《普通高等学校学生管理规定》《学生伤害事故处理办法》等涉及思想政治教育的政策法规，帮助学生树立法制观念。	思想政治教育相关的政策法律法规	0.803

（二）高校辅导员职业知识的差异性分析

本部分同样从可能会对职业知识的掌握情况造成影响的以下 9 个方面入手，对不同群体辅导员的职业知识情况进行了统计分析。

表 3-28　不同群体辅导员职业知识的差异检验

维度	χ^2CMH 值	P 值
性别	0.121	0.728
年龄	16.396	0
从业年限	10.758	0.001

续表

维度	χ^2CMH 值	P 值
职称	13.902	0
职级	18.027	0
受教育程度	4.886	0.027
婚姻状况	0.017	0.896
评优情况	3.415	0.065
比赛获奖情况	9.32	0.002

表 3-28 的差异检验显示：在 9 个观测视域上，性别、婚姻状况的皮尔逊卡方的渐进显著性水平（P 值）均大于 0.10，说明在这些因素在高校辅导员职业知识维度是没有显著性差异的。而年龄、从业年限、职称、职级、受教育程度、评优情况和比赛获奖情况的皮尔逊卡方的渐进显著性水平（P 值）小于 0.10，所以，高校辅导员的职业知识在这些方面是有显著性差异的，并且差异具有统计学意义。

(三) 高校辅导员职业知识的调研结论

辅导员专业化发展需要专业的知识背景作为支撑，本研究认为辅导员的职业知识包括专业知识、基础知识和法律知识，其中专业知识是职业能力发展的核心知识，其他知识属于发挥支撑性作用的条件性知识。从测评结果来看，辅导员的职业知识并不乐观，总体得分为 4.429 分，在五个高校辅导员职业能力维度中排名最低，是高校辅导员职业能力的主要短板。在这三类职业知识中，专业知识的掌握情况最好，其次是法律知识，基础知识的掌握情况最差，近半数辅导员表示不能熟练使用马克思主义理论解决问题，这些调查结论与深入访谈的结果亦相吻合。

受访辅导员 F05 在谈到这部分内容时感觉很惭愧，她说："作为一名辅导员，我觉得自己离优秀还差太多，自己对马克思主义理论积淀不深，我们这些理工科毕业的，之前很少深入地接触和学习这些知识，有些东西还是不好理解，学起来也比较费事。自己理论底子薄，给学生阐释一些社会热点现象和重大现实问题时就信心不足，担心如果讲不深、讲不透，就容易会造成一些误会，使学生产生一些错误思想，甚至会引发舆情。"

受访管理者 G03 也表示："整体来说，辅导员学习马克思主义的基本原理和中国特色社会主义理论还是不够深入，对于思想政治教育专业理论体系的建构和创新，对于马克思主义中国化相关知识体系的内在逻辑等方面的研究不够，多数是囫囵吞枣、浅尝辄止。"

除了马克思主义理论，辅导员们对于教育学、心理学、管理学、社会学等学科的基本原理和基础知识也不是很了解，对一般教育规律和大学生的成长规律把握不准确。辅导员 F11 就指出："辅导员的理论修养不仅体现为对于马克思主义重大理论的学习与贯彻，还体现在对学生思想意识、心理特征、学习交友、成长成才规律的认识把握上。不少辅导员这部分理论修养欠缺，导致理论与实践脱节，做事无章法、交流有障碍，无法真正走进学生心里了解真实情况和需求，难以适应思想政治工作的新要求。"近半数辅导员不能熟练使用马克思主义理论和教育学、心理学等学科的基本原理和基础知识解决问题，这说明辅导员队伍整体的职业知识结构还是存在非常大的缺陷，国家和相关管理部门需要引起重视。

第四章　高校辅导员职业能力问题剖析及共同体建构逻辑

　　根据前文的调查研究，当前我国辅导员的职业能力呈现良好的发展态势，但整体来看，辅导员的职业能力与时代发展要求仍相差甚远，尚存在一些亟待完善的现实问题。为了增进职业能力发展策略研究的针对性与科学性，我们需要深入剖析造成这支队伍职业能力发展困境的根本原因，以更好地改进工作与指导实践。本章通过对前期接受行为事件访谈的 19 名辅导员和主管学生工作的管理干部进行深度访谈，对一手实证材料运用扎根理论进行编码分析，并结合已有文献成果加以学术性补足，详细归纳了当前辅导员职业能力发展存在的主要问题并探究了其中原因。

第一节　存在的问题

　　本研究对当前辅导员职业能力发展存在的问题进行梳理分类，可归纳为四方面的发展困境，分别是价值困境、知识困境、实践困境和成长困境，具体阐述如下：

一、高校辅导员的职业认同尚不够高

　　新时代高校辅导员高度重视对自身职业修养的锤炼，整体政治素质过硬，道德修养良好。但作为职业修养维度重要的二级指标，相较于政治素质和道

德修养，辅导员的心理素质相对偏弱，与前两者相差近十五个百分点，仅有78.0%的辅导员认为自己面对工作中的困难、挫折和压力，可以很好地保持平常心和工作热情，仅有73.9%的辅导员认为自己在面对学生各种突发状况时具备良好的情绪控制和心理调整能力。面对日益复杂的工作环境、日趋多元的学生思想、日渐多变的突发状况，辅导员们的心理压力也与日俱增，很难保证能够时刻控制好情绪，保持好状态。

辅导员F08在受访时表示："现在辅导员队伍的压力跟以前不太一样，以前可能我带好我自己的学生就可以。但是现在要求除了带好你自己的学生，你还要开展各种心理建设、学风建设等相关的活动，工作压力确实是太大了。尤其这个疫情防控期间，辅导员需要做很多的工作，光是疫情防控相关的工作每天都忙到下半夜，这让很多辅导员没有更多的时间去很好地跟学生去沟通、去谈心。跟学生的谈心谈话也经常被事务性工作打断，心情真的很烦躁，特别是遇到处理那种性格比较偏执的学生问题时，真的很难控制好自己的情绪。"

学生事务日益繁杂是导致辅导员心理压力与日俱增的主要原因，事实上，单纯的思想教育工作具有一定的规律性，并不繁杂，是因为衍生出的与学生事务相关的工作日渐扩大了辅导员的工作边界，才使辅导员工作日益变得烦琐。受访辅导员F06也印证了这一点："虽然说现在讲三全育人，都说是全过程、全员育人，其实育人的主要工作还在辅导员这儿，不管是思想教育，还是管理服务这些，付出还是蛮大的。我们从20年开始，尤其是21年下半年一直到现在，晚上都8点之后才能离开学校，基本上天天都得加班，周末都很少休息。现在感觉育人的压力越来越大，为什么？因为但凡和学生搭边的工作都加在我们身上，有一些学生工作其实还是需要沉下心来拿出时间来去做，但是我们的工作时间被其他事情挤占了。没办法，就得拿出自己的休息时间去弥补、去做一些事情，尽管这样还是觉得时间不够用。长此以往，真的觉得很疲惫，心也很累，工作哪还有什么激情，全靠责任心在撑着。"

有关研究显示，长期受压和过度劳累情况下，容易出现职业倦怠，且职业倦怠与职业认同之间呈显著的负相关。同理，辅导员的心理压力越大易导致他们对自身职业的认同感越低，本研究的分析数据也说明了这一点。前期分析数据显示，目前辅导员的职业认同感并不高，仅有 64.6% 的辅导员选择了"非常符合"，有 22.8% 的辅导员选择了"比较符合"，8.6% 的辅导员选择了"一般符合"，还有 3.9% 的辅导员选择了"不太符合"和"极不符合"，可见，辅导员们对辅导员职业的认同度很不一致，甚至有将近 13% 的辅导员的职业认同感非常低。这与前面职业修养维度调查中，辅导员整体心理压力大相吻合，也与访谈时的描述基本一致。

辅导员 F12 谈到现在辅导员队伍的工作感受时说道："现在大家都觉得辅导员的工作太累了，永远都在加班，不在办公室加班，就把工作拿回家干，根本就没法全身心地陪伴家人。其实我跟一线老师聊过天，大部分一线老师可能上班时间特别忙，但下班后确实没有这么忙，可以说下班后拥有自己的生活，但辅导员确实是一半的生活都在工作，没结婚没孩子的时候还好说，结了婚有了孩子以后，面对家人的埋怨和指责，很多辅导员尤其是女辅导员都想离开辅导员队伍了。所以说这个是一个群体性问题，需要上层建筑来解决这个问题。"

这种超负荷的工作压力连学生都能感受得到，对这一职业也表现出不认同。受访大学生 D03 就提到："其实我说实话，我建议过杨老师不要再干辅导员了，压力太大也太累了。但是她就是自己喜欢。我记得我们毕业之后，当时学校好像给过杨老师其他选择，让她拒绝了，她就是想当辅导员，而且把它当成了事业。其实这点我挺佩服她的。"受访管理者 G02 也表示："好像感觉这两年新入职的辅导员的工作积极性和对辅导员工作的这种认同没有以前那么高了，尤其新冠疫情发生以来，高强度的疫情防控工作让他们意识到辅导员的真实工作压力超乎他们想象。"

辅导员的职业认同本质上是对其职业价值与社会地位的态度与看法，体现着辅导员对职业兴趣的关切度，影响着辅导员的职业坚定性，而职业坚定性又与工作投入度和职业效能感呈正相关。因此，只有不断地提高辅导员的职业认同感、职业自豪感，愿意将辅导员职业作为终身事业来经营，致力于走专业化发展道路，才能更好地营造职业吸引力，克服职业倦怠，提升职业能力与水平。

二、高校辅导员的专业性及拓展性能力偏弱

辅导员的职业技能是衡量高校辅导员职业能力的关键指标，是胜任辅导员职责所必需的掌握和运用专门技术的能力。辅导员职业能力测评数据显示，辅导员在现实场域中的职业技能掌握和运用情况存在不少薄弱环节，职业技能得分在高校辅导员职业能力五个维度中排名倒数第二。在排名最后十位的结构要素中，职业技能维度占据了6项，薄弱环节都集中在专业性能力和拓展性能力上。

（一）媒介运用能力和沟通表达能力是专业性能力的两大弱项

1. 媒介运用能力亟待提升

信息化时代背景下，"做好思想政治教育工作，要因事而化、因时而进、因势而新"[1]。如今，辅导员的媒介应用能力成为做好思政工作的必要条件之一。媒介应用能力是指辅导员能敏锐感知媒介环境变化，掌控好互联网领域内学生的动态变化，打破时空界限，对大学生关注的焦点进行主动回应和积极引导，形成高效精准的良性互动局面的网上教育能力。

根据调查结果显示，高校辅导员的网络思政教育能力处于末等水平，在所有的46项素质特征中，媒介应用能力的两项结构要素分别排在倒数第5位和倒数第7位，有四成多的辅导员表示不是经常浏览学生网络社交账号，应用微信、微博、抖音等各类新媒体手段不是特别熟练，不能从中及时捕捉信息并熟练应用网络语言对学生进行教育引导。

受访辅导员F09提到："我觉得现在的工作难点主要是在于新事物和新现象的应对，当前科学技术日新月异，大数据时代正在迅猛发展，现在网络平台和信息化发展非常快，很多工作需要用网络相关的新方式开展，这一点，新进来的年轻辅导员掌握情况好一些，年长的辅导员可能在这些新生事物方

---

[1] 吴晶.胡浩.习近平在全国高校思想政治工作会议上强调:把思想政治工作贯穿教育教学全过程开创我国高等教育事业发展新局面[J].中国高等教育,2016(24):5-7.

面就有所欠缺。"辅导员 F05 也说道："我习惯使用 QQ 和微信，但我发现，现在学生喜欢玩的是微博、抖音和直播，微博还好，但抖音和直播对我来说还是比较陌生的领域，而且现在学生喜欢的常用的网络语言、表情符号也时常在变化，我经常看的是一头雾水。所以说新媒体这块的能力我觉得自己是需要加强的，需要尽快地跟上时代步伐，重新掌握应对这些新兴事物的方法才能跟学生走得更近。"但大多数辅导员还是非常关注学生在网上的实时动态，并及时进行关心和引导，大学生 D16 就表示："郝老师时刻关注我们的心理动态，我们发状态，她都会关注。只要一发伤心、EMO 之类，或者在网上宣泄情绪，她马上就会私聊，问问怎么了。"

信息化时代，辅导员必须主动提升自身媒介素养占领网络教育阵地，成为积极的媒介使用者和熟练的信息分析者，熟悉学生网络社交空间，擅长对媒介信息进行解构和重构，及时进行信息捕捉。同时，面对学生成长发展困惑及需求、思想认识偏差及扭曲，要与时俱进地发挥大数据的优势，熟练应用微信、微博、抖音等各类新媒体手段和网络语言进行教育引导，把握网络的话语权和主导权，提高思想政治教育的实效性和感染力。

2. 沟通表达能力存在短板

沟通表达能力是高校辅导员与外界建立有效沟通交流的关键能力，合理有效的表达，是帮助高校辅导员胜任人生导师和知心朋友的"润滑剂"。辅导员能否真正走进学生的精神世界和情感世界进行有效的说服教育，沟通表达能力非常关键。但调查显示，辅导员整体对沟通表达能力的评价度也比较低，在辅导员所调查的 46 项要素特征中，排在倒数第 4 位。

有 41.9% 的辅导员认为自己的文章撰写能力较差、文字表达能力不够准确，不擅长运用学生的话语体系与学生交流，辅导员 F07 就提出："大家的文字水平现在普遍来说都不是特别好，特别是刚工作的辅导员，让他们写一个文案，或者让他起草一个通知，基本上都会有些问题。你就算是把你原来的给他，他仍然还是照着葫芦也画不出来，确实得需要一个历练。"管理者 G06 也表示："文字表达能力，这是辅导员的基本功，但是在工作中发现，不少辅导员对基本的公文行文格式了解甚少，基本应用文写作知识欠缺，一些日常工作中用到的通知、策划、请示、报告、总结、计划等材料，文字功底较弱，有待提升。"

还有32.1%的辅导员认为自己的语言表达不具备较好的感染力和说服力。辅导员F11就苦恼地提出："自己最大的问题是语言表达、情商的问题。我说的情商不是指平常所理解的人际交往的这种情商，其实主要是两种角色之间沟通的艺术的问题，因为教师和学生之间还是两个角色，这种角色之间沟通的这种情商，也可以说是说服力或者感染力吧，是做好思想工作的一个最关键的能力。同样一件事情有些人去说，学生就能理解，有些人说出来以后，学生就非常排斥，效果真的天差地别。"

以上问题都要求辅导员应不断地探索研究沟通交流的有效方式方法，既要有面对面的对话沟通，也要有键对键的信息交流，既要加强语言艺术修炼，还要提高书面语言素养，如此方能在工作中做到得心应手、游刃有余。

(二) 科学研究能力和教育创新能力是拓展性能力的主要薄弱点

1. 科学研究能力最为欠缺

苏联教育家苏霍姆林斯基说过，"如果你想让教师的劳动给教师带来乐趣，那你就应当引导每一位老师走上从事研究的这条幸福大道上来"①。辅导员归根到底就是育人的工作，没有先进的理论与实践科学作为指导，难以激发出学生的潜力，难以保证育人工作的深度与厚度，因而提高辅导员的科学研究能力具有极强的现实针对性。

现实场域中，高校辅导员的科学研究能力不容乐观。调查数据显示，在辅导员的职业技能中，科学研究能力最差，在被调查的全部46项要素特征中，排在倒数第2位。有56.1%的辅导员认为自己在思想政治教育规律、大学生成长规律等相关的理论和实践研究方面比较欠缺，撰写论文和申报课题的能力较差。辅导员们提起科学研究更是百般无奈：

辅导员F10说道："辅导员可能对于学术、科研这块，目前来看还是比较

---

① [苏]苏霍姆林斯基.给教师的建议[M].杜殿坤,译.北京:教育科学出版社,1984:494.

欠缺。不是我们不想搞科研，真的是没有时间，每天都是两眼一睁，忙到熄灯，不是在处理学生的事情，就是在处理学生事情的路上。而科研作为一项脑力劳动，需要静下心来分析和研究问题，我们哪有时间安静坐下来，除非是挤占本就不多的睡眠时间。"

辅导员 F12 也提到："因为我们这种育人，很多工作得做得很细致，跟学生谈心谈话有时候不是一次两次就能见效的，很多成果是有滞后性的，他是后期才会展现出来，而这个问题就和我们的科研考核是冲突的，人的时间和精力毕竟是有限的，我可能多一份心思在学生身上，就不能顾及我个人的科研了。而且，除了晋职称的时候有科研要求，其他时候感觉这科研对我们可有可无，学校经常会给专业老师组织课题申报培训会，可从来没给我们辅导员单独培训过科研怎么做。"

2. 教育创新能力急需加强

教育创新能力是辅导员提高职业能力的不竭动力，主要体现在不墨守成规，善于根据时代发展变化更新工作思维、丰富工作内容、创新工作模式。本研究认为，教育创新能力包含教育情境创设力和教育载体创新力，在"大众创业、万众创新"的时代背景下，面对日新月异的新情况、新问题、新事物，辅导员必须勇于强化创新意识。辅导员职业能力测评数据显示，在排名后十位的结构要素中，教育情境创设力和教育载体创新力均榜上有名。

近四成的辅导员认为，面对层出不穷的新事物，自己不能很好地与时俱进地开发和驾驭思想政治教育新载体，为学生积极创设寓教于乐的教育情境提供有品质的教育内容，创新精神和创新能力均较差。辅导员 F06 在谈到创新时说道："我觉得创新就是，随着你的教育对象，他成长的时代背景或者家庭环境的变化，你会发现以前没有出现的问题现在出现了，以前没有的这种工具现在出现了，那你就得去适应这些从原来的人人网、百度空间、贴吧，到现在的超话、微博的变化，你得去学习用最新的工具语言和他们去沟通，这是新形势对我们辅导员的要求。你如果说墨守成规，那必然是不行的。要做好辅导员工作，这种与时俱进的学习和创新能力也是很重要，现在的新辅导员在这方面都很强，因为她们年轻，学习新鲜事物的能力很强，但我们老辅导员第一是因为家庭，第二是因为要占用很多时间精力，所以创新更多的是停留在意识上。"

辅导员的日常工作职责繁多、复杂多样，风华正茂的大学生接受新鲜事物的能力较强，容易被不良思潮和错误言论误导。面对大学生对思想政治教育新的期待与更高的要求，面对层出不穷的新情况、新问题、新事物，辅导员必须勇于强化开拓意识和创新能力，迎"新"而上，善于抓准大学生成长的需求点和困惑点，充分考虑学生的教育体验，在创设教育情境和构想教育载体方面不断开拓勇于创新，让教育创新能力成为职业能力的"压舱石"和"定海针"。

三、高校辅导员的职业知识结构亟待完善

"学高为师，身正为范"，广博的职业知识是辅导员职业能力提升的基础力量。从本研究测评的结果来看，辅导员的职业知识并不乐观，是高校辅导员职业能力的主要短板，在五个一级维度中排名最低。从结构要素的总体排名来看，最后十名中，职业知识维度占据了4项，先后为教育学等学科基本原理和基础知识、马克思主义理论、思想政治教育专业的基本理论和知识、思想政治教育相关的政策法律法规。

前期调研数据显示，在专业知识、基础知识和法律知识这三类职业知识中，辅导员专业知识的掌握情况最好，其次是法律知识，而基础知识的掌握情况最差，有51.0%和44.2%的辅导员表示不能熟练使用马克思主义理论解决问题，而且对于教育学、心理学、管理学、社会学等学科的基本原理和基础知识也不是很了解，对一般教育规律和大学生的成长规律把握不准确，可见辅导员的职业知识结构非常不完整。

这些调查结论与深入访谈的结果亦相吻合，一方面辅导员都能认识到职业知识尤其是理论性知识的重要性，受访辅导员F03表示："我觉得如果是想在辅导员的岗位上扎根，一辈子从事这个工作，必须要好好学习这方面的知识，就知识体系这一块儿很容易忽略这些理论性的东西。但其实理论性的东

西会支撑我们走得更远。如果没有这些，我就感觉好像自己底气不足。我学了这些之后，我自己感觉对这个学科的发展、对于我这个工作的认同程度就更高了，底气也更足了。"辅导员F01也谈道："作为辅导员一定要与时俱进地学习最新的理论知识，尤其是国家大政方针、中央文件精神，如果我们学好了并且能把这个精神、政策给学生讲明白了，对于有需要帮助的同学来说还是挺受用的。"

但另一方面，在实际学习过程中却被畏难情绪左右，受访辅导员F08就说道："如果是学思政专业的，或者学过教育学、心理学的，大家有一个感受就是，这种学科系统的培养对辅导员工作思维有很大的帮助，而且工作后再接触这类新的相关理论知识，很快就能融会贯通、举一反三。但我们这些学机械、学工程的，之前很少接触过这些知识，就有些东西还是不好理解，学起来也比较费事。平时忙得一塌糊涂，哪有时间静下来去细细推敲这些理论和原理。"辅导员F03也提到："说实话如果没有比赛的话，我觉得我不会认真地学习这些理论、政策和文件，甚至背诵下来，但是真的背了之后，你才发现里面都是实实在在的东西，对我们辅导员的工作真的非常有帮助，我也是参加完比赛之后，才彻底扭转了对理论学习的态度。"故而，才有大家对辅导员这样的评价，受访管理者G03就表示："整体来说，辅导员学习马克思主义的基本原理和中国特色社会主义理论还是不够深入，对于思想政治教育专业理论体系的建构和创新，对于马克思主义中国化相关知识体系的内在逻辑等方面的研究不够，多数是囫囵吞枣、浅尝辄止。"

本研究的调查结果也进一步印证了以往学者的观点，据韩泽春的调查，"高校辅导员的知识素质不高主要体现在两个方面：一是知识掌握上不够全面系统，特别是教育法律法规知识比较缺乏；二是知识不会灵活运用，自身知识不能解决现实存在的矛盾与问题"[①]。职业知识是辅导员开展思想引领和育人活动的主要"武器"，无论何时，辅导员都不能停止学习，要不断更新自己的理论知识，只有具备深厚的专业功底和独特的教育艺术，才能在学生中树

---

① 韩泽春.基于高校辅导员专业化的教育知识管理研究[D]长春：东北师范大学,2015:58.

立崇高威望，在日常思想政治教育和管理工作中掌握主动、占有先机。

四、高校辅导员的离职倾向日趋明显

最大化地调动辅导员的积极性、主动性和创造性，激励和吸引更多的优秀人才稳定在辅导员岗位上，方能有利于这个群体职业能力的长久提升和发展。在前期调查中，当询问辅导员"是否愿意将辅导员职业作为终身事业来经营并愿意走专业化发展道路"时，调查结果显示：有近五分之一的辅导员在犹豫纠结，而且有将近八分之一的辅导员明确表示不愿意将辅导员作为终身事业来经营。

虽然，作为学生的人生导师和知心朋友，辅导员职业能很好地引导与帮助学生成长成才，看着学生在自己的用心指导下持续不断地发生着日新月异的变化，尤其是听到学生毕业后源源不断传回来的喜报，从事辅导员工作的成就感和自豪感确实让人满足。但家长与社会期待过多、长时间高强度的工作负荷和巨大的心理压力，也使得辅导员的职业倦怠与日俱增，加之工作职责无边界致使高校群体中不少人对辅导员岗位怀有歧视，认为辅导员就是个"勤杂工"，这使得辅导员无法从学校其他群体中获得足够的职业尊重，无法从琐碎的事务和巨大的压力中找到自我实现的价值，于是很多辅导员萌生了寻找机会尽快转岗的想法。访谈中受访者也纷纷表示，现在辅导员队伍人员流动比较频繁，队伍严重不稳定。

辅导员 F04 表示："现在确实存在一种问题，那就是辅导员工作的这种边界，现在是越来越扩大并且是越来越不明确。除了教育部规定的九大职责之外，其实我们额外还承担了很多其他方面的这种工作，包括与教学有关的、与后勤有关的、与财务有关的，甚至与安全稳定有关的这些等等。你比如说我们现在工作中有很多数据摸排的工作，实际上消耗我们很多很多的精力。学校有关部门经常让我们统计四六级通过率、学生的及格率、不及格率，其实这些完全可以直接从教务系统查到。为什么会这样呢？还是学校其他群体对我们辅导员的认知不明确，存在着一种理解的偏差和错位，认为所有和学生有关的事情都是辅导员的事情，这给我们的工作带来很大的困扰，也大大降低了我们的这种职业成就感，这是一个大环境使然。"

身为党总支副书记的辅导员 F10 在谈到队伍稳定性时也说道："我在和 95 后的辅导员老师交谈的过程当中感受到，年轻人现在的价值观与我们是完全不一样的，现在年轻的辅导员普遍性存在这么一种问题，他要先有自己的生活，其次才是工作，他们认为工作是为生活服务的，必须要有个人生活、有个人的私密的空闲时间去交友、去处理个人事务。那辅导员这个工作性质就与他们的价值观形成一种冲突，尤其工作时间对个人生活时间的占用就会对年轻人会造成一种影响，如果说这个工作基本上"5+2""白加黑"地靠在这里，他会觉得这项工作压力太大了，严重影响了他们的生活，可能他们就要产生其他想法，不愿意在这个道路上再有更深入的发展或者是更长久的一个打算。"

不只是年轻人，访谈中在问及辅导员们"未来有何发展规划时"，一位资深辅导员表示，打算在副教授职称晋升成功后即想转往马克思主义学院从事专任教师，还有一位党总支副书记在辅导员岗位已经 19 年了，也表示打算申请平级调动至其他岗位离开辅导员队伍。在交谈中，上述两人都表现出了明显的矛盾心理，既有对学生工作的强烈热爱，又有对未来发展的明显无奈。"看不到未来路在何方"的失望让他们不得不忍痛选择离开。

管理干部 G04 谈道："现在的辅导员们是很纠结的一种状态，有很多人确实很热爱辅导员工作，他想在这个地方干一辈子，但是一方面他们认为打杂式的忙乱是对生命意义的一种浪费。另一方面，他们感觉未来已经一眼望到头了。先说职称这块，很多辅导员认为基本晋上副教授就到头了，想晋升教授太难了，不太可能。再说职务这块也很难，你像前几年省里还有这种副处级辅导员岗位，对于辅导员来讲这也是一个晋升的渠道。虽然依然干辅导员这项工作，但福利待遇问题解决了，这对很多辅导员来说不失为一个很好的选择，但是现在这个政策取消了，这条路又给堵死了。往管理岗转的话，从辅导员的角度上来讲，直接跟职能部门的科长们去竞争副处，自身就觉得不占优势，没有啥可比性。所以很多辅导员就很纠结，看不到前途在哪里。那怎么办，还不如趁早转岗去职能部门，在那里尽早开始积累。"

除了上述原因，管理干部G07也指出："目前的考核机制还是缺少质与量的评判标准，'质'指的是有效性和实效性，'量'即工作职责数量。从辅导员的工作范围来看，除了专任教师的职责之外，从学生思想政治教育、日常管理到学业指导、心理辅导，几乎全部包含其中，辅导员成了"包打天下"的通才。思想政治教育工作时间长、见效慢、耗费精力多，工作量的堆积，既压实了责任，也压得人透不过气来，就容易使人得过且过、挑三拣四。反正目前高校学工系统评价辅导员也多是单项调查、项目评价、统筹考核，很多工作量难以做到准确计算和度量，目前的定量指标只能以某几项结果性指标来划分"多做"和"少做"情况，根本无法客观准确地衡量辅导员的工作质效。"

长期无法客观地评判工作价值并从物质和精神层面合理满足回报期待，失望与不满必然逐渐累积，如果工作价值始终难以得到有效彰显，势必会打击辅导员工作的积极性与主动性，使得辅导员心生他念，离职倾向日渐明显。

第二节　存在问题的成因分析

本节结合扎根理论的三级编码，借助质性分析软件NVivo11Plus软件对19份深度访谈的文本资料进行分析研究，通过自由节点和树状节点提炼辅导员职业能力发展困境的原因，为后续深入剖析发展困境的共同体归因提供有力支撑。

在编码过程中，首先从访谈文本资料中提取了223个信息片段，然后将其中的主题概念不断合并，形成了17个自由节点，分别是岗位职责不明确、角色定位太泛化、津贴待遇不对等、工作任务超负荷、政策落实不到位、创新意识不强烈、科研机制不健全、管理体制有交叉等。之后在自由节点基础上进行关联式编码，将17个自由节点进行分类、整合，凝练形成4个树状节点，即价值困境成因、知识困境成因、实践困境成因和成长困境成因。至此，经过对访谈资料进行编码分析，直观地展示出导致辅导员职业能力发展四方面现实困境的具体原因，如图4-1所示。

节点		
名称	**材料来源**	**参考点**
知识困境成因	18	61
职业招聘标准不高	8	13
主动学习意识较差	10	14
第一专业背景复杂	16	19
专业知识体系空缺	4	6
专门培养学科缺乏	8	9
成长困境成因	15	40
激励机制不完善	7	8
管理体制有缺陷	7	8
考核评价不合理	14	18
双线晋升有阻碍	4	6
价值困境成因	18	61
角色定位太泛化	15	19
岗位职责不明确	11	15
津贴待遇不对等	10	10
工作任务超负荷	14	17
实践困境成因	16	61
政策落实不到位	10	16
科研机制不健全	6	8
培训机制不科学	13	35
创新意识不强烈	2	2

图4-1　辅导员职业能力发展问题成因的编码分析

一、角色泛化、工作超载导致职业认同不高

从心理学视域，职业认同是社会和个体对某职业的肯定性评价，是人们努力做好本职工作、达成组织目标的心理基础，是职业人发展的内在动力。职业认同的核心问题是价值认同，即确认职业角色、认同职业价值。从本研究的调查结果来看，辅导员的职业认同感不算高，选择"非常符合"的辅导员占64.6%，有22.8%的辅导员选择了"比较符合"，8.6%的辅导员选择了"一般符合"，甚至还有3.9%的辅导员选择了"不太符合"和"极不符合"，可见，仅有三分之二的辅导员愿意将辅导员职业作为终身事业来经营并愿意走专业化发展道路，有五分之一的辅导员在犹豫纠结，且有将近八分之一的辅导员的职业认同感非常低，分析发现：

（一）角色定位多元泛化，职业角色模糊致职业效能感不高

辅导员的工作职责决定了辅导员需要"一人分饰多角"，承担学生成长发展的"引路人"、学业指导的"明白人"、情感生活的"贴心人"等多重角色。国家从顶层设计的层面赋予了辅导员"大学生思想政治教育骨干力量"的职业身份，但在以人才培养和教学科研为主流话语的大学场域中，部分高校在贯彻落实国家有关辅导员队伍建设政策的过程中，缺乏从顶层设计的角度进行整体性、全局性的部署，辅导员职业发展境遇并不乐观，事实上，"喧宾夺主"的事务性工作把辅导员本职的思想引领、心理关怀、困惑释疑等思想政治教育工作冲淡和边缘化了，致使高校群体认识上产生集体偏差，辅导员职责错位角色模糊，成了无所不干的"勤杂工"。

辅导员 F02 在回答"如何看待辅导员的角色定位"时就说道："我们都称自己是学校的勤杂工，学生的父母甚至保姆。学校的各个职能部门都可以给辅导员分派任务，凡是和学生有关的事情都落脚在辅导员身上，凡是学生中发生的问题辅导员都要承担责任，手机必须 24 小时开机，学生随时会有各种各样的问题找你，真的是周期性工作与阵发性加班相结合，'5+2''白加黑'随时待命。"之所以会这样，关键原因是岗位职责宽泛并且高校群体对辅导员岗位职责，尤其是核心职责在理解上存在误区，从而导致辅导员陷在繁杂的学生事务之中无法脱身。辅导员"政治性"的职业根本特性决定了其主要职责是思想政治教育，而固有的错误理解是只要和学生有关的事务都属于辅导员的职责范围。因此，未来只有从思想政治工作的角度出发做好全局部署，才能明确辅导员真正的专业发展方向，克服职责泛化的弊端，职责聚焦减负增效，提升辅导员的职业效能感。

职责泛化定位多元使辅导员在高校群体心目中的角色定位完全异化，再加之社会上一直存有对辅导员的错误认知，即多是专业相对较差、科研相对较弱的人才会选择辅导员岗位的刻板印象，所以，辅导员在高校中的地位非常尴尬，远远不如一线的专业教师和科研人员。从辅导员岗位提拔起来的管理干部 G06 也谈道："当我在辅导员队伍的时候，我觉得这是一支特别重要

的队伍，但实际上呢，当你离开辅导员队伍，站在领导的角度往下看的时候，如果从全校的角度来看学科建设、科研工作、教学工作，哪一个拿出来都比学生工作更为重要。你会发现，当要提拔干部、表扬优秀的时候，学工口都是往后靠的，在领导眼里，辅导员往往是'说起来重要，干起来次要，忙起来不要'，只要保证学生不出事，其实就完美地完成了辅导员的职责。"

这些因素的存在使辅导员对自身的职业身份产生怀疑，尴尬的社会地位更是严重打击了辅导员的职业信心，降低了职业效能感，导致职业向心力日渐缺乏，动摇了坚定从事辅导员工作的决心。因此，如何让辅导员回归思想政治教育本身，成为名副其实的职业化、专业化和专家化的专业人才，是辅导员职业能力提升首要面临的问题。

（二）工作投入超额超载，投入回报不等致职业成就感不强

职业认同的核心是认同职业的价值。辅导员的职业价值是指辅导员对学生成长成才、高校发展和社会进步的贡献以及社会和他人对其个体的肯定与认同。但是在现实中，辅导员工作已经被泛化为各种与学生有关的事务性工作，"两眼一睁忙到熄灯，整天劳累身心疲惫"是对辅导员日常工作状态的真实写照。辅导员F07说道："现在这些琐碎的工作耗费了我们很大的精力，所以说有些时间就被挤占了，挤占了以后，我们现在的工作其实怎么说呢，严重偏离了我们作为辅导员的角色真正要干的一些事情，也就是我们的主责主业。毕竟是有限的时间，一天就24个小时，你工作时间就8个小时，哪怕我们晚上再多拿出2个小时去加班，你被挤占的时间也远远比这2个小时要多得多。所以说如果让我们按照角色定义来讲应该做的一些事情，就做得要少一些了，这是必然的。"

繁重的事务工作占据了辅导员大量时间精力，导致辅导员应接不暇、疲于应付，真正用来进行思想政治教育的时间少之又少。随之而来的结局便是，因没有时间进行思想引领导致"人生导师"的角色名存实亡，因没有精力进行促膝长谈导致"知心朋友"的角色也难以发挥，长期无技术含量事务性工作的超负荷和可被任意部门随意驱使指挥的不被重视感，让辅导员觉得自己的职业价

值严重被贬低，导致职业成就感大大降低，工作热情日渐熄灭。久而久之，日复一日的工作重压和渐行渐远的工作成就导致了日益严重的职业怀疑，这种状况无论对学生还是辅导员都将产生不良影响，更阻碍了辅导员个人能力的提升。

现实中，辅导员的育人付出超乎想象，但育人成果又是隐性的、长期的，在以结果论成就的倒逼机制和以数据为王的绩效考核体系中，辅导员暂时取得的阶段性成果与实际所投入的体力、心力并不成正比，难以获得组织的认同和对等的绩效待遇。而且，因为学生工作随时都有发生紧急意外情况的可能，因此手机24小时开机是必然要求，深夜凌晨被电话铃声突然惊醒是工作常态，发生重大事件时，即刻出发或者连续数天不能回家更是家常便饭，这种工作状态造成辅导员长期处于高度警觉和过重心理压力环境下，长此以往自然让辅导员对所从事的职业产生抗拒，导致职业认同日渐降低。

访谈中，一位获得过省高校辅导员年度人物的辅导员F12说道："其实我身边有好多转岗的辅导员，他们转岗的唯一原因是这个无限的责任体让他们觉得承受不了。其实我原来真的想过要把辅导员一直做到底，我是真心挺喜欢这个岗位的，因为我特别喜欢和学生在一起，但是我本身心脏不好，我每次接到电话，处理完危机，都要很久才能恢复过来，所以我就觉得，哪怕是为了身体健康，如果有机会让我转岗的时候，我觉得我还是要转一下的。"尤其是重大事故一票否决制的实行，使辅导员的所有付出可能会被不可控的小概率事件全部抹杀，"付出未必有功，出错一定有过"，长此以往，职业热情必然受挫，职业倦怠随之出现。特别是这支队伍中女性辅导员占绝大多数，当步入结婚生子的人生重要阶段后，在平衡家庭和事业两者之间的关系时，很多热爱且胜任辅导员工作的优秀辅导员会因为不堪这种工作状态带来的压力，而被迫选择离开。

而且这种付出多、回报少、晋升慢的状态也直接影响到辅导员的心理健康，导致心理压力与日俱增，情绪波动烦躁难控。某校辅导员F01就表示："我在辅导员岗位干了12年了，说实在的，这个工作越干时间久了，越不想干了，一是现在这个工作压力越来越大，尤其疫情这两年，只要封校辅导员就必须进校，经常一下就是一两个月，自己家里根本顾不上。另外就是年龄也越来越大了，也不能说四十多岁了还干这个，还一直就是个讲师和正科，你像和我一年参加工作早就转到管理岗的同事，去年已经提副处了，我这里还遥遥无期，作为一个男人来讲，不管是从经济实力还是社会地位来说，心理上的压力确实很大。"这也与本研究的调查结果亦相吻合，问卷调查数据显示，辅导员的职业修养表现非常突出，但相较于同维度的政治素质和道德修养，辅导员的心理状况表现一般，与前两者相差近十五个百分点，仅有78.0%的辅导员认为自己面对工作中的困难、挫折和压力，可以很好地保持平常心和工作热情，仅有73.9%的辅导员认为自己在面对学生各种突发状况时具备良好的情绪控制和心理调整能力。

研究表明，角色定位混乱导致的自我认同感不足和工作回报与实际付出不对等导致的自我价值感较低，都是影响当前辅导员职业能力提升的主体困境所在。满足需要是辅导员产生职业认同的前提，不管是保障衣食住行的基本生活需要，还是被认可、被信赖、被尊敬的尊重需要，抑或实现自身理想、抱负和人生价值的自我实现需要，只要这些需要都得到满足，辅导员自然就会对这一职业产生高度认同。如何让辅导员因拥有满足感、获得成就感而形成职业认同，尚有诸多问题需要深入思考和解决。

二、导向偏差、培养薄弱导致实践本领不足

《高等学校辅导员职业能力标准（暂行）》针对辅导员承担的九项工作职责提出了具体的规范，要求辅导员拥有高尚的道德情操、完善的知识结构、扎实的职业能力和科学的方法策略。但从本研究前期的调查情况来看，目前，高校辅导员的职业技能在五个一级维度排名中，位列倒数第二位，现实工作场域中，辅导员在职业技能的掌握和运用方面存在不同程度的短板，尤其是在专业性能力和拓展性能力方面，薄弱环节比较多，究其原因：

（一）国家政策执行不规范，队伍流动过快致实践周期性不足

作为大学生思想政治教育的骨干力量，辅导员自诞生起即受到党和国家

的高度重视，尤其是随着中央 16 号文件、教育部 24 号令和 43 号令等政策文件的颁布，国家对辅导员重要性的体认不断加强，也在持续为辅导员职业化专业化发展提供政策支持。可现实中，受各种因素影响，国家政策落实的实然状态并不乐观。

1. 政策执行不到位

从形式上看，文件的下达与执行环节，比较及时和规范。通常情况下，国家政策文件出台后，各省市及地区会立即根据国家要求下达相应意见，要求各高校根据指示精神进行贯彻落实。然而到了真正落地环节，由于国家缺乏政策执行情况的反馈与监督机制，实际各高校执行的是文件精神与意见内容的传达，至于具体实施办法和执行计划则因校而异，政策真正落实并非都能到位。辅导员 F11 就说道："其实国家的政策是真的很不错，我们在参加全国高校辅导员培训班时，教育部翁部长跟我们说，这些年她一直在努力帮助辅导员去争取一些事情，司政司也出了很多政策，但实际上我看收效不是很大，因为关键还要看各个高校是不是落实啊。你像有些高校的辅导员的生存环境还是非常糟糕，职称晋升和职务晋级的渠道依然没有打开，辅导员的专项津贴也没有落实到位，这就体现了学校对辅导员重要性的态度。在这种恶劣的生存环境下，辅导员怎么会甘心留下来，更不用提要提升职业能力去走职业化专业化道路了。"

2. 政策导向具片面性

2015 年，《关于进一步加强高等学校学生思想政治工作队伍建设的若干意见》出台，提出"专职学生辅导员任期一般为 4—5 年；任期满后，也可转岗"①。同时指出："要把专职辅导员队伍作为党政后备干部培养和选拔的重要来源，向校内管理工作岗位输送或向地方组织部门推荐。根据本人的条件和志向，也可向教学、科研工作岗位输送"②。制订这些政策的出发点本是更好地保障辅导员的发展，给辅导员岗位更大的吸引力。但这些政策也容易从

---

① 教育部思想政治工作司.加强和改进大学生思想政治教育重要文献选编(1978–2014)[M].北京:知识产权出版社,2015:210.

② 同①,第 284 页.

理解上形成一个错觉，即辅导员并非一项可以长期从事的工作。实际工作中，辅导员的业务能力至少要经过一个甚至两个任期的实践锻炼才能提升到一定的专业水平。然而在相关政策的导向下，辅导员纷纷转岗，高水平辅导员的流失，影响了队伍的稳定性和延续性。管理干部 G04 谈到队伍稳定性时说道："现在辅导员队伍的流动性很大，目前辅导员普遍年轻，这几年刚刚工作的居多，其中不少人只要满足了在辅导员岗位满 3 年之后，就调岗了。所以现在就发现辅导员队伍挺浮躁的，特别是疫情之下，大家就觉得很辛苦，确实是工作量有点超乎寻常了。这些会使年轻辅导员对职业的工作强度感到害怕，会对他们对职业的坚定性产生影响。"前期对辅导员关于"是否愿意将辅导员职业作为终身事业来经营并愿意走专业化发展道路"的调查也显示：有近五分之一的辅导员在犹豫纠结，而且有将近八分之一的辅导员明确表示不愿意将辅导员作为终身事业来经营。

（二）培养培训机制不完善，现实供需脱节致本领恐慌度升高

目前，高校辅导员群体呈现专业复杂化、职龄年轻化、知识结构单一化的特点，辅导员最大的压力来自有限的职业本领与日益增长的学生需求之间的矛盾。面对在校大学生政治信仰迷茫、价值取向扭曲、心理素质欠佳等问题无法给予有效引导，面对青年学生专业选择、职业规划、友情婚恋等苦恼缺乏可行指导，80%的辅导员坦言，"心有余而力不足"的本领恐慌严重打击了他们的职业信心，迫切需要针对性的工作指导和系统培训提升自己驾驭复杂工作的能力。然而，现实场域中高校辅导员的培养培训机制并不尽如人意。

1. 培养机制不健全

教育部为辅导员指明了职业化与专业化的发展方向，但是一直以来，很多高校制定的培养机制都不够科学合理，无法有效实现提升辅导员职业能力的初衷。虽然新入职的辅导员都要经历岗前培训，然而面对思想政治教育、学业引导、心理疏导及就业指导等多重职责，再加上生活阅历和工作经验的不足，短期的岗前培训只能让辅导员对工作大体情况有个初步了解，无法满

足实际工作需要，并且各高校的培养机制没有针对辅导员专业背景和能力层次的不同进行区别性的设置，致使培训效果差强人意。辅导员F08就说道："培训的都是一些高大上的专题，而占据我们工作时间最多的事务性工作却不培训。最基础的东西，是容易被人忽略的，有时候却是决定性的东西。"

近年来，国家对辅导员高度重视，国家、省、校三级培训体系逐渐成形，辅导员开始广泛接受各种类型的培训，但因为现有培训力量和运作方式与辅导员专业化培训诉求存在供需脱节，加之受参训人员资格、名额分配等因素限制，一线辅导员参加高层次专业培训的机会仍然稀缺。按照教育部43号令的规定，辅导员能参加国家级或省级培训的机会每5年才有一次，可谓凤毛麟角。缺乏系统性、科学性及长远性的培训机制必然影响着辅导员的职业能力提升，更难产生促使辅导员终身从事这项工作的助推动力。

2. 培训目标不清晰

近年来，面对不断更新的工作要求和日益复杂的教育环境，通过培训提高自己的专业素养和工作水平已成为广大辅导员的迫切愿望。就目前各地各高校的培训状况来看，培训的目标仍不够清晰。各省级辅导员培训和研修基地负责所在区域高校辅导员的岗前培训、日常培训和骨干培训，但专职辅导员5年内才能参加一次省级培训，这类高层次"培优班"入场门票可谓一票难求，因而大多数辅导员只能望门兴叹。各高校负责对本校辅导员进行培训，要求每名专职辅导员每年获得的校级培训不能少于16个学时，但对培训目标和培训内容却无具体要求。培训目标不清晰，必然导致培训时理论与实践缺少深层次对接，内容呈现空泛化和碎片化。

辅导员F03就表示："有些知识是需要系统地去学的，但现在的培训是分专题的，但是这个专题里边那些专家们讲得七零八落的，能不能获得知识呢，也能，但是都是那种碎片化的知识，并不是很系统的知识。如果说有规划地把所有这些知识，系统地由浅入深地这样讲可能会更好。但是可能因为有些专家她不一定按照你这个规划来，是否可以通过构建数据库，然后我们人为地按照时间节点去约。"由于目标不清晰，各级各类培训缺乏统一规划和有效的整合，培训过程缺乏延续性，也容易导致对差异性培养、针对性训练、个性化需求的忽视，削弱了培训工作的实效性，致使辅导员职业能力提升缓慢。

3. 培训效果不理想

首先，内容的针对性不强。各高校组织的培训大多面向全体辅导员共同进行，培训内容往往偏重于理论，较少涉及沟通技巧、网络技术、科研创新等方面的实务培训，也经常忽视对辅导员职业修养、职业精神等潜在能力的培养。尤其是缺少对辅导员个人成长需求和职称能力差异性的考虑，千篇一律的培训内容缺少群体和需求独特性，难以调动辅导员的学习积极性。辅导员 F04 就说道："学校的培训内容都是统一的，每次请了专家来做报告都是要求全体辅导员一起参加，而不是根据专家擅长领域和辅导员各自的成长需求分类别进行培训，说实话有时候觉得挺浪费时间的。"

其次，形式的有效性不足。目前，各高校虽然都在不断创新培训形式和培训方法，但大部分培训仍然以专题讲座为主，案例分析、情景教学等喜闻乐见的形式较为少见，使培训形式呆板，没有吸引力。辅导员 F10 谈道："不管是网络培训还是线下培训，还是以听为主。线上的培训，就是看个讲课视频为主，线下的培训也是基本上听个讲座、报告为主，我觉得这个东西效果并不是很好。"由于辅导员群体趋于年轻化，他们思维活跃、喜欢新鲜事物，对于互动式、开放式的教学形式比较向往，而对传统灌输式的陈旧教学模式兴趣索然，培训效果自然也就差强人意。

（三）专业学科背景不一致，内外因素制约致能力拓展度受限

辅导员的职业技能是衡量职业能力的关键指标，主要由基础性能力、专业性能力和拓展性能力构成，三者逐层递进，缺一不可。拓展性能力，生成于职业能力发展过程中，是创造工作佳绩、提升职业竞争力、实现能力发展的内在动力源，决定和影响着职业能力的提升。在前面的调查中，排名后十位的结构要素中，拓展性能力包含的 5 个结构要素占据其三，分别是科学研究能力、教育载体创新力和教育情境创设力。可见，目前高校辅导员的拓展性能力较为薄弱，分析后得知：

1. 学术研究的培养保障机制有待推进

辅导员的科学研究能力不仅关系到自身职业能力水平的高低，也直接关系到思想政治教育的质量。目前，科学研究能力相对不足是影响职业能力提升的一大瓶颈，已经引起了高校和学界的广泛关注。因为工作职责泛化，辅导员每天都从事着琐碎的学生管理与服务工作，自然导致科研投入时间不足，缺乏对教育实践中重要问题的深切关注。而且由于辅导员学科背景复杂，第一专业大部分与思政和教育相关度不高，理论基础相对薄弱，导致科研动力不足，主动参与度不高，使得辅导员在专题研究上往往局限于单打独斗，尚未形成具有研究合力的辅导员科研团队。

辅导员 F09 就说道："工作比较繁忙这是一点，你没有那么多精力去扑下心来去真正去钻研、去研究本职工作里边最核心的东西。再就是专业的问题，你像我这学机械出身的，让我去做思想政治教育方面的研究，真的有点强人所难，反正我对科研是非常打怵。"同时，高校对辅导员科研能力培养机制的建设也不够重视，辅导员队伍科研氛围不浓，科研指导欠缺，使辅导员在职业能力的提升上缺失科研的助力。

2. 教育创新的主动意识有待提升

辅导员的职业能力属于不断适应发展变化的教育环境和教育特点的动态范畴，必须通过主动学习、巩固强化、修正创新才能适应不断变化的教育环境和学生群体。教育创新能力是辅导员提高思想政治工作水平的不竭动力，主要体现在善于根据时代发展变化更新工作思维、丰富工作内容、创新工作模式。管理干部 G05 表示："疫情时代，大环境背景对辅导员的"疫情管控能力"和"线上学习监管能力"提出了新的要求。在当前疫情防控常态化管理的要求下，辅导员必须更新工作方式，要将每日疫情发展情况和学生在家线上学习的情况时刻放在心上，培塑好自己的"疫情管控能力"和"线上学习监管能力"，否则，学生的日常管理工作必然受到消极影响。"

但由于公众对辅导员认知的偏差，加上考核评价不科学、晋升评聘不顺畅等诸多原因，辅导员的职业价值感和效能感不高，在较低层次需求都未能满足的前提下，想要主动创新教育方式方法以提升职业能力的积极性将会大打折扣。辅导员 F01 谈道："我觉得创新性不足主要是职业思想不稳定的问题，大家看不到希望，肯定要找其他的路要走，还谈什么创新。如果没有相关的政策去稳定这个队伍的思想，这也是一个很大的问题。"加之，少数辅导员将这份工作当作转岗跳板或者一种谋生手段，这种思想表现在工作中就呈现出自身学习创造动力不足，工作热情不断下降，工作效果差强人意，由外到内地影响着辅导员提升教育创新能力。

三、专业复杂、学习受限导致知识结构残缺

《高等学校辅导员职业能力标准（暂行）》对辅导员的职业知识做了明确规定，要求辅导员要具备相对独立的知识和理论体系。从本研究的调查结果来看，高校辅导员的职业知识呈现出整体不高的特征，在五个一级维度中得分最低，尤其是教育学等学科的基本原理、马克思主义理论、思想政治教育专业基本理论，是辅导员职业知识的主要短板。通过访谈，我们发现导致这些问题主要因为：

（一）职业准入标准不高，专业背景复杂致知识掌握度不均

辅导员必须具备宽广渊博的职业知识，这是做好辅导员工作的重要基础。从现实状况来看，辅导员职业知识水平与学校本身的招聘机制联系密切。辅导员的知识背景是影响辅导员与职业能力需求适配度的因素之一，知识结构狭隘化是影响辅导员职业能力的直接因素。管理干部 G02 在访谈中提到："就目前我国辅导员队伍的建设情况来看，除了小部分 985、211 高校要求辅导员具备博士研究生学历和名校背景以外，辅导员的准入资格普遍不高，尤其是我们省属本科院校，绝大部分高校招聘时对辅导员的准入门槛是：党员、硕士、热爱学生工作、专业不限。"这样的招聘要求虽然丰富了辅导员队伍的专业和学缘结构，但更暴露出对辅导员工作所需的学科专业背景重视不够的弊端，致使大量非思政类及其相关专业人员进入了这支队伍，专业背景非常复杂。由于大多数人缺乏必需的学科专业知识结构，因而导致辅导员的知识水平参差不齐。

　　源于辅导员"政治性"的职业特性，实际上这项工作对从业者具备的思想政治教育相关的理论功底的要求非常高。如果没有经过系统的专业学习培训，不具备一定的理论功底，辅导员工作无法有效开展。管理干部 G03 就提到："这个专业出身真的挺重要的，你像思想政治教育、管理学这些专业背景的辅导员，他们在做学生工作时还是比较有优势的，感觉他们所学学科之前的这种系统培养，对于他们的教育思维和工作思路帮助很大，这让他们在辅导员队伍里的表现更突出。"

　　辅导员 F09 也谈到了这样的感受："要做好辅导员工作，真的得有充分的知识储备，尤其是扎实的理论体系，你才能结合实际去讲出来，如果你不懂，真的不会科学地去和学生交流，只拿热情去换可能还不行。你像我们学院的杨老师，他就是法学专业出身，这种专业思维太强悍了，他学习和掌握习近平新时代中国特色社会主义理论体系就比我们这些理科出身的快得多，我听过他给学生做理论宣讲，那些深奥晦涩的理论到他那里就变得那么生动形象，别说学生，我都听得津津有味，而且他在做理论宣讲的时候，浑身都散发着自信的光芒。"调研中我们发现，从专业背景来看，辅导员队伍中非思政类相关专业的辅导员占比非常高，这类辅导员由于在校期间缺乏完整系统的思政或者教育理论培训和学习，职业知识先天储备不足现象较为严重。

　　辅导员职业能力的培养必须以综合知识的储备为基础，职业知识欠缺是影响职业能力提升的重要因素。目前，辅导员群体中专业来源的非科班化，使得辅导员在理论基础方面比较薄弱，这方面的积累需要"从零开始"，容易导致专业成长自信心不足。然而，泛化的工作职能又导致辅导员常陷于繁复的事务性工作中，没有时间和精力投入专业知识的学习和积累中去。因此，制订辅导员选聘制度时，如果对应聘者的学科背景考虑较少甚至直接忽略，就容易导致无法真正招录到专业对口、业务精良的优秀人才从事辅导员工作，这对辅导员职业能力建设形成了隐性阻力。

（二）时代发展日新月异，主动学习受限致知识更新力不够

　　高校辅导员的工作内容随时代更新、教育发展而不断变化。因此，辅导

员是一个需要不断更新知识储备和职业能力的职业。当前科学技术日新月异，知识技能更新周期逐年缩短，如果知识更新速度跟不上，就会出现知识缺陷，导致个体知识库存落后的现象。目前，辅导员队伍偏年轻化，工作经验的积累相对缺乏，亟须进行相关学科知识的学习与更新。然而，现实情况不容乐观。

1. 辅导员学习意识不足，知识更新落后

出现这种情况的原因，一方面，辅导员队伍中部分人员入职动机不纯，仅将辅导员职业作为高校就业的敲门砖，是基于缓和就业压力下的妥协性选择，缺乏对辅导员工作的兴趣，无意在辅导员的职业道路上深耕，缺乏主动学习的内生驱动力。

访谈中，在问及入职动机时，辅导员 F09 就说："当时来学校应聘时选择的是计算机专业教师，但当时那个岗位只招聘一个人，那一年正好赶上学校教学评估，辅导员非常紧缺，就让我转到辅导员这边来，所以干辅导员其实是退而求其次的一个选择。"辅导员 F07 则表示："因为我自己学的是护理学专业，一方面的考虑就是下临床比较苦，再一个方面考虑就是觉得高校是铁饭碗，再就是大学老师听着就很有底气。选择辅导员除了社会因素、自己个人因素，还有家庭因素。因为是女孩子，家里面经济条件也不差，所以家长不希望我太辛苦，觉得干辅导员进高校也是一个不错的选择。"本研究对 12 位受访辅导员的入职动机进行了统计，12 人中有 3 人纯粹是为就业，4 人看中了高校工作环境好，仅有 5 人是出于对辅导员职业的喜爱而做出的选择，所占比例还不到一半，这个数据不能不引起重视。

另一方面，面对新形势下学生思想状况的新问题与新特点，部分辅导员因职业倦怠缺乏强烈的更新自身知识体系的动机，还有一些辅导员整日忙于学生事务，缺乏挤时间主动学习的良好意识，在职业知识更新方面存在明显的惰性，必然造成知识结构的缺陷。

辅导员 F08 就表示："我觉得现在的工作难点主要是在于新事物和新现象的应对，现在网络信息化发展非常快，很多工作需要用网络新媒介开展，这一点，年轻的辅导员做得得心应手，我们老辅导员就得赶紧学习才能跟上节奏，比如怎么使用和操作这些新的 APP 啊，这些想法肯定是有的，但咱们这工作一天忙到晚，我家里一个娃刚七岁，正在上小学，现在又怀了二胎，我本身年龄也不算小了，身体也不是很好，对我来说，工作和生活想要维持好原样都挺不容易的了，再去抽时间学习，研究这些新玩意，对我来说真的挺困难。"

2. 辅导员学习渠道狭窄，知识扩充受困

目前辅导员学习平台建设严重滞后，交流共享机能不足，难以促进能力提升。主要表现在：一是缺失系统而完备的知识资源平台。辅导员的知识积累一般依托职前培训和职后培养，但现实中，职前培训偏重理论与实际工作关联度差，职后培养形式单一且缺乏针对性，致使部分辅导员学习热情不高，缺乏知识扩充动力。

辅导员 F05 谈道："我们在入职前，S 省有一个集中的辅导员培训，但是我们那时候完全没有任何的工作经验，你跟我交流这些事情，我从来没有遇见过，我们体会不到。但是如果说在我们工作二到三年这种时候，把我们集中起来封闭培训，我觉得效果会特别好，而且最好培训以实践为主。你看现在，线上的培训，就是以看视频为主，线下的培训也是基本上以听报告为主，这些培训内容虽然不错，但跟我们工作实际需求脱节比较严重，其实效果并不是很好。"

二是辅导员分享知识经验平台缺失。新入职的辅导员知识与阅历均较为欠缺，在信息时代，依旧依靠传统渠道分享积累的工作经验早已无法适应现实要求。学习平台和分享方式的局限，导致辅导员知识学习与扩充的效果减弱。

辅导员 F02 说道："我是属于那种比较愿意接受知识，愿意学习的人，但是我们这个知识分享平台还是蛮少的，之前学校举办过一次辅导员沙龙，当时安排了一些老辅导员交流经验心得，我觉得效果挺好的，可惜就那一次。还有一次，邀请了一个心理专家来给我们讲座，她那种参与互动式的讲课形式非常新颖，很好地调动起了大家学习的热情，到现在我都印象深刻，但这样的机会也很少。所以每次座谈的时候，大家都说我们需要一些进修、交流的平台和出去学习的机会。"

知识更新能力不足，体现在个体层面，表现为辅导员自我学习能力比较差。学习是影响职业能力提升最基础、最关键、最持久的因素。辅导员个体主动学习意识不强，自我学习能力不高，必然导致知识更新速度受限，无法根据时代发展和工作需要，及时丰富扩充知识结构，建构专业知识体系。而体现在实践层面，则表现为教育观念落后、思维格局狭窄、理论阐释苍白无力，也必然导致职业能力停滞不前。

（三）独立学科支撑缺乏，专业归宿不明致学科化支持不足

西方发达国家的学生事务工作起步较早，已经进入高度专业化发展阶段。在这些国家，专门设置了学生事务管理这一专业门类，通过成熟的学科体系为这一职业输送硕士和博士学位的从业者，因此，学生事务岗位不仅是一个受尊重的、非常稳定的职业，更是一个专门的专业门类。与西方相比较，目前辅导员队伍的学科背景非常复杂，"第一专业"来源呈现出多元化特质，对于思想政治教育相关理论知识缺少系统的培训和掌握。

近些年来，虽然各高校已经通过开展专业培训、搭建研究中心、资助研究课题等方式积极尝试推进学科融合，但由于缺乏系统设计和整体规划，作用发挥非常有限，学科支撑体系既不健全也不完备。管理干部 G01 谈道："近些年，国家不断出台政策推动辅导员向纵深方向发展，对辅导员工作的学科化要求日益迫切，目前我们亟待构建系统的"高校辅导员"学科，破解辅导员的专业性困境。"

专门的学科理论体系是辅导员职业化、专业化发展的学科化支持。学者李莉在其著作《高校辅导员专业化发展研究》中指出，"一个专业的科学知识体系由"关于这一专业的知识"和"为这一专业的知识"两部分构成，前者是指从事该专业实践的核心知识，后者则是指从事该专业实践的辅助知识"[①]。2014 年，教育部出台文件，要求辅导员具备思想政治教育工作相关学科的宽口径知识储备，提到了包含思想政治教育工作实务知识和法律法规知识等在内的"为这一专业的知识"，但"关于这一专业的知识"的学科支

---

① 李莉.高校辅导员专业化发展研究[M]南京：东南大学出版社,2011:155.

撑却没给出清晰的范畴和系统的范式。

谈及学科化建设，管理干部 G01 继续说到："目前各个学科的理论体系尚处于形式上的综合，既不是实际内容上的融合，也没有形成一套系统而独立的学科理论体系来代表辅导员的职业话语权。在这种状况下，不论是从培训角度还是自学角度，想要让专业学科背景迥异的辅导员们很好地掌握这些理论和知识，都是有一定难度的。"

辅导员的主责主业是思想政治教育，这是当前高校学生工作的基本共识。访谈中提到的"辅导员的专业性困境"，其本质是高校学生工作的科学性困境。论及这个问题，管理干部 G06 也谈道："近年来，高校学生工作的内涵和外延在不断扩大。当前，网络思想政治教育、心理健康教育等工作已经成为当前学生工作的重点和难点，这些工作领域涉及教育学、社会学、心理学、管理学甚至政治学、法学等不同的学科，这些变化给非科班出身的辅导员们的工作增加了难度挑战，但同时，这些学科的研究者们则很少将学生工作内容作为学科的研究对象。"

这样的现实矛盾导致了当前学生工作的科学性困境，要想有效破解这一困境，必须以思想政治教育为核心，以其他学科为背景，建立一套系统又专门的"高校辅导员"交叉学科体系。高校辅导员有了专属的专业和学科，专业化困境就能迎刃而解。

四、体制缺陷、供求脱节导致职业发展不畅

马斯洛需求层次理论指出，自我实现是人的终极目标。一个职业的发展若不能满足个人自我实现的终极需要，就很难有吸引力。立德树人是高校辅导员的初心和使命，学生的成长进步、认可信任以及感激感谢是坚守这份职业最根本的幸福源泉。和学生共同成长的快乐让辅导员收获了职业成就感，然而考核评价、职称评定、职级晋升等方面的现实困境也在坍塌辅导员的职业希望。当坚守初心的诉求得不到回应，自我实现的需要得不到满足的时候，选择离开即成为必然。究其原因，是缺乏"留得住、干得好、出路畅"的良

性运行机制。

（一）体制机制尚未理顺，激励不到位导致职业成就感不强

一个职业岗位是否具有吸引力，除了能否体现自我价值之外，更多体现在薪酬待遇是否到位、工作环境是否舒畅。时代发展让高校辅导员工作面临的挑战日益严峻，学生需求更加多元化，突发状况日渐频繁化，辅导员需要不断在思想引导师、心理咨询师、职业规划师、就业指导师等多种身份间来回切换，工作难度大、强度高、压力重。当无法从物质和精神层面合理满足辅导员的回报期待，辅导员职业价值得不到有效彰显，离职倾向便日渐明显。因此现实场域中，辅导员的职业成就感不强，归根结底还是要从体制上探求归因。

1. 缺乏科学合理的考核评价体系

该体系的确立是为了给予辅导员工作比较公正的认可，从而对辅导员起到鼓励、鞭策、督促等作用，同时考核成绩也为其晋级、调动、奖惩等提供可靠的依据。现在各高校都建立了相应的辅导员考核评价机制，但在实际运行中效果却不尽人意。

首先，考评指标不明确。大多高校虽然采用定性和定量相结合的方式进行考核，但指标体系中不能合理体现出辅导员的工作性质以及职业特性，缺少了关键的业绩指标。高校思想政治教育工作是个长期的、延续的、潜移默化的过程，辅导员工作成效具有明显的滞后性和难以量化性。辅导员 F12 表示："辅导员工作得按实际效果来考核，但实际上，你会发现辅导员的工作特别难考核，你很难说他有没有效果，比如思想引领，这个弹性的效果，我们短时间是看不出来的，可能需要很久才看出来。"目前的定量指标只能以某几项结果性指标来划分"多做"和"少做"情况，而忽视对工作投入和工作效果的评价，极易引发辅导员的强烈不满，辅导员 F10 在谈到定量考核时这么说道："一谈到量化的时候就变味了，你好多工作是量化不出来的。我找学生去谈话，我怎么去量化？谈话的效果是什么样？你就像我们一次谈两个小时，真正把这个学生能够谈到正确的轨道上来，这是一次成功谈话。如果你就是

即使谈上 10 次、8 次的，你谈不到点儿上去，他也没什么转变，你这东西怎么量化？"而定性指标的设计则缺乏标准指导，导致评价主体无从下手，只能根据感性认识片面肤浅的评分，难以做到客观公正，以至于考评流于形式。

其次，结果运用不充分。考核评价最重要的作用是评判辅导员工作的成绩与不足，鼓励督促其思考改进，以便于在今后工作中扬长避短，提高工作质量。但事实上，大部分高校在辅导员考评中，没有对考评结果进行反馈，指导辅导员进行总结分析，也没有与晋升奖惩严格挂钩，导致优秀与否没有太大区别，更有甚者，部分学校还存在"轮流坐庄"的平均主义，严重影响了辅导员的工作积极性。辅导员 F04 提到："我们说辅导员的考核评价要发挥指挥棒、风向标的这种作用，但是我觉得没有完全发挥出来，经常会有一些综合平衡，一些领导的意见就是，大家都不容易，都得进步，不能年年都是同一个人优秀啊。所以这一块的指挥棒作用就没有了。"对辅导员的工作特点研究分析不到位，便无法形成系统客观且操作性较强的评价标准，如若考评结果亦无及时反馈和合理解释，势必会影响辅导员的积极性与主动性，客观上造成职业能力弱化的困难。

2. 缺乏认可价值的有效激励机制

激励原本是心理学的概念，可以理解为一种起到推动、促进作用的精神力量。从组织角度，为实现组织所希望的目标，组织要通过科学合理的激励，激发下属表现出积极的、主动的、符合期望的工作行为。认可价值是强化职业成就感的情感支撑。辅导员总是对自身有一定的职业期望，希望自己积极主动的努力能获取相应的认同，这种认同可以是有形的也可以是无形的，不论是物质收获还是精神奖励都能成为支撑辅导员的动力源。

物质激励方面，最直接的物质激励非薪酬待遇莫属，本研究接触的所有受访辅导员都表示，非常关注自己的工资待遇是否和其双重身份相匹配、是否有奖励性绩效。访谈中，各高校辅导员的薪酬待遇差别较大，辅导员 F05 表示："我们学校是非常好的，执行上级政策比较到位，我们辅导员的工资待遇是根据职务职级就高发放，而且辅导员专项津贴也是落实最早的，每月都会按时发放。"但有些高校辅导员的薪酬待遇较之同级别专业教师不可同日而语，且专项津贴一直未兑现，极大地打击了辅导员的职业认同感和成就感，转岗倾向严重。辅导员 F01 就说道："我们这个地区有 4 所省属本科院校，我们学校的待遇最差，专业教师的年终绩效是按照 1.3 的系数计算，而我们辅导员则和管理岗位一样按照 1.0 的系数计算，同样都是讲师，却少了 30%，4 所高校中就我们的辅导员专项津贴一直都没发放，所以大家基本都是时间一到就赶紧申请转岗。"除此之外，辅导员们还期盼能有多元化的奖励机制，"比如一些单项的或者专项的奖励，你像获得心理咨询师的职业资质了或者指导学生参加各类比赛获奖了，是不是都可以通过某些方式来进行奖励，以认可我们个人的努力和取得的成绩。"辅导员 F08 在访谈中给出了可行性建议。

　　精神激励方面，根据马斯洛的需求层次理论，物质激励满足的是辅导员的低级生存需求，自我实现的高级需求则更需要精神激励来激发。有近9成的受访辅导员表示，"如果领导表现出对我们的重视，经常关注我们的工作进展，了解我们的工作困难，并经常对我们的工作成绩做出及时的肯定和中肯的赞扬，我们会感到特别开心，工作也会特别有劲，有时想想觉得挺可笑，那么大的人了就跟小孩一样等着求表扬，可是这种关注和表扬真的很有魔力。"而且，组织氛围决定了能否激发组织中个体的积极性和创造力，如果组织中总是弥漫着消极的或沉闷的气氛，势必打击主观能动性。辅导员 F03 就提到："你像有些人经常迟到早退，工作经常是随便糊弄一下，而且交代给他的额外任务也总是想办法推出去，也没见领导说什么，再看自己每天就业业、拼死累活的，领导也看不到，突然就觉得自己这样挺没劲的，也想躺平了。"可见，积极向上的组织氛围能使辅导员对自己在群体中有较高的认可度，而领导的及时肯定也会激励其为工作目标的实现而努力。除此之外，定期组织优秀辅导员评比和辅导员职业能力大赛，对学生满意度高、工作成绩突出、工作能力优异的辅导员及时给予必要的肯定和适当的奖励，也是增强他们成就感和荣誉感的有效举措。管理干部 G05 说道："如果辅导员们得不到肯定，看不到希望，很容易就会摇摆。一些精神层面的认同感，可能比物质更重要。"

　　因此，要想最大化地调动辅导员的积极性、主动性和创造性，激励和吸引更多的优秀人才稳定在辅导员岗位上，积极有效的激励机制必不可少。只有当辅导员岗位成为富有竞争力的工作岗位，方能有利于这个群体职业能力的长久提升和发展。

（二）领导体制过于分散，管理不科学致专业归属性不明

长期以来多头交叉管理的领导体制一直在困扰着辅导员的发展。在高校学生工作管理体系中，二级院系党总支对辅导员进行直接领导，学生工作处、校团委、宣传部、教务处等职能部门对其进行间接指导或工作指派。这些部门的工作联合起来几乎实现了对学生教育管理工作的全覆盖。在高校群体中，唯有辅导员享受着多个"婆婆"管理指挥的"殊荣"，这种多层的、分散的、混乱的管理方式，也是导致辅导员当前职业地位低下的原因之一。辅导员F06就无奈地说："上面千条线，下面一根针，我们就是那根超额负重的针。只要是和学生工作沾边的部门，谁都能指派我们工作任务，各种临时性通知经常搞得我们手忙脚乱，很是疲惫。最搞笑的是前一阵子学校封控管理期间，保卫处居然都要求我们去校门口执勤，负责查验学生出校假条的真伪，弄得我们直接怀疑辅导员到底是干什么的？"

辅导员管理体制的不畅，实质反映了对其专业归属上的不同认知。在推进高等教育内涵式发展的进程中，辅导员职责的复杂性引发了人们的广泛关注和持续讨论。争议的焦点集中在辅导员的主责到底是思想政治教育还是学生事务管理。实际上，教育部43号令已对辅导员工作要求进行了明确表述，"不断提高学生思想水平、政治觉悟、道德品质、文化素养，引导学生成为又红又专、德才兼备、全面发展的社会主义合格建设者和可靠接班人"[1]。辅导员是进行思想政治教育的专门人员，人的思想的复杂性、多变性和发展性决定了此项工作的技术含量远非学生事务工作所能比拟，且立德树人任务的艰巨性也决定了对职业能力的高要求。管理干部G01说道："推进辅导员职业能力发展，健全领导机制最关键。建议应成立由学校主要领导、分管领导、组

---

[1] 中华人民共和国教育部. 中华人民共和国教育部令（第43号）[EB/OL].(2017-09-21).http://www.gov.cn/gongbao/content/2017/content_5244874.htm.

织人事部门、学生工作部门、教务部门、科研部门、各院系分管领导等组成的，例如辅导员队伍建设管理委员会等专门机构，全面负责辅导员队伍的发展与成长的管理，理顺辅导员队伍管理机制，方能充分调动辅导员工作的积极性和创造性。"

教育部 43 号令，除明确规定对辅导员实行学校和院（系）双重领导外，在突出党的领导、实施管教分离等方面也做了新的部署安排，这说明国家在进一步理顺辅导员管理体制机制上有了新的进展。明确专业归属和主要职责，这是破解专业能力发展困境和提高核心职业能力的基本前提。

（三）发展渠道不够通畅，保障不到位致队伍稳定性不佳

良好的发展前景是刺激和激励辅导员主动提升能力的重要动力，也是这一职业群体保持旺盛生命力的必备条件，而畅通的发展渠道则是良好发展前景的有力保障。从某种意义上说，辅导员的工作效果未能达到理想化的要求，究其原因，并非完全是辅导员个体的责任，也有相关部门和领导的责任，他们没有尽心尽力地为辅导员创造应有的工作条件和发展保障。

1. 缺乏激发动力的晋升机制

为有效推动辅导员职业发展的进程，2006 年，教育部 24 号令明确指出，"辅导员具有干部和教师双重身份，实行学校和院（系）双重管理，可双线晋升。"2017 年，教育部颁布 43 号令，进一步强化了双线晋升政策。理论上讲，双线晋升应能为辅导员的发展提供更多机会。然而，现实却存在理论层面的"双线"晋升和事实层面的"单线"晋升的矛盾。

本研究前期的调查数据显示，辅导员在双线晋升过程中，从职称看，初级称职占 48.4%，中级职称占 45.1%，副高级职称占 6.0%，而正高级职称者寥寥无几，仅占比 0.4%；从职务看，副科级占 63.6%，正科级占 26.1%，副处级仅有 10.2%。从数据可知，所有被调研高校都落实了辅导员"双线"晋升的政策和制度，在政策实际执行过程中，当在低层次晋升时，职称晋升比职级晋升相对容易，因为硕士研究学历的辅导员试用期结束即为助教，助教满两年即可竞聘讲师，讲师的竞聘条件相对较低，觉得大多数辅导员都能满足，

而职务晋升则是根据学校干部调整的统一频次，2—3 年才调整竞聘一次，因而才会出现中级职称占 45.1%，而正科级仅占 26.1% 的情况。但大多数辅导员在双线晋升至"科级 + 讲师"之后，即遭遇到职业发展的"天花板"，中层至高层的比例呈现断崖式下跌。通过上述数据对比可以发现，辅导员实际发展的关键环节职称晋升相对更加困难，副处级占 10.2%，而副高级职称仅占 6.0%，能晋升副高级职称者已经凤毛麟角，正高级职称者更是寥寥无几。

究其原因，职称晋升虽然相对名额较多，貌似只需按条件准备和申报即可，但是这些条件要求，却让辅导员倍感困难。辅导员 F02 说道："我们学校颁布的副高职称申报的必备条件是'首位或通讯作者发表全国中文核心期刊 1 篇，或 SSCI、CSSCI 核心库 1 篇；或《新华文摘》部分转载、《中国人民大学复印资料》复印 1 篇；或出版与大学生思想政治教育相关的学术专著，且有 1 篇相关论文发表'；此外还需在'主持厅局级以上科研项目一项'和'获省部级科研成果一等奖前 6 位，或二等奖前 4 位，或三等奖前 2 位；或厅局级科研成果一等奖前 2 位、二等奖首位'两个条件中选择一项。而现实情况是，全国思政类的中文核心期刊就那么几本，每年发文量很少，光是专家约稿就占了 1/3，思政专业出身的想发表都很困难，更何况我们这些外专业半道转行的呢？因此很多人都被卡在 C 刊文章上，连基本的申报资格都不具备，只能望门兴叹。"可见，职称晋升主要取决于科研成果尤其是论文发表，这对陷于杂务中且第一专业多元的辅导员而言明显不具优势。

本研究同时对 S 省属某高校（B 高校）专业技术人员和领导干部各层次人数分布比例进行了调研，并与该校辅导员系列的同层次人数比例进行了对比，结果如下：以 B 高校为例，该校专业技术人员中，初级职称占 8.9%，中级职称占 35.1%，副高级职称占 35.9%，正高级职称占 20.1%，该校领导干部中，副科级人员占 13.6%，正科级人员占 38.4%，副处级人员占 26.9%；而辅导员系列中，初级职称占 32.6%，中级职称占 55.4%，副高级职称占 10.9%，正高级职称 1.1%，而副科级辅导员比例为 35.8%，正科级辅导员比例为 29.3%，副处级辅导员比例为 13.9%。

单位：%

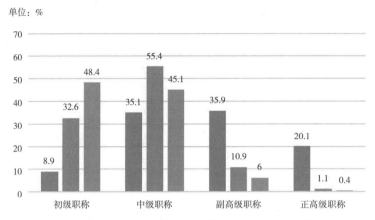

图 4-2　三类群体职称层次分布对比图

单位：%

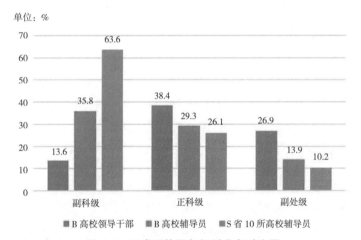

图 4-3　三类群体职务级别分布对比图

　　上述数据对比图（图 4-2，图 4-3）可以清楚地呈现：无论从职称还是职务序列，该高校辅导员中层以上人员的比例均比本次被调研 10 所高校辅导员队伍中的整体水平要高，可见该校对辅导员队伍的重视程度较高，但是尽管如此，相比该校专业技术人员和领导干部中层以上人员的比例，其数值却均达不到该学校整体水平，甚至相差甚远。由上述调研数据可知，因为辅导员在辅导员序列中无论高级职务还是高级职称，其晋升难度均远超高校其他系列平均水平，因此辅导员为长期发展考虑，被迫无奈只能转岗至学校的职能部门以及二级学院的管理岗位成为"专职管理干部"，或者调整至马克思主义学院担任"专职教师"，导致辅导员队伍人才流失严重，队伍稳定性极差。

2. 缺乏稳定队伍的正向流动机制

稳定性和流动性是任何职业队伍发展都面临的矛盾的对立统一。辅导员岗位也需要适当流动，问题是正向流动还是反向流动？一直以来，辅导员队伍都存在着稳定性差的问题，这既是历史问题，也是现实问题。高流动性这一问题，很重要的因素之一就是学校没有建立正向的流动机制。

辅导员队伍的正向流动，就是指有计划地安排辅导员分批转岗，同时其他岗位人员也不断交流到辅导员队伍中来。根据前期调研数据，辅导员35岁以下年龄者占比高达69.9%，各年龄段人数随着年龄的增长而减少，由此可见，辅导员队伍多为年轻人。调研样本中，从业5年以下者，占比达到68.5%，而从业6—10年的辅导员人数较之5年以下者，从420人骤降至78人，这一变化表明很多人仅干一届甚至连一届都没有干完就离开了，辅导员队伍呈现出的高流动性、低稳定性的境况。

从能力培养角度看，高校刚把新辅导员培养成熟，期待他能独立开展工作继而可以传帮带的时候却只能惋惜地看着他离开，而学校只能再从新人重新培养，人才培养的连续性无从谈起。职业能力的提升是一个需要时间和实践经验积累的过程，如果辅导员岗位流动性大，不但严重影响学生教育培养工作的连续性，更直接影响工作经验的积累和职业能力的转化，而队伍的不稳定又进一步导致优秀辅导员的流失，如此循环往复致使更深层次和更高质量的教育目标根本无法落地。如果队伍的稳定性问题不能很好地解决，职业化专业化的实现则遥遥无期。

辅导员队伍的负向高流动性样态呼唤我们要尽快构建和谐发展的长效机制，使队伍保持一个正向流动样态。如果高校不能为辅导员提供一个良好的职业前景，必然容易导致辅导员职业缺乏吸引力，形成辅导员争抢着向外流动，而无其他岗位人员愿意向内流动的负向流动样态。管理干部G07谈道："高强度的工作和巨大的压力，使得辅导员产生职业恐惧，同时，由于无法从其他人那里获得足够的职业尊重，在琐碎的事务和巨大的压力中难以感受职业价值，辅导员就会寻找尽快转岗的机会，导致队伍严重不稳定。"职业吸引力是辅导员职业能力发展的内生动力。辅导员岗位有无吸引力，主要看社会价值和自我发展的价值。如果无法让辅导员抱有良好的职业发展期待，甚至对自我发展价值产生怀疑，必然会使职业能力因缺乏内在动力而停滞不前。

第三节　高校辅导员共同体的建构逻辑

"教育问题应跳出教育的视域来看"，辅导员职业能力的发展问题也应从不同的视角进行解读，寻求解决之道。"'共同体'这个词传递的感觉总是很美妙的，共同体是一个温暖而舒适的场所，一个温馨的'家'，在这个家中，我们彼此信任互相依赖。"①这段话吸引了研究者对共同体的目光，这就是辅导员梦寐以求的世界和状态。当前，辅导员群体具有相当的复杂性，工作职责界定不清，身份认知错位交叉，职业价值感不强烈，职业归属感不浓厚，加之外界的负面评价和挤压，队伍整体稳定性较差，能力发展遭受制约。在无法完全通过组织的方式来解决一些特定人群问题时，我们不妨尝试采用共同体的思想加以思考。本节即从共同体的视角出发，转向现象背后进行探究，发现这些问题客观上都在呼唤建构高校辅导员共同体。

一、职业价值认同的强烈需求

通过本研究的调查，结合已有研究成果不难发现，国家政策认定的双重身份非但没有让辅导员的身份定位变得清晰，反而让其在身份认同上呈现一种游离状态。在以人才培养和教学科研为主流话语的大学场域中，部分高校在贯彻落实国家有关辅导员队伍建设政策的过程中，缺乏从顶层设计的角度进行整体性、全局性的部署，导致"喧宾夺主"的事务性工作把辅导员本职

---

①　[英]齐格蒙特·鲍曼.共同体：在一个不确定的世界中寻找安全[M].欧阳景根，译.南京：江苏人民出版社，2003：76.

的思想引领、心理关怀、困惑释疑等思想政治教育工作冲淡和边缘化了，致使高校群体对辅导员岗位职责，尤其是核心职责的认识产生集体偏差，辅导员职责错位角色模糊，成了无所不干的"勤杂工"。

职责泛化，定位多元使辅导员在高校群体心目中的角色定位完全异化，再加上社会形成了只有专业相对较差、科研相对较弱的人才会选择做辅导员的刻板印象，所以，辅导员在高校中地位低下，远不如一线专业教师和科研人员。事务性工作的超负荷和可被任意部门随意驱使指挥的不被重视感，尤其是尴尬的社会地位让辅导员觉得自己的职业价值严重被贬低，导致职业成就感大大降低，工作热情日渐冷却。现实中，辅导员的育人付出超乎想象，因为处在高校人事结构的底层，多部门的交叉管理将其陷于繁杂的学生事务无法脱身，成为名副其实的"勤杂工"。因此，"两眼一睁忙到熄灯，整天劳累身心疲惫"是对辅导员日常状态的真实写照。与此同时，辅导员大部分的育人成果是隐性的、长期的，在以结果论成就的倒逼机制和以数据为王的绩效考核体系中，辅导员暂时取得的阶段性成果与实际所投入的体力、心力并不成正比，难以获得对等的组织认同和绩效待遇。久而久之，日复一日的工作重压和渐行渐远的工作成就必然导致日益严重的职业倦怠和身份怀疑，致使工作积极性受挫，职业归属感和效能感不强，从而对所从事的职业产生抗拒，导致职业认同难以形成。

辅导员在成长过程中，自身的职业认同和价值认同可为其可持续性发展提供强有力的内在动力。然而现实研究表明，角色定位混乱导致的自我认同感不足和工作回报与实际付出不对等导致的自我价值感较低，都是当前辅导员职业能力提升的主体困境所在，也是最主要的关键原因。这为高校辅导员共同体的出现提出了主体性需求，为辅导员共同体建设提供了基本的前提。

辅导员共同体作为辅导员自由自愿参加的新型复合型共同体，其内涵之一即是该共同体是辅导员的精神共同体。精神共同体是共同体的最高形式，是具有共同热爱和价值追求的人们为了满足心理、情感、意志等精神方面的需要，所形成的具有相互依存关系的共同体，强调人与人之间的紧密关系以及个体对共同体的归属感和认同感，尤其是形成共同一致的精神意识。精神共同体可通过成员们的共同参与、真诚合作达成某种精神默契，形成一种凝聚力和向心力。

在辅导员共同体内，辅导员们源于对思想政治教育事业的热爱而相聚，因为对共同育人目标的执着而相惜，相同的志趣和追求给辅导员们提供了心理支持和精神鼓舞。辅导员在实际工作中，经常会遭遇价值打击和情感挫折，辅导员共同体作为他们情感的慰藉所和精神的补给站，可为辅导员们建构一个温暖的精神港湾，同伴的支持和开导可帮助他们释放巨大的压力，消除焦虑感和孤独感，提供情感缓冲。在辅导员共同体温暖和谐的情感氛围和精神共鸣中，辅导员可有效实现被认可、被信赖、被尊敬的尊重需要，找到心灵慰藉。这种良好的情感关系和愉快氛围势必会唤醒辅导员的职业归属感和价值认同感，进而转化为自身职业发展的内在动力。

二、知识结构优化的专业呼唤

从前期调研结果看，辅导员的整体职业知识水平不高，呈现出知识结构狭隘化、掌握度不均、更新力不够和学科化不足的特征。调研中我们发现，目前我国尚无一个高校设立为辅导员岗位专门培养人才的专业，从专业背景来看，辅导员队伍中非思政类相关专业的人员占比较高，学科背景非常复杂，"第一专业"来源呈现出多元化特质。由于这些专业的辅导员在校期间缺乏对于思想政治教育相关理论知识的完整系统地培训和学习，职业知识先天贮备不足现象较为严重，亟须进行相关学科知识的学习与补充。

然而在现实中，辅导员学习平台建设较为滞后，职前培训重理论轻实践，与实际工作关联度差，职后培养形式单一且缺乏针对性，致使辅导员学习热情不高。加之辅导员队伍中近半数人员仅将辅导员职业作为高校就业的敲门砖，是基于缓和就业压力下的妥协性选择，无意深耕，自然缺乏主动学习的内生驱动力。还有一些辅导员整日忙于学生事务，缺乏挤时间主动学习的良好意识，再加上日益严重的职业倦怠，因而辅导员后天在职业知识更新方面存在明显的惰性，知识扩充受困。

　　专门的学科理论体系是辅导员职业能力提升的学科化支持。近些年来，虽然各高校已经积极尝试推进学科理论体系的融合，但由于国家政策对于学科支撑仅提供了知识类别，而未列出清晰的范畴和系统的范式，因此各个学科的理论体系目前尚处于形式上的综合，既不是实际内容上的融合，也没有形成一套系统而独立的学科理论体系来代表辅导员的职业话语权。所以想要让学科专业背景迥异的辅导员们很好地掌握这些理论和知识，尚有一定难度。

　　辅导员职业能力的培养必须以综合知识的储备为基础，职业知识欠缺是影响职业能力提升的重要因素。目前，辅导员群体中专业来源的非科班化，使得一些辅导员在专业知识掌握和理论研究基础方面比较薄弱。然而，泛化的工作职能又导致辅导员没有足够的时间和精力投入专业知识的学习和积累中去。先天储备不足加之后天补充不力必然造成辅导员的知识结构存在明显缺陷。面对辅导员明显的知识结构缺陷，开展高校辅导员共同体建设是解决这一客观性矛盾的可能途径之一。

　　辅导员的专业知识是辅导员职业能力提升的关键基础支撑，而且在知识掌握过程中，理论与实践较难融合，教育理论在复杂多变的教育现象面前经常显得苍白无力。辅导员共同体的内涵之二即一种学习共同体，学习共同体的核心是资源共享、合作互助解决共同面临的学习问题，其互动、交流、共享的特性可为辅导员提供良好的学习环境和交流氛围。学习共同体强调的是成员在其中的主动参与性，通过深层次的交互协作和知识共享，在多向互动的同伴关系中寻求知识支持和思想引导，在相互信任的学习氛围中进行协作学习和创造性学习，建构专业知识。

　　在辅导员共同体中，不同成员在知识结构、思维方式、认知风格、工作方法等方面存在明显差异，这种差异本身就是一种宝贵的群体资源。拥有相同学习意愿和共同研究兴趣的辅导员，通过充分的深度对话、探究交流、合作学习可使这些重要的学习资源实现共享，通过反思实践将原本缄默性的隐性知识转变为实践性的显性知识，从而推动理论与实践的充分融合，实现知识重组、意义建构和结构优化，取长补短获得进步和成长。

三、思想政治教育的顶层要求

立德树人是国家赋予辅导员的时代职责和历史使命，对大学生进行有效的思想引领和价值引导是国家加强和改进大学生思想政治教育工作的体制性要求。进入新时代，三全育人背景下，传统的单打独斗的思政育人模式难以满足高质量发展的时代需求。研究表明，辅导员开展思想政治教育的实际效果与应然目标之间尚存在明显差距。

目前，高校辅导员群体呈现职龄年轻化、专业复杂化、知识结构单一化的特点，他们最大的压力来自有限的职业本领与日益增长的学生需求之间的矛盾。面对在校大学生政治信仰迷茫、价值取向扭曲、心理素质欠佳等问题无法给予有效引导；面对青年学生专业选择、职业规划、友情婚恋等苦恼缺乏可行指导。80%的辅导员坦言，驾驭复杂工作的能力严重不足，"心有余而力不足"的本领恐慌正打击着他们的职业信心。深入分析后发现，国家政策落实有偏差和培养培训机制不健全是导致辅导员职业技能不足和育人效果不佳的根本原因。

研究发现，当下很多高校制定的培养机制都不够科学合理，无法有效实现提升辅导员职业能力的初衷。由于培训目标不清晰，培训内容缺乏统一规划和有效整合，理论与实践缺少深层次对接，培训形式呆板缺乏吸引力，培训过程拖沓缺乏延续性，加之对差异性培养、针对性训练、个性化需求的忽视，目前培训效果不尽人意，致使辅导员职业能力提升缓慢。除此之外，虽然国家对辅导员重要性的体认不断加强，出台了若干政策保障辅导员的发展，但由于理解错误和执行偏差，加上考核评价不科学、晋升评聘不顺畅等诸多原因，辅导员的职业价值感和效能感不高，在较低层次需求都未能满足的前提下，辅导员想要主动提升职业能力的积极性将会大打折扣，更难产生终身从事这项工作的精神动力，育人效果自然无法保证。

因此，高校思想政治教育的育人目标与现有效果的对立现状，是呼唤辅导员共同体建构的深层原因。三全育人背景下，提升辅导员思想政治教育工作的实效性，需要优化辅导员的工作模式。开展辅导员共同体建设，倡导团队协作，更好推动三全育人，无疑是实现模式优化的努力方向。

众所周知，思想政治教育是一个复杂的实践领域，实践中总会遇到众多复杂的现实问题。辅导员共同体的内涵之三即该共同体亦是育人的实践共同体，在辅导员共同体中，目标的关注点在于如何应对和解决思想政治教育实践中的现实困难。辅导员拥有丰富的实践经验，但是在职业能力提升和教育工作模式上始终处于孤军奋战的状态。在共同体环境下，辅导员可以克服相互间封闭孤立的现象，通过分享各自的见解，与同伴就某一问题或者某个方面进行探讨和交流，通过相互帮助和扶持，使个体从共同体成员的互动中获益，更快地学习优秀辅导员的工作技能、工作艺术，从而实现思想政治教育能力的提高。与此同时，辅导员亦可在互动中培养合作意识，增强自己与他人的有效协作能力，唤醒自我实现的意识，激发自我发展的动机，在潜移默化中提高和发展自己的专业理想。

"三全育人"背景下，辅导员共同体在为成员个体能力的发展和价值的实现提供保障的同时，可依托团结互助形成共同奋斗的团队意识，凝聚集体智慧，激发整体潜能，破解传统"各管一块、负责一批"的工作模式，实现单打独斗向团队协同的模式转变，从根本上推动立德树人这一根本任务的落实。在此过程中，辅导员共同体也可不断强化辅导员作为共同体成员的育人责任感和使命感，立志成为学生锤炼品格、学习知识、创新思维、奉献祖国的引路人，从而使思想政治教育工作焕发出强大的生命活力。

四、专业化职业化的发展趋向

2017年，教育部43号令明确提出要"切实加强高等学校辅导员队伍专业化职业化建设"，"不断提高队伍的专业水平和职业能力"。规定中将工作要求凝练得更准确、更清晰，标志着国家把专业化职业化发展摆在了辅导员队伍建设的首要位置，加快向"专家型""学术型"人员转变，成为术业有专攻的专门人才，已经成为未来辅导员队伍发展的总体要求。

　　然而，本研究发现，辅导员从业 6—10 年人数较之从业 5 年以内的人数断崖式下跌，从业 10 年内辅导员队伍的人员转出率高达到 60%，呈现出辅导员争抢着向外流动，而无其他岗位人员愿意向内流动的负向流动样态。队伍整体职业化水平较低、专业化特征不明显、专家化发展缓慢。导致"三化"水平较低的原因众多，辅导员的成长机制不畅和内生动力不足是主要原因，考核评价、职称评定、职级晋升等方面的现实困境正在坍塌辅导员的职业希望，离职倾向日渐明显。

　　本研究前期的调查数据显示，高校对辅导员多数工作成果滞后且难以量化的特点缺乏到位的分析和可行性测评方法研究，尚未形成相对客观公正且操作性较强的评价标准，导致考评过程流于形式，考评结果缺乏合理解释难以服众，长此以往势必影响辅导员的工作积极性与成长主动性。除此之外，辅导员的薪酬待遇较之同级别专业教师不可相提并论，加之多数高校辅导员专项津贴难以兑现落实，福利待遇的落差也极大地打击了辅导员的职业认同感和成就感。与此同时，大多数辅导员的双线晋升之路在到达"科级 + 讲师"之后，即遭遇职业发展"天花板"，从中层至高层晋升遭遇层层阻碍，且职称比职级晋升更加困难。究其原因，辅导员的招聘标准对专业要求没有门槛限制，导致辅导员在未来专业技术职称的发展上，实际晋升专业类别（思想政治教育系列）与个人第一专业相去甚远需从头开始积累，故多数辅导员因专业基础知识薄弱、科研实力不足而导致职称晋升困难重重，转岗倾向严重。

　　当下，由于工作负荷重、工作认可度低、福利待遇差、双线晋升难，辅导员队伍的高流动性、低稳定性的现实样态与国家"三化"的发展要求形成了强烈反差，如果上述问题不能很好地解决，则辅导员职业化专业化进程只能是一句空话。

　　这些实然状况对辅导员共同体建设提出了迫切要求。

　　职业认同感不高和队伍流动性过快大大降低了辅导员的积极性、主动性与创造性。辅导员共同体的出现，有望打破目前的状态，为辅导员建立职业归属感和认同感，增强队伍的稳定性。马克思指出"只有在共同体中，个人才能获得全面发展其才能的手段"。辅导员共同体的内涵之四即是辅导员的发展共同体，"辅导员共同体中成员亲近的业缘关系可以给辅导员塑造'家'的感觉，相互之间的交流与帮助，有助于其更加全面地认识辅导员职业的价值，增强职业自信心和归属感。"①

作为发展共同体，辅导员共同体可以让辅导员通过交流与合作，实现成员间的积极对话与沟通协商，激发内在动力，强化反思意识，推动教育思想的互动和经验智慧的碰撞，深化对教育实践的研究，从而集成情感能量、达成思想共识、形成解决方案，充分地实现情感凝结、认同增强、知识积累和能力提升等多方面的协同发展。辅导员们在共同体中可通过参与、共享、协作、反思获得专业成长、价值认同和身份发展，尤其是身份不断地从边缘性参与者逐步发展成为共同体中的核心成员再演化为实践示范者，从而从新手成长为专家，实现从边缘人员向研究型、专家型人员的转变。

---

① 黄大周.高校辅导员共同体建设研究[J].求知导刊,2015(04):148–150.

第五章　着眼于职业能力发展的高校辅导员共同体建构策略

党的十九届五中全会作出我国已进入高质量发展阶段的科学判断，党的二十大再次提出，要落实立德树人根本任务，加快建设高质量教育体系，办好人民满意的教育。要实现高等教育的高质量发展，在落实立德树人根本任务上展现更大作为，高校辅导员职业能力提升的迫切性更为突出。结合前文的研究，以共同体思维建设辅导员共同体是顺应新阶段发展要求的应有之义。本章从探讨辅导员共同体的建构理论和运行机制着眼，深入探寻辅导员职业能力的发展策略和实践路径，以促进其健康可持续发展。

第一节　高校辅导员共同体的建构原则

本研究拟建构的高校辅导员共同体具有丰富的内涵和表现形式，是多种共同体的综合体，这种复合型共同体的创设可以让广大辅导员以相同的价值理念或者兴趣爱好为纽带，以有意义的共同愿景为目标追求，在开放包容和共同进步的互助氛围中唤醒辅导员自我主动发展的意识，通过个体与组织之间共享愿景、深度互动、资源互惠、交互协作，实现个体多样需求与组织共同发展。因此，高校辅导员共同体的建构，应当遵循以下原则：

一、自主自愿原则

自主自愿作为高校辅导员共同体的特征之一，必然要求辅导员共同体在建设时应该秉持自主自愿原则。辅导员是该共同体建设责任和成果享用的真正主体，作为一个自治组织，应充分尊重辅导员的个人意志，让辅导员自主自愿地参加有助于其增进学识，因而这是辅导员共同体建设的首要原则。辅导员可根据自己的兴趣爱好和价值诉求自主自愿加入共同体，也可以选择退出共同体，共同体组织对其没有任何限制。如果外力加以强制的话，辅导员容易因为意志被压制、诉求被搁置、时间被挤占等原因而变得消极怠工。故建构时必须秉持自主自愿的原则，注重激发共同体成员的理想与现实的双重追求，从而在内生基础上完成整个建构过程。

二、合作共治原则

高质量发展阶段，做好高校思政工作必须持续深化全员、全程和全方位的育人格局，相关各方作为责任主体都应当本着立体化建构、多主体合作、协同性治理的原则，参与到辅导员共同体的整体建构中。立体化建构即时间上的无缝隙和空间上的全覆盖，充分整合校内校外、网上网下的丰富育人资源，获取外界的支持与合作。协同性治理指共同体内各育人主体亲密无间、合作共治。在辅导员共同体内部，共同体成员地位平等、权利同质，在交流沟通过程中秉承平等对话、合作共治，充分讨论制定共同体的所有规则。合作共治是辅导员共同体治理结构的重要体现，是共同体治理必须遵从的原则，否则容易挫伤辅导员的积极性。

三、互利共享原则

马克思曾说："人们奋斗所争取的一切，都同他们的利益有关。"①高校辅导员共同体是一个互助性的集体。加入辅导员共同体中的个体，都有自己多样的心理诉求，如希望寻求一种"主观想象的安全"获得接纳和心理慰藉，希望获得职业能力的提升、职业生涯的发展，希望自己的利益诉求得以集中表达等等。如果每个辅导员只从自己利益而不顾及共同体整体利益或其他辅导员利益的角度来思考是否参加共同体活动，则共同体难以持久。辅导员共同体是所有成员的集体"财产"，需要共同维护。这就要求共同体成员不能只为己，也要为他和为整体。故互利共享的原则，是辅导员共同体能够持久存在的要诀。

四、开放包容原则

辅导员共同体并非一个封闭的组织系统，而是具有开放性的系统，不仅可以跨越空间距离的限制，组建某一高校的辅导员共同体或组建某一城市的高校辅导员共同体，也可以组建省域内或者全国范围内的高校辅导员共同体。共同体自身的功能和职责之一，即向加入共同体中的个体提供保护和支持，故辅导员共同体必须具有很强的包容性，保持适度的开放。因为辅导员队伍的庞大使共同体成员的性格爱好、利益诉求、价值观念等差别较大，只有具有极大的包容性，才有可能让这些拥有不同背景和特质的辅导员凝聚在一起。故开放包容亦是建构辅导员共同体的重要原则。

---

① ［德］马克思,恩格斯.马克思恩格斯全集(第2卷)[M].中央马克思恩格斯列宁斯大林著作编译局,译.北京:人民出版社,2016:32.

第二节　高校辅导员共同体的建构内容

高校辅导员是大学生思想政治教育工作的骨干力量，这一群体要高质量实现国家与社会赋予其的目标任务和使命担当，就必须使该群体内部各成员之间具有共同的接纳、信任、理解和支持，形成辅导员内部的共同认知，凝聚工作合力。恩格斯在《反杜林论》中指出："许多人协作，许多力量融合为一个总的力量而产生'新力量'，这种力量和单个力量的总和有本质的差别。"①建构高校辅导员共同体实现各种力量有效融合、优势互补，便是在酝酿这种"新力量"来推动思想政治教育高质量发展。

一、高校辅导员共同体的顶层设计

思想政治教育独特的历史使命，决定了高校辅导员共同体的本质特性与其他共同体有所不同。建构辅导员共同体是对新时代思想政治教育本质要求的回应，作为一项复杂的系统工程，需要精心谋划、科学布局，确保顶层设计对辅导员共同体的运行发挥好引导与规范、保障与服务的作用。

（一）确立共同愿景

"共同愿景是整个组织中人们内心的图景，贯穿整个组织，从而在其各式各样的活动中保持连贯性和一致性。"②共同愿景是一种价值引领，是一种令人深受感召的力量，能够激发共同体成员内心的热忱，引领共同体成员凝心聚力共同发展。共同愿景是共同体运转的内在动力，必须明确清晰，既要符合实际又要利于长远，且与每一个成员都息息相关，被大多数人认同。唯有

---

①　[德]马克思,恩格斯.马克思恩格斯全集(第1卷)[M].中央马克思恩格斯列宁斯大林著作编译局,译.北京:人民出版社,2016:443.
②　[美]彼得·圣吉.第五项修炼——学习型组织的艺术与实务[M].郭进隆,译.上海:上海三联书店,2009:203.

如此，这样的愿景才能焕发出强大的感召力。共同愿景直接影响着共同体成员的凝聚力，进而影响着共同体的行动力。因此，共同愿景必须具有引导功能，让共同体成员清楚为什么要建构共同体。

在高校辅导员共同体中，共同愿景既包括了辅导员的个体愿景，也包括了辅导员群体的共同愿景。辅导员的个体愿景根植于辅导员个人的价值关切和利益需求之中，是辅导员个体持续发展的内在动力。个体愿景是在自身价值判断和需要分析的基础上形成的，具体而言，辅导员的个体愿景即希望通过共同体的互利共享达到自己既定的目标，寻求自身的发展，实现自己的价值。辅导员群体的共同愿景并非是个体愿景的简单相加，而是在个体愿景互动成长的过程中逐渐整合提炼出来的。共同愿景的形成是一个自下而上、自上而下、反复酝酿、不断推敲的过程，如此才能形成科学合理的且符合国家发展要求、社会发展期盼和群体发展期待的共同愿景。辅导员群体的共同愿景即力求成为一个温暖和谐的极具发展前景的集体，并且以优势互补、资源共享、相互促进、共同提高为原则，促进辅导员群体与高校思想政治教育工作协同发展，高质量落实立德树人根本任务，以中国式现代化全面推进中华民族伟大复兴。

共同愿景的确立为辅导员共同体成员指明了方向，指引共同体成员朝着共赢的方向努力，其中蕴含的激励功能有利于激发共同体成员的工作积极性、学习主动性、发展自觉性，从而发自内心为自身和共同体的发展奋斗。最终，辅导员共同体成员在"为党育人，为国育才"共同愿景的引领下，互帮互助齐心协力，最终实现个人与高校思想政治教育工作的"共赢"。

（二）明晰构成要素

高校辅导员共同体可以辅导员联盟形式组建，既可组建某一高校的辅导员联盟，也可以联合同一城市高校组建某市高校辅导员联盟，更可以覆盖更广空间组建某省域内甚至是全国性的高校辅导员联盟。但是，高校辅导员联盟层次越高，覆盖范围越广，跨越区域越多，包含高校越众，联盟成员的疏离感越强，联盟运行的影响因素亦越多，越难发挥联盟应然之功效。故，考虑后续行动研究的可操作性与实效性，本研究所指高校辅导员共同体乃指某一高校的辅导员联盟，其组成要素包括主体要素、媒介要素和机制要素，三要素相互依存、协调联动、共同保障辅导员共同体的和谐平稳运行，详见图5-1。

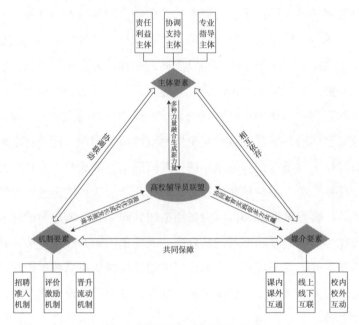

图 5-1　高校辅导员联盟构成图

1. 主体要素

某一高校的辅导员联盟，联盟成员主体呈现多元性，参与主体主要包含以下三个群体：

一是该校自主自愿参加的辅导员作为责任主体和利益主体，为联盟的运行提供人力和智力支持；

二是由分管学生工作的校领导、学生工作处、校团委、组织部、宣传部、人事处、科研处等与辅导员发展相关的职能部门负责人组成协同支持主体，共同为联盟运行提供组织、机制以及资源支持；

三是邀请思想政治领域的权威专家学者作为指导主体，为联盟运行提供精神引领和专业指导。

共同体成员之间地位平等、相互尊重、彼此信任、荣辱与共，承担着相应的主体责任。共同体中作用的发挥不是简单的个体作用相加，而是不同成员间相互影响、共同协作，多个力量融合生成一个新的力量。

2. 媒介要素

共同体功能的发挥主要依靠成员之间开展学习、研究等实践活动进行反思、形成共识，从而产生成员对共同体的认同与归属。换而言之，实践活动构成了共同体重要的媒介要素。

高校思想政治教育本身就是一种特有的培养人的社会实践活动，因此，高校辅导员共同体更具有强烈的实践色彩，它的目标即充分利用由课内课外、网上网下、校外校内等形式多样的实践载体开展丰富多彩的实践活动为思想政治教育服务。

多样化的实践活动是促进辅导员共同体成员合作交流的桥梁，通过开展不同场域间成员的协同教育活动，充分调动各成员主体的主观能动性形成教育合力，促进成员情感、认知、能力的发展，最终实现多方共赢。

3. 机制要素

协同发展和价值实现是共同体运行的题中之义，不仅要依靠共同体成员的相互配合与共同努力，更需要制度的供给与完善。良好的体制机制是共同体有效运转的有力保障。因此，推动共同体协调运转的机制要素，是辅导员共同体组成的又一要素。政策导向的机制建设是否得当，关乎辅导员共同体运行是否顺畅，因此要在慎重思考的基础上合理制订或者改革相关的选拔准入、考核评价、晋升激励等体制机制。

辅导员共同体以共同的志趣和价值追求为核心，因此，完善的选拔准入机制有利于从源头上确保入职者的专业同质性和职业认同感，对促进辅导员共同体的发展有至关重要的作用。科学的评价机制导向作用鲜明，能有效激发共同体成员的能动性和积极性，发展性评价机制可为辅导员营造尊重、理解和关心的工作氛围，使之潜能和天赋得到最大限度的发挥。恰当的晋升激励机制会触发共同体成员积极行动的愿望，当辅导员合理的精神和物质需求都得到满足时，必然增加其工作的效能感和成就感，形成自我激励、自我发展的内驱机制，可有效促进共同体的良性运行。

（三）培育共同体意识

共同的价值追求、强烈的情感依存和普遍存在的团体意识是共同体存在的必备条件。共同体意识是指共同体成员在价值理念和行为规范上达成的共识，不能达成共识的社会群体就不能形成共同体。在共同体中，当成员意识到自身与共同体是共生关系时，其积极性、主动性、创造性方能发挥出来。辅导员的共同体意识主要包括主体意识和合作意识两方面。

1. 主体意识

美国当代共同体主义理论代表人物桑德尔指出，"共同体意识不仅描绘成员的一种感情，更重要的是一种描绘主体的自我理解、自我认可的方式。"①共同体意识渗透于主体的目的和所追求的价值之中。辅导员共同体的终极价值追求即为党育人、为国育才。在辅导员共同体中，不论是辅导员、相关管理者，抑或思政领域的权威专家学者，均作为共同体的参与主体为高质量落实立德树人根本任务承担着不同的主体责任。作为共同体成员，他们都不同程度地影响着辅导员共同体的发展和高校思想政治教育的成效，不存在所谓的主次之分。具体来说，辅导员共同体中的各成员应立足于共同体的角度发挥主体精神，积极承担起自己的主体责任，主动地参与到教育实践中，促进辅导员群体与高校思想政治教育工作协同发展。

2. 合作意识

处于辅导员共同体中的各个主体不是孤立存在的，他们之间相互依存，一方的存在是另一方存在的前提，只有他们联合起来相互合作，才能实现共赢。因此，辅导员共同体的建构要求各参与主体要具备良好的合作意识，建立平等的伙伴关系，方能实现合作共赢。首先，共同体成员要真切关注所在共同体的命运，把自身的发展与共同体的命运紧密结合起来；其次，共同体成员应该清楚地意识到思想政治教育是多主体参与的实践活动，各个主体密切配合才能取得实效；再次，共同体成员应积极参与到各类教育实践活动中，通过感受互

---

① ［美］迈克尔·桑德尔.自由主义与正义的局限[M]万俊人，译.南京：译林出版社,2001:209.

助合作带来的切实效果，推动共同体成员的合作意识最终由自为提升至自觉。

二、高校辅导员共同体的建设内容

（一）建立辅导员共同体运行平台体系，提供辅导员共同体场域支持

高校辅导员共同体是个多主体参与的有机体，因此在面对工作任务时展现出多种教育思维、多维分析视角和多元话语体系的交叉，导致其在运行过程中难免会遭遇不少的困境与阻力。要解决这些困境与阻力，必须建立一个协同合作平台，打造一个激发潜能的生态系统，有效创造共同体成员共在情境，引导与激励共同体成员同频共振、实现共赢。

1. 优化共同体场域

共同体场域的一致性，可为共同体建设由理论转化为现实提供可能。场域理论是社会学的重要理论，认为人的所有行动都会被行动所发生的场域所影响，而这个场域不能被理解为是简单的物理环境，而是一种具有相对独立性的社会空间，在其中充满着力量与竞争。[①]场域最本质的特征即它是其中的行动者争夺支配性价值的空间场所，行动者在对场域的认同中形成某种信念关系，并逐渐内化为性情倾向、感知方式和思维习惯。[②]支持辅导员发展的场域包括情感互动场域、学习发展场域、工作交流场域等等。目前，不同场域缺乏沟通配合，各自为政，导致存在着不同程度的系统性割裂，优化共同体场域的主要目的是增强场域的整合力，通过紧密协作打造场域的一致性，弥合不同场域的分歧和隔阂，为共同体运行提供良好的环境支持。

2. 建构共享共用平台

辅导员共同体功能的发挥主要通过广阔的平台来实现，通过引导辅导员在平台中相互交流、相互学习、互帮互助，在协同共振中共同进步。根据辅导员工作学习的特点，有必要搭建以下三个平台：一是辅导员共同体集体集

---

① ［法］布迪厄,［美］华康德.反思社会学导引［M］.李猛,李康,译.北京:商务印书馆,2015:158.
② 同①,第 146 页.

会平台，如辅导员成长互动坊，主要定期开展辅导员的互动交流活动、集体学习活动、情感互慰活动等，共同体成员在自由、共享的氛围中畅所欲言碰撞思想、达成共识；二是辅导员共同体网络在线资讯互动平台，如辅导员发展交流群，主要给辅导员提供一个随时与共同体其他成员及时交流了解共同体发展信息的便捷渠道，通过跨时空跨地域的网络平台，为共同体成员提供交往便利的同时，更利于成员轻松表达自己的真实想法，使成员相处更加和谐融洽；三是辅导员共同体实践研究平台，如不同研究方向的辅导员工作室，主要协助研究辅导员共同体的发展规律与现实发展路径，为健康可持续发展提供指导。

辅导员共同体运行平台的建设使得共同体成员之间的交流分享更加畅通，平台为共同体成员提供了同质性的生长土壤，使之在其中不断进行着身份体认，共同体意识得到提升，情感归属得到满足。

（二）完善辅导员共同体内部规则，促进辅导员共同体凝心聚力

辅导员共同体的内部规则是其进行建设和实现发展的重要保障。法国社会学家埃米尔·涂尔干在其《社会分工论》中提出，"集体意识（共同意识）具有社会整合和道德维持的作用，同时集体的角色不仅仅在于在人们相互契约的普遍性中确定一种绝对的命令，还在于它主动积极地涉入每一规范的形成过程"①。这个观点同样适用于共同体，里面包括三个层面的意思：一是辅导员共同体需要一定的内部规则；二是这些内部规则源于成员结成共同体的相互契约中的共同意志；三是这个共同意志具有绝对命令的性质，对所有成员均具有约束力。

因此，共同体内部规则的完善要把握以下几点：第一，内部规则应该包括成员的权利与义务、常设机构的运行原则、团体活动的开展准则、行为奖罚规则、准入与退出制度等；第二，内部规则制定要召集所有或者绝大多数成员进行协商，由专门的起草小组草拟，公布的规则内容需要征求大多数成员的同意；第三，内部规则要体现出主动约束性，能规约部分成员破坏或消

---

① ［法］埃米尔·涂尔干.社会分工论［M］.渠东,译.北京:生活·读书·新知三联书店,2000:198.

解辅导员共同体的团队涣散行为，规避不利于共同体发展的行为。

辅导员共同体内部规则的完善可保障共同体内部的良好运行，以相对统一的行为模式和向心力诠释辅导员共同体的存在。

（三）培育辅导员共同体团队文化，增强辅导员共同体价值认同

文化能够起到凝聚精神、强化存在的作用。作为一种团队文化，辅导员共同体文化不但能够为辅导员个体提供所在场域的环境熏陶，而且可以通过文化的力量加强共同体的内部整合。学者黄大周认为，"共同体中的文化既有利于增加共同体成员相互间的情感支撑，亦有利于加强共同体成员合作共治意识的塑造，还有利于共同体成员包容互助心态的形成，有助于增强辅导员对共同体的价值认同。"①培育良好的辅导员共同体文化，可以从以下几方面着手：

1. 培育价值基础

共同的价值追求是辅导员共同体建构和发展的根本动力，通过共同的价值追求引导共同体成员形成共识、凝聚力量。理念与价值是文化的重要内容，只有引导共同体成员从主观认识上牢固树立共享理念，凝聚价值共识，才能有效促进共同体成员价值观念、行为步调的协调一致，在面对共同职业命运时相互给予支持。

2. 塑造品牌效应

品牌是一种无形的文化力，品牌塑造起来就意味着打开了知名度，也就意味着具有了凝聚力和扩散力。品牌建设有利于增强团队成员对团队的归属感、认同感和自豪感，产生同舟共济、荣辱与共的情感意识，同时美化团队形象、提高团队竞争力。因此，共同体亦可通过品牌建设传达辅导员共同体的价值与功能，塑造辅导员的整体形象，使之成为外界认识辅导员群体和辅导员工作的关键介质。品牌塑造过程中，可通过设计辅导员共同体的徽标等品牌标志，凝聚共同意志；亦可通过开展具有广泛社会意义的品牌活动，提高辅导员共同体的美誉度与知名度，提升其吸引力与辐射力，从而增加辅导

---

① 黄大周.高校辅导员共同体建设研究[J].求知导刊,2015(4):148-150.

员共同体成员的价值感和成就感。

3. 加强宣传力度

当前，辅导员作为一种发挥独特社会功能的职业群体，还没有得到社会的正确认识和充分认可。培育共同体文化还要注重进行品牌文化宣传，品牌蕴含的文化力是推动共同体发展的无形力量，因而要注重加强宣传力度，通过举行各级各类优秀辅导员评选、优秀工作案例推介、先进事迹展播等活动，引导社会正确地、立体地、全方位地了解和认识辅导员的社会价值以及社会功能，从而强化社会对辅导员这一特殊职业和特殊群体的认知与认同。

辅导员共同体团队文化的培育可为辅导员共同体提供共同生活的精神环境，既给予辅导员个体以情感的支持和慰藉，也能够推动辅导员彼此普遍的接纳，使他们产生归属感和认同感。

第三节 高校辅导员共同体的建构机制

高校辅导员共同体是一个具有丰富内涵的多种共同体的综合体，既是一种精神共同体、学习共同体，也是一种育人共同体、发展共同体。每一种共同体都具有各自的功能，这种复合型共同体的运行既能为辅导员的职业发展提供精神归属与专业支持，也能为辅导员的专业成长提供良好的生态环境与科学的体制机制。基于对高校辅导员职业能力及其发展困境的实证分析，本研究结合高校辅导员职业能力结构维度和时代要求，从如何将辅导员共同体培育为精神共同体、建构为学习共同体、创设为育人共同体、建设为发展共同体四个方面探讨高校辅导员共同体的建构机制（图5-2）。

其中，培育精神共同体回应高校辅导员职业能力发展的价值困境，旨在解决因角色定位混乱导致的自我认同感不足和投入回报不等导致的自我价值感较低的问题，通过凝聚价值共识、增强情感凝聚有效提升辅导员的职业意识，坚定职业信念、培塑职业精神，强化辅导员的育人责任感和归属感；建构学习共同体回应高校辅导员职业能力发展的知识困境，旨在消弭因第一专业背景多元、职业培训实效不足、专业培养学科缺乏导致的辅导员知识储备

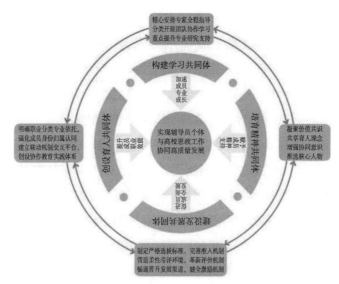

图 5-2 高校辅导员共同体建构机制

不足与大学生多元需求的现实矛盾，通过对话交流、协作学习实现知识共享、科研共促，从而丰盈辅导员的职业知识，加速知识更新、筑牢专业基础，提升辅导员的育人科学化、专业化水平；创设育人共同体回应高校辅导员职业能力发展的实践困境，旨在解决因政策导向影响致队伍流动性过快、实践本领恐慌致职业自信心下降和内外因素制约致能力拓展度受限等问题，通过明确职业分类、强化专业依托和创设协同育人体系，激发身份认同、汇聚育人合力，提升辅导员的协同精神和实践智慧，引领大学生全面健康成长，增加工作效能感和成就感；建设发展共同体回应高校辅导员职业能力发展的成长困境，旨在破解因激励机制不到位致职业成就感不强、管理体制不科学致专业归属性不明以及发展渠道不通畅致队伍稳定性不佳等问题，通过建立和完善科学合理的体制机制形成鲜明导向，为辅导员成长提供优化的制度环境和发展空间，促进辅导员的自由全面发展。

总之，通过多种共同体功能的发挥，破解辅导员发展成长中的多种困境，赋予辅导员情感支持，激发内生动力，完善辅导员专业知识结构，加速专业成长，帮助辅导员解决实践问题，提升职业效能，从而实现辅导员个体与高校思想政治教育工作协同高质量发展的双赢局面。

一、培育精神共同体以赋予成员情感支持

从辅导员共同体的内涵以及内部成员思想情感的统一程度看，辅导员共同体首先是一种精神共同体。精神共同体是具有共同热爱和价值追求的人们为了满足心理、情感、意志等精神方面的需要，所形成的具有相互依存关系的共同体，[①]强调人与人之间的紧密关系以及个体对共同体的归属感和认同感，尤其是形成共同一致的精神意识。作为最高形式的共同体，精神共同体是在追求共同的志趣和价值信念的过程中通过成员们的共同参与、真诚合作达成某种精神默契，形成一种强烈的凝聚力和向心力。满足成员个体的精神情感需求是精神共同体最根本的功能，个体只有在获得精神情感需求的满足之后，才会对共同体产生强烈的归属感。

一种群体何时可称为精神共同体，界线在于成员之间是否存在强烈的情感凝聚力量和群体团结精神。对高校辅导员共同体来讲，就是所有成员在积极主动参与共同体的过程中达成精神默契，形成"为我们"而不是"为我"的行动力，并从中获得精神情感的满足。精神共同体达成的精神默契不仅有利于成员个体潜能的开发与提升，而且大大提高了群体的精神品位和文化层次。[②]精神共同体追求的是共同体成员情感关系上的亲密信任和价值追求上的高度契合。

综上，共同的价值追求和情感凝聚是高校辅导员共同体运行和发展的根本动力，面对辅导员群体角色定位混乱导致的自我认同感不足和投入回报不等导致的自我价值感较低等价值困境，高校要积极将辅导员共同体打造为"精神共同体"，引导共同体成员形成普遍认可的育人共识和团结和睦的良好情感，为共同体的运行发展提供不竭的动力源泉和稳定的情感支撑。本研究拟从以下四个方面进行建设：

---

① 朱政,袁剑."共同体"精神视域下的高校管理队伍建设[J].武汉理工大学学报(社会科学版),2015(4):799-803.
② 刘善仕.精神共同体的建构及其伦理意义[J].广东社会科学,1998(2):53-59.

（一）凝聚价值共识

共同愿景是共同体形成和发展的前提和基础，是能让所有成员真心向往并愿意为之奋斗的目标，体现着大家共享的价值观。共享的价值观即共同体中被广泛认可的价值追求，既是连结共同体成员的纽带，也是精神共同体形成的生命线。针对共同体，滕尼斯特别强调了"默认一致"，并将这种"一致"的精神意识默认为"自我"的价值追求。培育精神共同体，应重视成员之间从情感关系和价值理念上形成默认一致的精神默契，达到价值观"内化"的实现，从而提高辅导员对共同体的认同感和归属感。这种精神默契越高，价值共识就越统一，成员对辅导员共同体的忠诚度就越高。

这种"默认一致"体现在高校辅导员共同体中，就是共同体成员都将"培养德智体美劳全面发展的社会主义建设者和接班人"这一育人目标作为共同一致的价值追求。围绕这一共同的价值目标形成共识、凝聚力量，强化作为辅导员共同体成员的育人责任感和归属感，立志成为学生锤炼品格、学习知识、创新思维、奉献祖国的引路人，举全员之力、汇全员之智、凝全员之情引导学生立大志、明大德，把爱国情、报国行自觉融入实现中华民族伟大复兴的拼搏和奋斗中。

价值共识可将分散的个人力量聚集为辅导员共同体建设的强大向心力和丰富创造力，为更好地凝聚价值共识达成精神默契，建构过程中必须关注以下三个方面：

一是要建立良好情感关系。人的情感决定着人的价值倾向，是激发人的内在因素，可赋予人们以力量，并指导行动的方向。培育精神共同体要注重和睦情感和团结精神的形成，强调共同体的活动是建立在强烈的情感关系基础之上的，在情感纽带的作用下才能将立德树人的根本任务作为自身职业的高尚追求，充分开发自身的潜在能力并衍生愿意助力他人发展的人生情怀。

二是要树立整体观念。共同体每个成员的命运都与共同体的命运紧密相连、休戚相关。培育精神共同体要强调共同体整体的利益和声誉是全体成员行动的出发点，各个成员之间是不可分割的命运共同体，大家基于共同的利益诉求和情感倾向互相关怀、共同成长，从而在认识上趋于一致，在情感上产生共鸣。

三是要坚持整合原则。任何共同体都具有约束其成员的价值规范，以促进共同体发展的实现。培育精神共同体要通过动机与目标、价值与规范的整合形成统一的共同体价值意识，并通过民主决策达成理解共识，在共识基础上一致行动，自觉投入共同体的相关活动以维护辅导员共同体的存在与发展。

（二）共享育人理念

新发展阶段，对国家高质量发展新战略的精准回应，对学生个性化发展新需求的及时满足成了高校思想政治工作的出发点。高校应该准确识变、科学应变，以"高质量发展"理念实现对传统的反思和超越，打造思想政治教育的"升级版"，实现思想政治教育效果的提升和质量的提高。思想是行动的先导，要推动思想政治教育高质量发展，首先要引导共同体中各教育主体从主观认识上，牢固树立"高质量发展"的理念，既要深刻认识思政教育高质量发展的重要性和紧迫性，也要清晰认识其内涵，致力于从"量"的累积向"质"的提升转变，切实提高教育的质量和水平。不仅如此，还要增强落实高质量发展的行动自觉，锚定发展目标，坚定必胜信念，将高质量发展的理念落实到具体的工作实际中，以思想认识新飞跃打开思政工作新局面。

习近平总书记在全国高校思想工作会议上指出："做好高校思想政治工作，要因事而化、因时而进、因势而新。"因事而化，就是要坚持围绕学生，以具体事务为抓手解疑释惑，把准学生痛点，化解学生之困，在关心帮助中教育和引导学生，增强学生的获得感；因时而进，就是要紧跟时代步伐推进工作，善于把握当代大学生的时代气质，抓住机遇有针对性地开展教育工作，提升思想政治工作的时代感和吸引力，增强学生的共鸣感；因势而新，意味着要紧扣世界和中国的发展大势，紧盯新媒体时代下大学生鲜明的网络化特质，根据情势变迁网络变化与时俱进改革创新工作内容、方法和载体，增进思想政治工作的适应性和信服力，增强学生的幸福感。高质量发展是思想政治工作的生命所在，结合总书记的理论指导，思想政治教育的高质量发展主要包含三层含义：

　　第一，精准成为发展趋向。因事而化，关键在于精准施教，精准是高质量发展应秉持的科学态度，需要教育者精准地掌握对象特点、选择教育方法、供给教育内容。精准掌握对象特点，就是清楚分辨教育对象的差异性和层次性，分类别、分层次、分阶段、分年龄来制订针对性的教育目标，以精准滴灌代替大水漫灌。精准选择教育方法，就是在梳理对象行为习惯和日常偏好的基础上，精准把握教育对象个性特点，选准符合其特点易于其接受的工作方式，把准心结化解难题。精准供给教育内容，关键要精准分析教育对象的成长需求，针对不同类型、不同层次、不同阶段群体的个性化需求，更为细致地制订专属教育菜单，达到个人需求与社会要求相统一。

　　第二，高效成为发展标准。思政教育所产生效益的高低，是衡量其高质量发展成效的根本标准。思想政治教育的高质量发展包括两个方面，一是规模和数量上的发展，是指通过丰富内容、扩展阵地等手段扩大思想政治教育的覆盖面和影响力；二是质量和效益上的发展，是指在扩大规模和增强影响的基础上，通过优化人财物等资源配置，消除现有教育内容、工作方法、教育载体等的低效供给，克服低水平重复实现发展质量的提升。但是高质量发展不是一蹴而就的，更不可能立竿见影，需要善作善成，久久为功，因而，思政教育的高质量发展不仅要求高效率、高效益，更要求高效益的连续性、持久性，方能展现其无穷的力量。

　　第三，创新成为发展动力。随着社会发展的深刻变革，世界和中国局势风起云涌，思政教育环境也瞬息万变。面对挑战，不日新者必日退，思想政治工作必须因势而新方能有生命力。因势而新，出发点在情势，落脚点在创新，必须以此为导向系统推进教育理念、内容、方法等主动转型、综合创新。其一创新教育理念，聚焦人民需求和国家发展战略，以习近平新时代青年思想和教育论断为统领，动态更新教育理念，确保始终保持科学性和先进性；其二更新教育内容，在传承优秀历史的基础上，用时代要求和发展眼光丰富教育内容，用创新理念和实践需求引领教育内容，保持教育内容的时代性和前瞻性；其三拓展教育方法，根据发展趋势和现实情境，结合教育环境和教育对象发生的变化，融合运用现代信息技术和多媒体技术改变沟通渠道、拓展工作平台，创新话语体系，提高教育方式的亲和力和认可度。如此，思想政治教育的效果方能获得实质性提升，教育对象亦方能切实共享高质量发展的成果。

(三) 增强协同意识

在"思想政治教育"这一事关职业发展、事关民族未来的宏伟大业面前，任何"单枪匹马""独善其身"的想法做法都将无法完成立德树人这一神圣使命。因此，确立共识的核心价值，引导成员协同育人，以弥补自身不足获得共同发展自然成为共同体发展的一致选择。一方面，强调协同是引导成员以整体的视野、战略的思维推动共同体成员围绕共同一致的育人目标联合行动，使育人各环节和各要素有机衔接、同频共振，联动发挥辅导员共同体的最大合力。另一方面，强调合作同时能够使成员共享彼此间的才华与智慧，既有利于自身价值的实现获得交往和成就，亦能够极大丰富个体的精神情感体验，促进大家心灵相通、情感交融，形成良好的共同体关系。

思想政治教育是一项需要各方协同配合的系统工程，在此前的发展阶段，教育力量相互分离未形成系统合力，教育效果势必被削弱。进入高质量发展阶段，就必须以整体性视野将分散的教育力量有效联结起来，形成同向同行、协同育人的普遍自觉，生成齐抓共管促高质量发展的合力。具体而言：

宏观层面，受社会分化影响，思想政治教育功能无法仅依靠学校力量实现，需要以整体视野在学校、社会和家庭协同育人上下功夫，共同推动思政工作高质量发展。作为高校教育的外部环境和延伸扩展，家庭和社会与学校"三位一体"联动起来有效配置资源，可保障思政教育的无缝隙连接和全时空覆盖，形成校内校外同向同行、协同育人的普遍自觉。

中观层面，需要加强思想政治教育系统内部力量的有效协同，联合共同体中管理者、教育者和研究者的集体智慧，针对思政教育中现存的政策误区、理论真空以及实践难点等问题进行协同攻关，形成理论指导实践、实践推动政策、政策反哺理论的良性循环，打牢高质量发展的理论、政策和实践基础。①

---

① 沈壮海,刘灿.论新时代思想政治教育的高质量发展[J].思想理论教育,2021,503(03):4-10.

微观层面，需要注重各系统内部诸要素的融合汇聚、协调配合，最大限度发挥各系统的整体性作用。在优化系统内部诸要素基础上，打破条块壁垒，消除短板隔阂，将零散的教育要素紧密衔接协同整合，确保各要素同频共振、高度配合，从而实现各要素协同并进大于简单相加的统筹效果，使各子系统的合力得以最大程度地发挥。①

(四) 推选核心人物

在共同体中，每个成员都是主体存在，其中不存在绝对的中心，也没有绝对的权威。每个成员都可以是中心，每个成员也都可能是权威。在此基础上，共同体中方能产生平等的对话和真诚的交往。虽然如此，精神共同体也具备一般群体的基本特征，即总有一个处于主导地位的个体作为发起者或组织者，他是整个精神场域的核心人物，起着引领和主导该群体的作用，在很大程度上决定着该群体的走向和发展。②核心人物在精神共同体中的作用，充分体现在我国改革开放后出现的成功的乡镇经济模式中。虽然绝大多数农民文化素质低、观念旧，但在核心人物的带领下，整个共同体展现出了互助合作的集体风貌，创造出了迅猛发展的经济奇迹。③换言之，核心人物的权威性也是保持共同体凝聚力和激发共同体创造力的一个重要因素。

核心人物由全体共同体成员公开推选产生，负责共同体的日常事务及实践活动。核心人物需充分尊重其他成员，为共同体中的交流合作创设民主平等的氛围，在与其他成员展开对话时的身份应是协助者而非指导者，其在共同体中负责协助对交流合作过程进行监督与调节，用非行政手段激发共同体成员交流与合作的热情，引导共同解决合作中出现的困难或遇到的问题。

核心人物可随共同体实践活动的场域变化而变化，集中学习时的核心人物可以是权威专家学者，学术研究时的核心人物可以是某研究领域的先行者，

---

① 刘建军,邱安琪.论新时代思想政治教育的高质量发展[J].思想理论教育,2021,504(04):49-54.

② 肖红军,秦在东.精神共同体及其形成路径探析[J].学术论坛,2011,34(06):32-35+83.

③ 刘善仕.精神共同体的建构及其伦理意义[J].广东社会科学,1998(2):53-59.

实践活动时的核心人物可以是某骨干辅导员。核心人物的权威性来源于其个人魅力，其感召力和创造力会严重影响着共同体的氛围甚至是文化风格及发展趋向。因此，精神共同体在推选核心人物时要注意以下要素：一是信念坚定，对理想有执着追求；二是德才兼备，能团结引领成员们勇往直前；三是能力卓越，有过硬的动员、协调和创新能力。

二、建构学习共同体以加速成员专业成长

学习共同体是在真实生活的学习情境中通过成员之间的经验交互与对话协商形成和发展起来的一种学习生态系统。共同体中的每一位成员共享着学习的兴趣、认知的方法、探索的视角，通过运用各种学习工具和共享资源共同进行知识以及意义的建构，采用相互协商的活动方式反思实践达成共识，协作解决共同面临的复杂问题，并在此基础上，培育共同体成员对共同体的归属感与认同感。在高质量发展的时代背景下，高校作为立德树人的主要场所、文化传承的前沿阵地和知识创新的孵化平台，必然对作为思想政治教育骨干力量的辅导员提出更高要求。将高校辅导员共同体作为学习共同体来建构，正是对辅导员最新发展要求的正面回应。因为知识生产一旦具有了一种群体特征，很快即显示出巨大的生产能力，所以，在学习共同体的建构过程中必须重视以下五点：

第一，要明确共同愿景。共同愿景是每个成员真心向往并愿意为之奋斗的目标，是学习共同体形成和发展的前提和基础。因而高校必须确立清楚明确、具体可行的组织目标，将辅导员培养成"既专又精"的"全科医生"，帮助学生全面成长。此处的"全科"不是指"全能"，"全"强调的是辅导员知识、能力的综合性、协同性，成为思政工作的多面手。"专"则强调辅导员对思政工作特殊问题的处理能力，成为某一领域的"行家里手"。只有当共同体的共同愿景被广泛认可接受时，方能焕发出强大的发展感召力，转化成共同体成员前进和创新的不竭动力。

第二，要营造合作文化。传统的个人努力式的学习范式早已不能契合新

环境要求，合作文化就是要改变辅导员"单兵作战"的传统工作方式，通过推动成员之间的分享合作使之转向"团队协作"的新样态，这是学习共同体建设和发展的重点。合作文化没有权威的预设，只有思想的碰撞、意义的协商。通过营造民主、开放、合作的氛围，彼此之间分享资源、技术、经验、价值观，感受共同体对自己的价值和意义。届时，辅导员将一改以往的个人反思模式，逐步转向共同体内的合作学习，在彼此扶持和相互鼓励的氛围中，依托优势互补加速个人专业成长，快速向研究型、专家型人才转变，更好地帮助学生成长成才。

第三，要积极对话协商。学习就是自我见解与他人思想之间的对话。学习共同体作为具有生命力的生态系统，通过组织开展深度对话和交流互动来促进其所有成员的学习，通过协商对话推动系统内部的合作和共进，从而产生新知获得启迪。基于深度对话和交流互动的团队学习，可使共同体成员在学习过程中共享彼此的经验与智慧，相互造就共同成长。而且主动平等的对话协商模式，亦可实现成员之间的思维互动，发现彼此的优点及多样性，感受认可与尊重，既有利于和谐持久伙伴关系的建立，也有益于成长信心的激发。

第四，要重视意义建构。建构主义认为，知识的获得不是简单复制的过程而是积极主动建构的过程，而学习共同体即为学习者进行知识的社会协商和建构的重要方式。在学习共同体中，学习者可从自己原有的知识背景出发通过多次的多向互动进行知识结构的改组或意义重建，从而完成高阶学习和有意义的学习。在知识改组或意义建构过程中，学习者的高阶知识得到不断发展，在原有知识基础上产生和创造了情境性知识和迁移性知识，其应对复杂情境和完成创新人物的高阶思维能力亦能得到有效发展。

第五，要促进反思实践。反思是辅导员专业成长的必由之路，反思实践就是探索问题、反思行动的过程，在促进有效学习中居于核心地位。在辅导员共同体中，反思实践是辅导员在真实的情境中进行专业反思，探索分析大学生思政教育实践中的各类问题，不断总结实战经验，提高思政工作质量的过程。反思实践，是辅导员在理想状态与现实情境之间的交流，是在持续发展过程中的行动与反思，可帮助辅导员在学习过程中以审视的目光和求实的态度反省检视平日实践，将研究与工作结为一体，有助于促进辅导员在态度、行为、知识、技能等方面进行改进。

面对辅导员群体所学专业背景多元、职业培训系统性不足、专业培养学科缺乏等知识困境以及大学生多元需求与辅导员职业能力不足的现实矛盾，高校需积极将辅导员共同体建构为学习共同体，采用"专家全程指导、团队协作学习、专业研究支持"的学习范式，为辅导员群体筑牢专业基础、优化知识结构、提升理论自信。

（一）精心安排专家全程指导

教育者需先受教育，理论性知识和实践性知识的储备学习是辅导员专业成长的基础性保障，亦是学习共同体的主要目标。前期访谈中，多数辅导员表示在学习中找寻不到方向，盼望能有人为其指路导航，因此建构学习共同体时要注意精心设计安排思想政治教育领域专家作为"专业导师"在共同体中引领航向、指点迷津。

作为辅导员共同体中重要的指导主体，"专业导师"核心作用的发挥即采用理论讲授、案例分析、情境模拟等方式，精准地引领辅导员在合作学习中通过深度对话和思维互动，进行知识建构或反思实践，从而促进辅导员在态度、行为、知识、技能等方面进行持续改进，更为有效地推动辅导员的专业成长。因此，选聘优质的"专业导师"对学习共同体建设而言必不可少。高校要高度重视，将选聘辅导员"专业导师"工作纳入学校人才队伍建设的重要内容，人事处、学生工作处等相关职能部门作为共同体的支持主体，要围绕专业导师的选聘标准、考核内容、调整办法、激励机制等环节出台相关配套政策，形成集合思政专家、党政干部、优秀辅导员等优质人才的专业导师库。

专业导师原则上由学校统一聘任，每四年或者五年为一个聘期，可根据专业导师的职称职级以及指导任务情况分设不同类型，给予相对应的待遇。专业导师在参与建设过程中，注意要转变身份角色，需充分尊重共同体内成员，为共同体中的交流合作创设民主平等的氛围，在与共同体成员展开对话时既不能使用专业霸权，更不能以居高临下的姿态包办指导，而要转变成为学习共同体学习活动的引导者、合作者和探索者，主动提供优质的价值引领、理念培育、工作咨询和心理辅导等服务，注重挖掘共同体中每位成员的闪光点与薄弱点，激发共同体成员交流与合作的热情，帮助他们信心百倍地面对工作学习中的挑战，引导他们共同在学习工作中探索问题、解决问题，发挥专业引领和专业服务的作用。

（二）分类实施团队协作学习

改变过去"千人一面"的方式，按照"系统化设计、规范化实施、专业化教育"的思路，树立协作学习意识、设置分类学习平台、设计精准培训体系、探索学习评估方式，为学习共同体运行注入活力。

1. 以发展导向树立协作学习意识

协作学习是辅导员学习成长的重要途径，通过与不同知识背景、不同能力水平的辅导员进行思想交流与知识碰撞，可以分享彼此的异质资源，并相互启发激发创新思维，不断提升工作意识，发展能力水平。相较于孤军奋战的自学样态，协作学习能够引导辅导员以开放协作的心态，借鉴和学习他人的经验成果，重构自己的知识体系和经验系统，实现优势互补共同提高。同时，在协作学习中辅导员通过分享经验和感受，收获尊重和支持，产生对共同体的依赖感和信任感，良好的情感支持无形中亦可提升对辅导员的职业认同。

要形成知识共享、共同发展的协作学习态势，必须首先要从思想上确立协作学习的意识。所谓协作意识是指个体对共同行动及其行为规则的认知与情感，是协作行为产生的前提和基础。作为协作学习的构成主体，辅导员应当积极主动构建对协作学习的认同感，将协作学习作为与他人构建良好人际关系以及促进自己学习成长的重要渠道。对于辅导员共同体而言，良好的协作学习意识有助于共同体的形成。通过协作学习，共同体成员之间相互合作、彼此促进，逐步形成和谐、开放、互助、合作的学习文化氛围。

2. 以需求导向设置分类学习平台

当下，辅导员学习平台建设严重滞后，原本辅导员的知识积累一是依靠职前培训，二是依托职后培养，但事实上，现有职前培训偏重理论与实际工作关联度不高，职后培养平台单一、模式僵化且学习内容缺乏针对性，导致专业背景多元的辅导员无法根据时代发展和自身工作需要，及时丰富和扩充知识体系。

学习平台是积累理论知识、提升专业技能的重要载体。为引导专业志趣相同的辅导员在学习共同体内部通过成员之间的良性合作和竞争，实现多样化发展，可根据国家对辅导员的职业功能定位，设置与辅导员实际工作需求相匹配的系列成长互动坊，如"思想引领工作坊""创新创业指导工作坊""新媒体应用工作坊""心理健康教育工作坊""突发事件应对工作坊""职业规划与就业指导工作坊"等，聘请专家组建团队将这些成长互动坊建设成分类学习平台，为共同体成员提供丰富的学习资源和专业化的交流分享平台，不仅有利于辅导员个体聚焦某专业领域实现知识、技能、态度、行为等方面的改进提升，还有助于推动以成长互动坊为单位的整体团队的发展进步。

3. 以能力导向精准设计培训体系

"精准"是高质量发展的关键词之一，蕴含了精细入微和准确到位两层含义。当前导致辅导员本领恐慌的原因之一即职后培养培训机制不完善导致供求脱节，针对此情况，以能力为导向精准设计培训体系方为解决之道，就是要通过精准地分析培训需求、设计培训内容、开发培训课程、选择培训方式推进辅导员培训学习的有效开展。

（1）精准分析培训需求

培训需求不清晰，必然导致培训内容的空泛化和碎片化，也容易导致对差异性培养、针对性训练、个性化需求的忽视，必然削弱培训工作的实效性，致使辅导员职业能力提升缓慢。2014年，《高校辅导员职业能力标准(暂行)》的出台为辅导员培养培训方案的调整和完善提供了根本依据，也为精准分析辅导员培训目标提供了政策参考。

在分析培训需求时，一要以《能力标准》中的培养要求为基准判断国家需求，保证培训的系统性；二要坚持"以人为本"，通过座谈、问卷等形式详细掌握辅导员的实际需求，保证培训的针对性。除了面向全体辅导员的共性的基础性培训之外，要着重思考对接初、中、高三个辅导员级别以及九大模块的差异性、专题性培训，且要保持培训的连续性，方能满足不同层次辅导员的培训需求。

（2）精准设计培训内容

根据前期调研，我国现有辅导员培训的内容针对性不强，较少涉及与实际工作密切相关的沟通技巧、网络技术、科研创新等方面的实务培训，也经常忽视对辅导员职业修养、职业精神等潜在能力的培养，尤其是缺少对辅导员个人成长需求和职称能力差异性的考虑，难以调动辅导员的学习积极性。

因此，在设计培训内容时，首先，应当从顶层设计角度对现有国家、省市、高校三级培训体系的内容框架进行统一规划，根据各级培训主体的任务分工和培训实力，结合培训需求制定责任明晰、梯度明显的培训指南和培训大纲，引导各级培训主体按照大纲要求，系统化设计所在层面的培训内容；其次，要建立培训资源共享平台，在平台上开放各级培训机构所有的培训课程和培训资源，通过纸质教材、慕课视频、直播回放等手段实现培训内容的资源共享。

（3）精准开发培训课程

就目前而言，各级辅导员培训的课程建设尚处于零散化、碎片化的经验摸索阶段，还未上升到体系化、完整化的科学层面，导致培训缺乏系统性和延续性。辅导员培训课程体系的开发应根据上岗培训、日常培训、专题培训、高级研修等根据不同培训类型、不同培训层次以及不同辅导员等级，分层次、分类型、分等级进行差别化建设，并且纵横结合构建课程体系。

在纵向维度上，各级培训的课程体系统一规划，协同开发，设定不同层级的学习目标与学习内容，从校级培训课程到国家级培训课程体现出明显的由浅入深、由普及到专业的层次关系，并且强调理论与实践相结合、全面提升与术业专攻相结合以促进知识结构优化与能力提升。

在横向维度上，结合九大工作模块，建立模块化、系统化的培训课程体系，针对初、中、高不同等级的辅导员，基础班强调以"多面综合"为目标开展强基培养，侧重职业基础知识与工作技能的广泛学习；提升班强调以"一专多能"为目标开展分类培养，侧重对理论的实践转化能力、个性化需求的专业服务能力的深化学习；强化班强调以"行家里手"为目标开展重点培养，注重引导骨干辅导员侧重创新意识、统筹能力和国际视野的高级学习，努力向成为某一领域专家发展。

（4）精准选择培训方式

目前辅导员培训学习的形式相对比较单一，大部分培训仍然以常规式的专题讲座为主，案例分析、情景教学、拓展训练等喜闻乐见的培训形式较为少见，使培训形式呆板僵化，没有吸引力，培训效果自然也就差强人意。

由于辅导员群体趋于年轻化，思维活跃、喜欢新鲜事物，为提升培训学习效果，学习过程中可以适当地设计一些互动式、开放式、参与式的培训方式，例如针对辅导员工作的实践性特点，培训教师更多扮演引导者和协助者的角色，广泛采用情景模拟、角色扮演、案例分析等方式开展教学，将培训模式从授课主导型转变为自主钻研型，从知识灌输型转变为互动体验型，激励参训辅导员从"被动灌输者"变成"主动参与者"和"合作探究伙伴"，增强培训学习的吸引力和感染力，参与度和获得感。

4. 以效果导向评估学习成效

以往的辅导员培训按照统一制式模式化开展，培训结束既无培训效果反馈亦无培训内容考核，代以千篇一律、无人问津的培训心得作为结束句点，导致了人力、物力、时间的浪费，收效却甚微。组织培训时，应根据辅导员个体的从业年限、知识结构和需求差异，让辅导员自主自愿地选择参加若干个不同层级的成长互动坊，通过学术沙龙、专题讨论、主题报告、观摩交流、情境模拟等专业活动，实现有重点、分类别地参与学习，增强学习任务和自我需求之间的匹配度，用个性化、定制化的自主选择提升辅导员参与学习的积极性，提高学习效果。

学习期间，要有针对性地对不同层级辅导员的能力水平，设定学习周期、学习类别和学分要求，学习结束进行结业考核并将考核结果纳入年度考核指标体系，作为年度评奖评优的重要参考指标，每一周期的学习考核结果则作为职级职务晋升的重要参考。与此同时，还要注重发挥优秀辅导员的引领示范作用，形成"头雁引领，雁阵同行"的效果，最大限度优化学习共同体中每一位辅导员的学习收获。

（三）重点开展专业研究支持

目前，科学研究能力相对不足是影响辅导员职业能力提升的一大瓶颈，已经引起了高校和学界的广泛关注。针对这一问题，可在学习平台建设基础上，紧紧围绕各成长互动坊特点，精心设计研究主题、研究重点和研究方法，通过专家领航、重点扶持、专业推进的方式引导辅导员在学习共同体中积极参加课题研究，努力提高辅导员思想政治教育理论与实践研究水平。

1. 搭建科研指导平台

辅导员的研究能力属于拓展性能力，是职业能力的关键要素。作为应用学科的思想政治教育，关注的是错综复杂的现实问题，需要以扎实的调查研究能力为支撑。但目前各高校对辅导员科研能力培养机制的建设不够重视，辅导员队伍科研氛围不浓，科研指导欠缺，使辅导员在能力提升上缺失了科研的助力。针对现有状况，建议各高校研究制定《辅导员学术发展支持计划》，充分挖掘和利用马克思主义学院思政课教师和学术型领导干部的人力资源，为辅导员们配备科研导师，指导高校辅导员积极从事科学研究，将实践经验上升为理论研究，在学术研究中增长能力水平。

为保证这一目标的达成，尚需同步建设协作研究机制，由具备副高级以上职称的辅导员牵头组建不同的研究团队，根据各自学术方向和研究兴趣，带领不同年龄、不同能力、不同职称的共同体成员开展课题研究，研究过程中安排科研导师进行科研思路和研究方法指导，团队成员之间通过导师引导、同伴支持和相互鼓励，在积极共进的学术氛围中激发科研兴趣提高科研意识，提升辅导员科学研究的覆盖面和参与度，以科研助力辅导员职业能力不断向前发展。

2. 拓展学术交流平台

共同体中辅导员的研究意识是对现实、经验、理论的一种审视态度，也是对大学生群体这一教育对象进行深层次、全方位认识的研究过程。学术交流便是开展这种可以进行相互展示与质疑、经验分享与审视研究的活动载体。

各高校应积极为辅导员创设学术交流的平台，帮助辅导员培养学术意识、开阔学术视野、激发学术思考、提升学术能力。

学校应充分挖掘或整合现有的人财物等资源，探索新型的学术交流平台，为辅导员寻求专业支持创造条件、提供便利。可以通过组织专题研讨会、学术沙龙、工作论坛等，展示学科前沿、交流研究体会，也可通过校际交流、学术互访的形式，实现学术资源共享，增强学术体验、提升学术乐趣。平台搭建时要注意激发共同体内辅导员参与学术交流的意愿，利用好相同年资和不同年资之间进行学术交流碰撞产生的催化作用，更好地发挥对辅导员科研能力提升的促进作用。

3. 建立科研激励机制

反思实践是辅导员共同体的特质之一，即要求辅导员必须在实践中研究，在研究中实践，始终与问题的研究结伴而行。除了自身的学习与努力，辅导员研究能力的提升更需要研究氛围的创设和研究行动的支持。科研项目是支持科研能力提升的重要助推剂，要鼓励和支持辅导员开展项目研究，加强科研训练。

依据国家相关政策，各高校可在学校科研项目中单设大学生思想政治教育专项，提供充足的经费支持，倾斜性扶持辅导员申报省级或者国家级哲学社会科学项目以及人文社会科学辅导员专项，使辅导员可以针对新形势下大学生思想政治教育面临的热点问题和难点问题进行深入专题研究，不断探索大学生思想政治教育工作的新途径、新方法。与此同时，单独设立科研评价制度，鼓励辅导员根据工作实际进行理论探讨，对理论成果的水平及效用实行动态评价，学校在中青年学术骨干、杰出青年培养计划等评选中可适当倾斜，考虑设置或者增加辅导员参与名额，以此增强辅导员的职业自信心和职业成就感。

三、创设育人共同体以提升成员职业效能

加强大学生的思想政治教育是辅导员共同体的特色体现，在身份上，共

同体成员是这项工作的骨干力量，在任务上，则以引领和指导大学生全面健康成长为主要职责。故从这个意义上而言，辅导员共同体实则是一种育人共同体。马克思的"共同体思想"以人的自由全面发展为最终价值旨归，辅导员共同体要引领和指导学生实现全面健康成长就必须投身教育实践，在实践活动中检验其存在意义与发展价值，如此即决定了这一"育人共同体"必然是实践共同体的内涵本质。实践共同体是美国学者让·莱夫和爱丁纳·温格提出的一个具有现代意义的共同体概念。爱丁纳·温格认为"一个实践共同体包括了一系列个体共享的、相互明确的实践和信念以及对长时间追求共同利益的理解"①。实践意味着行动，实践共同体并非仅是简单地组合一群人去完成一项工作，而是开展以追寻意义为目的的行动。当一个群体的所有成员其开展的全部行动是在创造意义并对外展示身份时，即视为实践共同体的建构过程。

辅导员共同体具有实践共同体的显在特征：即以实践性问题为目标，以身份认同为标志。众所周知，思想政治教育是一项特殊的、复杂的实践活动，在实践中需要解决和应对众多意想不到的现实问题。正如费林所指出的，"一个满意度较高的共同体，应当是一个能最大限度满足共同体成员需求，有效解决成员们遇到的问题和困难的共同体"②。在共同体中，成员们为了共同的目标而团结协作。面对辅导员群体存在的职业技能薄弱、实践本领恐慌、能力拓展受限等实践困境，辅导员共同体应将致力于关注解决这些实践问题作为共同体建构的出发点之一，分析问题根源，探索解决之路，以帮助共同体内辅导员改进和提升职业能力，实现职业发展的自我超越。

在实践共同体中，共同体成员在参与问题解决的过程中，由于彼此之间具有异质性，各种独特视角的分享与交融会为共同体中的问题解决做出多样贡献，故经常参与共同体活动、发表问题见解的成员，在与其他成员相互交

① Wenger, E.Community of Practice: Learning, meaning and identity［M］. Cambridge University Press, 1998, p.37.
② 李志河，潘霞. 新时代高校教学学术共同体的蕴意与构建［J］. 现代远程教育研究, 2020, 32（06）: 44-51.

流探讨、协商研究的过程中，通过借鉴学习优秀成员的理论观点、教育理念、工作方法，从而实现个体从实践到认知、再从认知到实践的总结反思，最终达成自我反思意识和解决问题能力的日益提高。随之而来的是其在实践共同体中的身份和地位的动态的变化和发展，将逐步从初级学习者转变为专家学习者，从而实现职业能力的稳步提升。真实的实践，着力点在于行动对身份追寻中展现的情境与意义体验的丰富性。因此，作为实践共同体的辅导员共同体在建设过程中应注意以下几点：

（一）强化成员身份的归属认同

英国社会学家鲍曼认为，身份意味着归属，身份的建构需要个人去寻找自己能够归属的共同体以获得身份所象征的知识、关系、资源等。①实践共同体的建构很重要的一个前提即身份建构，正如爱丁纳·温格所说，"当人们参与到实践共同体中，在获得新知识的同时也逐渐了解自己的身份并发生变化。"在辅导员共同体中，成员对于自己身份的确认以及对所从事的辅导员职业的认同程度，是实践共同体建构与发展的基础。共同体成员只有在高度认同的前提下，才可能在实践过程中经由协商合作、交流共享而获得共同的情感和价值体认，进而对组织的目标愿景达成共识。因此，设置合理的职位分类，健全科学的培养体系，可强化辅导员的角色归属和身份认同，激发其主动自觉地参与到实践共同体的群体互动中提升能力水平，真正成为思政某一领域的行家里手。

1.明确职业分类

马斯洛需要层次理论指出，"当归属和爱的需要基本满足后，尊重的需要就成为推动一个人进行活动的动力。"②因此，辅导员群体对教师身份和被尊重地位的需要便成为高校辅导员职业认同的动力③。故而，清晰明确的职业身份和角色定位是辅导员卓有成效开展工作的基础和前提。具体而言，相关政

---

① ［英］齐格蒙特·鲍曼.共同体［M］.欧阳景根，译.南京：江苏人民出版社，2003：14.
② ［美］亚伯拉罕·马斯洛.动机与人格（第3版）［M］.中国人民大学出版社，2012：295.
③ 肖述剑.高校辅导员职业认同的内在机理探析［J］.思想政治教育研究，2019（02）：121-125.

府部门应进行科学的职位分析和工作设计，优化辅导员的职责范围，制定辅导员的从业标准，在职业分类大典中将辅导员作为专门的职业单列出来，形成这一职业在社会上的认可度①。

2. 强化专业依托

新阶段，对国家高质量发展新战略的精准回应，对学生个性化发展新需求的及时满足成了高校思想政治工作的出发点。面对辅导员目前仅能依靠碎片化、空泛化的在职培训和实践教育经验的个体化积累实现简单专业成长的现实困境，高校应该准确识变、科学应变，以建设强有力的辅导员专属专业为依托，回应辅导员专业化职业化的必然要求，实现思政育人效果的高质量提升。只有明确了这一群体的专业归属，系统化设置专业的专属学科知识和理论体系，方能使辅导员建立起对自己所从事职业的专业归属感，产生高度的职业认同，同时有效破解理论无法指导实践的现实难题，撕掉辅导员长期以来存在的"专职不专"的尴尬标签。

国家一直在强调思想政治教育是一门专业、一门科学，并在高校设置了思想政治教育专业，但目前这一专业更倾向于培养思想政治理论课专业教师，而不是像西方高校那样，通过设置学生事务管理专业专门为学生事务管理这一职业培养硕士和博士的专门人才。基于此，本研究建议在当前思想政治教育学科下为辅导员这一职业设立专属专业——大学生思想政治教育专业，制定专业化的培养目标、科学化的培养方案、系统化的课程体系，以规范化的贯通式学历教育优化辅导员知识结构、打牢辅导员理论基础、培塑辅导员专业自信，使辅导员成为"科班"出身的不可替代性人才，从而增强辅导员教育引领学生的能力，提升大学生思政教育的专业性和实效性。在这一构想实现之前，暂时可通过鼓励辅导员攻读思政类、教育类等辅导员工作相关专业博士学位的方式代偿，以完善其现有知识体系空缺、提升其专业理论水平，增强其职业素质能力。

---

① 刘世勇,王林清,武彦斌.将高校辅导员纳入国家职业分类大典的理论探析[J].湖北社会科学,2014(01):163-167.

（二）创设合作共享的实践体系

实践共同体要求的行动具有一致的目标指向性，是多元主体基于共同的价值共识进行协同育人的实践成果。思想政治教育作为一个特殊的实践领域，辅导员共同体开展的教育实践，一方面指向对学生健康成长的教育引导，帮助学生完成价值体系的建构、道德修养的提高，另一方面则指向育人主体间的力量整合，通过实践活动促进主体间协同联动，进而使许多力量结合为一个总的力量而形成新的力量。因此，为了更好地促进教育实践问题的解决，高校应该创设合作共享的实践体系，以不断推动育人合力的汇聚。

1. 建立耦合联动机制

高校辅导员实践共同体并非自动形成，需要通过制度层面的约束方能实现从他律到自律的转变。

宏观层面，强调学校统筹决策，以整体的视野、战略的思维推动共同体成员围绕共同一致的育人目标联合行动，并对共同体成员各自的权利义务、职责范围进行制度性的明确，健全权威高效的执行机制。

微观层面，注重多维互动性，定期召集共同体成员负责人研讨协商思想政治教育工作，主张积极对话畅通沟通机制，使育人各环节和各要素有机衔接、同频共振，形成齐抓共管和高度配合的耦合联动机制，共同聚焦育人目标，促进部门与学院的共通，联动发挥辅导员共同体的最大合力。

2. 打造梯队化工作团队

基于共同的目标愿景，按照"团队协同"的建设思路，引导辅导员结合专业化发展方向成立辅导员工作室，发挥同伴互助和同侪督导的作用，在教育实践中形成团队合力。

打造梯队化工作团队，即在建设辅导员工作室的同时，注重打造工作室队伍的梯队化结构。梯队形成的关键是要着力加强拔尖人才培养，树立专家层辅导员的职业权威。[①]因此，要变革原有工作模式，在传统横向"带班式分

---

① 盛春.新时代高校辅导员队伍专业化建设路径探析[J].江苏高教,2020(12):118-122.

工"的基础上，增加纵向"专业化分工"，构建"矩阵式"配置模式，类似"全科门诊"和"专科门诊"的结合。横向"带班式分工"的辅导员，负责固定班级的全部工作，就好似"全科门诊"；纵向"专业化分工"的辅导员工作室，负责解决某一类实际问题，就好似"专科门诊"。

各辅导员工作室应打破学院限制，按照专业化发展方向分类由辅导员共同体中拥有相同工作兴趣的成员共同组建。组建时建议选拔各个方向的权威型辅导员担任主持人，以"设立专门团队、培养专家人才、提供专业服务"的思路搭建不同领域实践平台。工作室成员浸润在同类实践活动中，通过对话反思探讨交流此类实践问题的解决方法、途径以及载体，然后将经过工作室检验的可供推广的研究成果，与辅导员共同体中的其他成员进行交流分享，促进共同体全部成员整体育人能力的提升，同时也可缓解辅导员的工作压力，增强职业归属感和成就感。

3. 搭建多样交互平台

共同体功能的发挥主要依托广阔的平台来实现，辅导员共同体的平台建设为辅导员提供了同质性生长的土壤，在这种平台性的互动与活动中，通过同质促进、异质互补不断进行着身份体认，生成共同目标。

一方面，除了辅导员工作室这样的实践交流平台，也要搭建"辅导员午餐会""辅导员创新论坛"这样的常规性集会平台，定期开展互动分享活动、集体学习活动、情感互慰活动等，促进同质促进、异质互补。

另一方面，还要充分利用网络新媒体技术，搭建网络在线资讯互动平台，通过微博、微信、论坛、腾讯会议等各种网络交互工具，给辅导员们提供一个随时与共同体其他成员及时交流信息的便捷渠道。通过即时性的工作案例、工作经验、感悟反思等的分享，打破不同学院、不同工作室之间的现实管理壁垒，实现横向纵向信息流的融会贯通，从而促进异质资源的共享，实践智慧的提升。

4. 建设多要素协作格局

思想政治教育诸要素的融合汇聚、协调配合也是高校辅导员共同体的系统合力得以最大程度发挥的重要环节，高校要科学谋划各要素之间同频共振、高度配合的协作格局，为实践共同体的运行提供有效支持。

其一，注重课外与课内互通。课内推动各类课程与思政课程同向同行，将价值引领、思想启发融于知识传授和能力培养之中。课外将第二课堂与第一课堂紧密衔接，发挥好第二课堂的协同教育作用。充分利用文化活动、社会实践、志愿服务、双创大赛等形式丰富的第二课堂载体，联合发挥组织育人、文化育人、实践育人等其他育人体系的教育合力，将思政教育融入课堂学习之外的全时段，嵌入德智体美劳发展的全方面。

其二，注重网上与网下互联。大力推进现代信息技术和新媒体技术在思想政治教育中的融合运用，探索从单向式到交互式、从抽象化到具象化转变的网络育人模式，将"大道理"化为"微话语"，将"虚理论"变身"实感受"，使"微"手段迸发"巨"能量，使网络这个"最大变量"变成共同体教育场域中的"最大增量"，让思想政治教育提质增速。

其三，注重校内与校外互动。党的二十大报告提出，要"健全学校家庭社会育人机制"①，在家校社协同育人上下功夫。作为高校教育的外部环境和延伸扩展，家庭和社会与学校联动起来有效配置资源，可保障思想政治教育时间上的无缝隙和空间上的全覆盖。高校应与家庭建立良好的家校沟通机制，以学校为主导，发挥家庭风气、生活习惯与伦理道德对大学生价值观形成的协同教育作用。就社会而言，其对大学生的影响主要体现实践层面，应在润物无声中夯实学生的精神信念。高校要加强与社会层面的广泛联络，一方面校地合作，挖掘丰富生动的社会教育资源，构建具象化的实践场域，通过体验式教育对学生进行精神洗涤、灵魂升华，强化思想政治教育效果；另一方面校企（院）联合，建立专业实习、志愿服务、创新创业等多类型实训平台，聘请校外专家传授职业精神和处世道理，形成校外与校内有效联结、同向同行、协同育人的普遍自觉。

---

① 郝英明,季利清.党的二十大文件汇编[M].北京:党建读物出版社,2022:32.

四、建设发展共同体以促进成员全面发展

马克思将人的自由全面发展作为其理想社会的价值旨归，他认为，"只有在共同体中，个人才能获得全面发展其才能的手段，也就是说，只有在共同体中才可能有个人自由。"①而马克思所阐述的人的"全面发展"，既包括人的自然性和精神性需要的全部满足，也包括人的政治、经济、文化等社会关系的全面丰富，还包括人的素质、能力和个性等的协同发展和全面提升。协同发展和充分实现是共同体运行的题中之义，不仅要依靠共同体成员的相互配合与共同努力，更需要制度的供给与完善。良好的体制机制是共同体有效运转和持续存在的有力保障。当我们把辅导员共同体的建设纳入到"发展共同体"的视野来考量时，就需要重新审视如何革新现有的考核评价、晋升激励等体制机制。引导发展的政策制度构建是否得当，关乎发展共同体的未来。一方面，高校需从政策上为发展共同体的成长和作用发挥提供优化的制度环境和发展空间；另一方面，又需从尺度上精准把握政策制度的合理性，避免对发展共同体过度保护，要注重培养其自主规划发展和管理运作的能力。

面对辅导员群体缺乏"留得住、干得好、出路畅"的良性发展机制的成长困境，高校要努力探索和完善科学合理的体制机制，为共同体的构建提供强有力的制度保障，进一步满足共同体内成员的全面发展需求，强化其心理归属和价值认同。具体而言，可从以下几个方面着手：

（一）制定专业的选拔标准，完善准入机制

辅导员共同体以共同的志趣和价值追求为标志，因此，从源头上确保入职者的专业同质性和职业认同感对促进辅导员共同体的发展有至关重要的作用。

1. 适度提高辅导员入职选拔标准

避免将辅导员岗位引入"无专业设定岗位"误区，要重视思想政治教育

① ［德］马克思,恩格斯.马克思恩格斯全集(第46卷上册)［M］.中央马克思恩格斯列宁斯大林著作编译局,译.北京：人民出版社,2016:132.

相关学科专业背景，在专业背景、职业资质证书等方面设置科学、立体的要求。倡议国家建立执业资格认证机制，使具备资格证书成为应聘必备条件。①本研究认为，辅导员执业资格认证可以促进辅导员丰富和完善职业知识结构，辅导员只有走执业资格认证之路，才能真正推动辅导员职业化专业化进程。

可以根据国家对辅导员的职业功能定位及职业能力标准，按照分层分类原则，建立辅导员执业资格认证体系。根据对辅导员职业发展不同阶段的职业能力要求，开展思想引导师、心理咨询师、学业指导师等不同等级认证，既可为辅导员职业能力层级鉴定提供依据，为辅导员建立完善的准入机制提供可靠保障，亦可为辅导员职业能力提升提供制度激励。②

2. 科学调整辅导员入职选拔方式

根据国家政策规定和辅导员工作实际，设置与辅导员职业相匹配的专业门槛，调整辅导员入职选拔方式，着重考察应聘者的思想政治素质、工作责任心和心理健康水平，并将辅导员入职考试的考察内容及方式与辅导员职业素质能力大赛进行对接和匹配，更为科学地验证辅导员初级职业资质证书的含金量。

首先，在笔试环节的题型和内容设置上要与对辅导员职业能力的要求紧密契合，除基础知识、专业知识、重要法规文件外，增加博文写作和案例分析等题型，增强对辅导员职业知识广博度、掌握度以及文字表达能力的考察。

其次，在面试环节采用主题演讲、主题班会展示、谈心谈话等方式，多形式全方位地考察辅导员的语言表达能力、沟通协调能力、临场应变能力以及问题解决能力。

最后，将辅导员对未来职业发展的规划纳入考试范围，考察辅导员对这一职业的热爱度和忠诚度，以及能否用长远科学的眼光积极主动地思考自己的职业发展。通过全面细致的考察，从而判定应聘者与辅导员岗位的契合度，真正把适合辅导员岗位的人员选聘到队伍中来，把好"入口关"。

---

① 赵东方.如何提高普通高等学校辅导员的专业性[J].中国高等教育,2018(02):45-47.
② 盛春.新时代高校辅导员队伍专业化建设路径探析[J].江苏高教,2020(12):118-122.

（二）营造柔性的考评环境，革新评价机制

科学有效的考核评价机制发挥着导向调控、诊断反馈和激励优化的功能，是促进职业能力科学化提升的推进器和催化剂。大多高校虽然都建立了定性和定量相结合的辅导员考核评价机制，但"奖优罚劣"的评价政策，呈现出较强的技术化特征，既忽视了辅导员的自然情感，也未体现出辅导员的职业特性。同时现存的定量指标以偏概全、定性指标标准不明的运行弊端，极易导致辅导员间的矛盾和对立，不但不利于合作文化的形成，还可能把辅导员引向异化发展的歧途。发展性评价是以促进专业发展为目的的评价制度，通过实施考核，根据辅导员的工作表现以及个人发展特点进行针对性指导，从而促进其提高履职能力，加快专业成长。因此，建立以职业能力结构为基准的发展性评价机制势在必行，主张以人为本，实行柔性管理。

1. 注重评价机制的专业性

建立专业评价标准是一个职业发展成熟的重要标志。科学的评价机制导向作用鲜明，能有效激发共同体成员的能动性和积极性。因此，建立科学有效的评价机制，首先，应以职业能力结构模型为基准，明确职业修养的核心地位，辅以职业知识和职业技能等各项指标，设置合理全面的考核内容；其次，根据不同层次、不同类型的能力要求，设置各有侧重、各具特色的指标体系；再次，坚持评价机制的科学化，在评价原则上，坚持定性评价和定量评估相结合，注重国家要求和学生需求的统一性；在评价方法上，兼顾显性指标和隐性指标相结合，合理设置考核权重，突出专业发展和团队合作的政策导向，注重评价材料的广泛性和权威性；在评价程序上，严谨开展评估调研，注重评估问卷的科学性和结果统计的有效性，防止因为主观因素影响评价机制的有效性和可信度；在评价反馈上，根据公开、公平、公正的原则，通过对话交流的方式及时对考评结果进行逐一反馈，指导辅导员进行总结分析，确保每一个成员的知情权、参与权、表达权和监督权。通过明确评价的标准、优化评价的过程、创新评价的方式，以令人信服的专业评价提升共同体成员的工作积极性和发展主动性。

2. 注重评价机制的全面性

高校辅导员的工作内容涵盖广泛，评价时必须从工作内容、工作量、工作效果等方面进行全方位考核。一是要从整体角度全方位评价辅导员的工作成效，不能简单地以某几项结果性指标或者单纯感性认知为根据，以偏概全、片面肤浅地进行评价，而是要采用定性评价和定量评价相结合的方式，要将日常考核和重点考核、平时考核与年终考核、民主测评与实绩分析相结合，不断优化评价的原则、内容和手段，形成立体交叉的发展性评价机制，尤其要废除"安全事故一票否决制"，体现对辅导员的人性化理解与关怀；二是要从发展角度科学设计评价标准，必须充分考虑辅导员的发展特点，既看到共同点，又看到差异性，以职业能力结构为依据分层次建构初、中、高三层级评价标准，实行多元化的评价方式，从而个性化、针对性地指导辅导员完善自身工作，促使辅导员的专业化成长；三是要从目标角度充分发挥评价机制的督促鞭策功能，引导辅导员统筹好其与大学生群体的关系，面对社会的发展、时代的进步，要及时了解大学生成长成才过程中的需求变化，注重个人职业能力全面提升与学生全面发展的良性互动。

以人为本、维度清晰、指标科学的发展性评价机制可为辅导员营造尊重、理解和关心的工作氛围，通过共同协商、取向一致的科学评价，建立共生、创造、和谐发展的辅导员共同体，给予其工作的主动权和事业发展的空间，有利于发挥成员的自主性，使之潜能和天赋得到最大限度的发挥。

（三）畅通晋升的发展渠道，健全激励机制

虽然共同体的运行是以共同一致的价值追求为内在动力，但却无法避免利益的复杂性对其的干扰。马克思认为："人们为之奋斗的一切，都同他们的利益有关。"[①]当奋斗动机和努力结果相匹配，精神需求和物质奖励都满足时，自然会触发共同体成员积极行动的愿望。高校要根据辅导员的双重身份定位和职业特性，完善职务职称双线晋升制度，满足辅导员的合理发展需求，增

---

① [德]马克思,恩格斯.马克思恩格斯全集(第 2 卷)[M].中央马克思恩格斯列宁斯大林著作编译局,译.北京:人民出版社,2016:32.

加工作成就感，形成自我激励、自我发展的内驱机制。

1. 采取灵活多样的激励策略

哈佛大学的研究数据显示，在缺乏激励时，人的潜力只能发挥 20%—30%，而科学有效的激励机制可充分激发员工的潜能，让其发挥至 100%。因此，对辅导员进行科学的激励，可让其以愉悦、高效、务实的状态投入工作，并因此得到职业认同的增强、职业能力的提升和职业价值的实现。在设立激励机制时，应侧重强化育人在各类评优、晋升、考核中的权重，采用精神鼓励和物质奖励并施的灵活多样的激励策略，为共同体各成员积极主动配合共同体行动，履行育人职责并取得良好成效匹配合理的利益保障。

首先，物质激励方面，薪酬待遇作为最直接且有形的物质激励，要与辅导员的双重身份相匹配，辅导员专项津贴要全面落实，且工资待遇不能低于同级别专业教师。同时，注重对辅导员们的日常学习工作成绩给予多元化的单项奖励，比如辅导员通过自身努力获得某项职业资质或指导学生获得各类比赛奖励，通过物质奖励增强辅导员的职业认同感和成就感。

其次，精神鼓励方面，定期组织优秀辅导员评比和辅导员职业能力大赛，对学生满意度高、工作成绩突出、工作能力优异的辅导员给予及时必要的肯定和适当的奖励。同时，广泛宣传获奖和优秀辅导员的工作事迹，尽量增加辅导员职业的曝光度和美誉度，不断提高社会对辅导员岗位的重视度和尊敬度，提高辅导员的职业价值感和荣誉感。

再次，营造积极温暖的组织氛围。学校要关注辅导员及其工作，相较工作成绩，更重视辅导员背后的辛苦付出和生活上的困难需求，让辅导员感受到组织的关注和温暖的关怀。同时，对辅导员日常工作中的成绩及突出表现进行及时的肯定和赞扬，积极向上的组织氛围有助于补充和升华辅导员的职业情感，可以有效增加辅导员的职业认同感和自我效能感，确认自身不可替代的价值，激发工作的积极性和创造力。

最后，还要注重考评结果的科学运用。学生工作处要注意将辅导员每次的考评结果及时反馈至学校组织部和人事处，与这些职能部门联合形成统一意见，将辅导员的考评结果切实应用到辅导员的职务聘任、职称晋升以及各类荣誉评比中去，形成良性的激励循环效应，激发辅导员爱岗敬业的责任心与使命感，在"自我激励"意识推动下实现个体的全面发展。

2. 完善"双轨并行"的晋升机制

良好的职业发展前景是职业能力发展的强劲动力，畅通的发展渠道是良好发展前景的重要前提。高校要充分认识辅导员的职业特殊性，与专任教师相比，辅导员工作更复杂、更烦琐、更综合；与行政管理人员相比，辅导员工作更具教育性与专业性。高校只有真正确立以人为本的思想，才能从辅导员的发展需求和成长期待出发，解决辅导员现有晋升机制中存在的问题，实现激励相容最优。

一是健全专业技术职称晋升机制。高校需要将学生思想政治教育系列单独设置单独评审，职称晋升标准要根据辅导员工作职责和岗位特点合理设置，不与专业教师评审标准一致，并参照教师系列设置业务型和科研型两种类型。业务型岗位在职称评审时，重点考察职业道德、业务能力和工作实绩，对工作年限、工作考核等次、个人获奖以及所带班级或者所指导学生获奖设立明确要求，且这部分赋分权重要占70%—80%，弱化科研要求及科研成绩所占份额，为辅导员的专业技术职称晋升提供更多机会。

二是改革行政职务晋升机制。根据辅导员的学历资历、工作能力以及工作实绩等参考行政岗位职级实行辅导员岗位职级制。高校辅导员岗位职级制充分遵循马斯洛的需求层次理论，由低到高设置发展路径，为辅导员设立阶段性发展目标，层次性、阶段性地满足辅导员的发展需求。最高级岗位待遇可与行政管理岗位的正处级职级相持平，从而增强其发展目标性，调动其工作主动性，保障队伍的稳定性，实现队伍的专业化。

3. 建立合理正向的流动机制

辅导员的职业能力培养是一个复杂的实践过程，需要长时间实践经验的积累、反思与改进，如果辅导员岗位流动性大，不但严重影响学生教育培养工作的连续性，更直接影响辅导员工作经验的积累和职业能力的转化。前期调研数据显示，目前辅导员队伍呈现出高速的负向流动性样态。因此，尽快构建和谐发展的正向流动机制迫在眉睫。

首先，高校需要建立辅导员队伍建设专门指导机构。成立由支持主体组成的专门机构，例如辅导员队伍建设管理委员会等，全面负责队伍建设的日常管理，理顺辅导员畅通发展的各种渠道，充分调动辅导员的发展积极性和工作创造性。管理委员会要根据 Carpenter 和 Miller 所提出的职业发展阶段理论，结合辅导员职业发展四个阶段的不同任务和特定关注面，帮助辅导员分析职业优势和发展潜力，设定切合个人实际的职业生涯发展规划，对辅导员进行有效指导，同时帮助辅导员建立完备的职业生涯发展档案，记录其完整发展轨迹以利于经常性总结反思，从而充分调动辅导员发挥个人潜能，实现个人价值最大化。

其次，高校需要建立合理的人才流动制度。设立与各级行政职级相对应的岗位职级，实行辅导员岗位与行政岗位交叉任职，比如：辅导员任职满一届之后，可按现任职务参照相关要求直接认定岗位职级，按照相应职级安排辅导员在行政岗位兼职任职，转出辅导员岗位可保留相应职级，分管学生数量减半，半日处理行政岗位事务，半日处理学生工作事务；鼓励学校其他岗位工作人员转入辅导员队伍，在满足一定工作年限和符合辅导员岗位基本要求的基础上，可根据原有岗位级别直接聘任其担任相应职级的辅导员。如此不但增加了辅导员职业发展的机会与信心，还增加了对其他岗位优秀人才的吸引力，从而保障辅导员队伍不断壮大，保持稳定优质发展。

总之，高校辅导员共同体的运行和发展是个复杂的动态过程，在主客观因素的影响下会发生反复变化，因而建构高校辅导员共同体亦是一个长期的系统工程，需要国家、社会、高校及辅导员群体共同努力合力实现。客观上，国家的重视支持和政策保障是基础前提，社会的职业尊重和制度认可是增强辅助，高校的到位落实和科学执行是强化关键；主观上，辅导员群体的强烈愿望和坚定信念是实现根本，只有辅导员自身衷心热爱辅导员职业，真正将辅导员职业作为自己终身发展的事业去认真对待、用心经营，把"立德树人"视为使命和荣光，方能实现高校辅导员共同体的可持续发展，推动高校思想政治教育工作健康有序前行。

研究结论与展望

高校辅导员作为开展大学生思想政治教育的骨干力量，是回答好"培养什么样的人、如何培养人以及为谁培养人"这一根本问题的关键主体，肩负着立德树人的神圣使命和时代担当，其职业能力的发展是高校提升人才培养质量的必然要求和重要路径。在高等教育高质量发展的时代背景下，开展高校辅导员职业能力发展研究，不仅是推动高校思想政治教育高质量发展的重要课题，而且对于深化高等教育内涵式发展、保障思想政治教育育人成效、促进大学生全面健康个性化发展和实现辅导员群体可持续发展也具有重要的学理价值和现实意义。

本研究从共同体视角出发寻求这一问题的解决之道，探讨了辅导员职业角色的社会性期待与职业能力发展之间的关联，建构了辅导员职业能力模型，调研了辅导员职业能力的发展现状，剖析了现存发展困境及其成因，探讨了辅导员共同体的建构逻辑，提出了辅导员共同体的建构策略及运行机制，力图从共同体视域为学界深入研究此项问题开启新思路。

一、研究结论

（一）科学的理论依据是准确把握研究方向的必要前提

1. 确立了高校辅导员职业能力发展理论分析框架

高校辅导员的角色定位体现着时代要求和社会期望，决定了高校辅导员职业能力的建设方向和发展趋势。本研究通过系统梳理中华人民共和国成立70余年来高校辅导员职业能力建设的发展历程，发现高校辅导员角色的发展演变呈现出角色身份从政工干部到双重身份、角色定位从内涵单一到多元多样、角色规范从突出政治到全面兼顾、角色实践从依靠经验到日趋专业的演变趋势，因而新时期高校辅导员的角色定位应突显政治性、体现时代性、强调多元性、突出实践性、着眼专业性。

清晰地界定"高校辅导员职业能力"的概念内涵和结构要素，是划定研究范围、开展辅导员职业能力测评及进行发展瓶颈归因研究的逻辑起点。高校辅导员职业能力是实施思想政治教育活动不可或缺的知识、技能、态度、价值观等系列要素整合而成的多维抽象结构，既体现为认知层面的价值理念，也反映为实践层面的技术才能，是显性能力与隐性能力的统一。本研究认为，高校辅导员职业能力具有鲜明的职业特点，突出体现为政治性系其本质特征、教育性系其基本特征、实践性系其职业特征、综合性系其岗位特征。而且，高校辅导员职业能力对于落实立德树人根本任务、提升教师队伍建设成效、促进高水平人才培养体系形成和实现辅导员全面自由发展都具有重要的时代价值。

2. 建构了高校辅导员职业能力五维模型

基于上述理论依据，本研究运用行为事件访谈法和扎根理论开展质性研究，提出了高校辅导员职业能力结构的理论框架，建构了由职业修养、职业意识、职业品格、职业技能、职业知识 5 个一级维度，政治素质、道德修养、心理素质、职业信念、职业精神、育人情怀、专业品质、基础性能力、专业性能力、拓展性能力、基础知识、专业知识、法律知识等 13 个二级维度和信念坚定、政治敏锐、三观端正、公道正派、喜教乐业、真心热爱学生、职业认同感、育人使命感、奉献精神、协作精神、教育引导能力、调查研判能力、马克思主义理论、思想政治教育专业基本理论等 33 个结构要素组成的高校辅导员职业能力模型。

该模型诠释了高校辅导员职业能力的本质内涵及核心结构，职业修养是辅导员价值追求和工作态度的集中体现，是促进辅导员全面发展的首要前提，所占权重值最高；职业品格是辅导员不可或缺的育人情怀和专业品质，决定了主观能动性发挥的程度，是衡量辅职业能力的重要因素，所占权重值位居第二；职业技能是辅导员完成立德树人根本任务的核心能力，是衡量职业能力的关键指标，与职业品格权重值相当；职业意识是辅导员角色定位和工作使命的根本要求，是辅导员可持续发展的重要条件，所占权重值位居第四；职业知识是辅导员把握思想政治教育规律和大学生成长规律的基础保障，是促进辅导员职业能力提升的基础力量，所占权重值最低。

本研究认为，高校辅导员职业能力的显现与发挥，必须依托职业修养的统领、职业意识的牵引、职业品格的支撑、职业技能的熟稔以及职业知识的丰盈，五个维度相依共存、良性互动、共同作用，构成了高校辅导员职业能力发展的逻辑理路。辅导员职业能力模型的建构为后续辅导员职业能力测评奠定了理论基础，并为高校辅导员职业能力发展实践路径的选择提供了可视化参考。

（二）全面的实证分析是正确探索发展策略的现实基础

1. 揭示了高校辅导员职业能力发展现状

本研究对照建构的高校辅导员职业能力建设维度，编制了《高校辅导员职业能力测评问卷》，采用问卷调查法和深度访谈，通过点面结合的方式全面地呈现了高校辅导员职业能力现状全貌。数据分析结果显示，高校辅导员的职业能力总体上呈现中等偏上水平，其中职业修养表现得尤为突出，获得评价最高，职业意识和职业品格次之，职业技能再次之，职业知识的评价最低。

研究发现，高校辅导员在现实场域中的职业能力总体水平较高，反映出近些年来高校辅导员职业能力建设得到了快速向好发展的现实观照，但辅导员开展思想政治教育的实际效果与应然目标之间还存在明显的差距。具体而言：第一，全面过硬的职业修养是高校辅导员职业能力的核心支柱，新时代高校辅导员政治素质过硬，道德修养良好，马克思主义信仰坚定，为人正直、作风正派、处事公正；第二，清晰坚定的职业意识是高校辅导员职业能力的有力支撑，大部分辅导员具备强烈的育人使命感以及出色的奉献精神和担当精神，但职业认同感相对较差，协作精神比较欠缺；第三，优势突出的职业品格是高校辅导员职业能力的优势所在，绝大多数辅导员真心关爱学生、尊重理解学生，具有宽厚的包容心、温暖的亲和力和真诚的共情力，真心实意为学生着想，让学生感受到关注和温暖；第四，短板明显的职业技能是高校辅导员职业能力的提升重点，媒介运用能力和沟通表达能力是专业性能力的两大弱项，科学研究能力和教育创新能力是拓展性能力的主要薄弱点；第五，相对薄弱的职业知识是高校辅导员职业能力的主要短板，专业知识掌握较好，但马克思主义理论等基础知识和思想政治教育相关的政策法律法规等法律知识比较欠缺。

运用卡方趋势性检验进行差异性检验发现，不同个体特征辅导员群体的职业能力存在显著差异。从整体能力来看，女性辅导员对职业能力的自我评价比男性辅导员要高，职级越高、从业年限越长、在辅导员素质能力大赛中获奖级别越高的辅导员自我评价越高。从不同维度来看，职业修养仅在职级这一个体特征上存在差异，学院副书记的职业修养整体高于普通科级辅导员；职级越高、评优及获奖级别越高的辅导员，其职业意识越强烈；随着年龄增长、从业年限增加、职称职级晋升，职业知识的积累度逐渐增加，且受教育程度越高、评优获奖级别越高的辅导员，其职业知识的掌握度和应用力越好；从职业技能掌握情况来看，职级越高、在辅导员素质能力大赛中表现越出色的辅导员，其职业技能掌握越扎实、应用越熟练。

2. 明晰了高校辅导员职业能力发展困境的成因及共同体建构逻辑

结合前期调研结果，本研究运用扎根理论对深度访谈材料进行编码，结合已有文献成果加以学术性补足，分析归纳出当前高校辅导员职业能力主要存在四个方面的发展困境，分别是高校辅导员的职业认同尚不够高、职业知识结构亟待完善、专业性及拓展性能力偏弱以及离职倾向日趋明显。对上述问题进行成因剖析，发现角色泛化、工作超载导致职业认同不高，专业复杂、学习受限导致知识结构残缺，导向偏差、培养薄弱导致实践本领不足，体制缺陷、供求脱节导致职业发展不畅。

以上问题的存在客观上呼唤建设高校辅导员共同体。高校辅导员职业价值认同的强烈需求、知识结构优化的专业呼唤、思想政治教育的顶层要求以及专业化职业化的发展趋向共同构成了高校辅导员共同体的建构逻辑，为高校辅导员共同体建设提供了主体性、客观性、体制性和专业性原因。故而高校辅导员共同体建设既具可行性且非常必要。从辅导员个体发展角度，高校辅导员共同体建设有利于挖掘共享资源、优化知识结构，有利于培养协作精神、提升实践智慧，有利于创设交流平台、推动反思研究，有利于营造愉悦氛围、促进身心健康；从育人质量提升角度，高校辅导员共同体建设有利于增强职业归属、保持队伍稳定，有利于破解发展瓶颈、优化队伍管理，有利于提高育人水平、促进学生成长。

（三）建构高校辅导员共同体是稳步提升辅导员职业能力的有效策略

以共同体思维建构高校辅导员共同体是高校思想政治教育顺应高质量发展要求的应有之义。本研究基于高校辅导员共同体的内涵特征，提出了高校辅导员共同体必须遵从自主自愿、合作共治、共享互利、开放包容的原则进行建构，并提出了以高校辅导员联盟形式建构高校辅导员共同体的建构策略，围绕确立共同愿景、明晰构成要素和培育共同体意识三方面探讨了高校辅导员共同体的顶层设计理念，并提出了高校辅导员共同体的建设重点，即建立辅导员共同体运行平台体系、完善辅导员共同体内部规则和培育辅导员共同体集体文化。

高校辅导员共同体作为多种共同体的综合体，其建构与运行既能为辅导员的职业发展提供精神归属与专业支持，也能为辅导员的专业成长提供良好的生态环境与科学的体制机制。为此，本研究着重探讨了高校辅导员共同体的建构机制：一是培育精神共同体以赋予成员情感支持，二是建构学习共同体以加速成员专业成长，三是创设育人共同体以提升成员职业效能，四是建设发展共同体以促进成员全面发展。通过多种共同体功能的发挥，破解辅导员发展成长中的多重现实困境，从而推动辅导员个体与高校思想政治教育工作协同高质量发展。

二、研究创新之处

（一）在明确辅导员职业能力建设维度上寻求方法创新

学界对高校辅导员职业能力的构成要素众说纷纭，尚未达成共识。本研究突破以往理论思辨的范式，采用行为事件访谈法和扎根理论开展质性研究，借助 Nvivo 质性分析软件从现实案例和具体情境中分析提炼辅导员职业能力的特征词汇进行三级编码，建构了辅导员职业能力理论模型，立体化、透视化聚焦辅导员职业能力建设新的发力点，为辅导员职业能力发展实践路径的选择提供了可视化参考。本研究认为，高校辅导员职业能力的显现与发挥，必须依托职业修养的统领、职业意识的牵引、职业品格的支撑、职业技能的熟稔以及职业知识的丰盈，五个维度相依共存、良性互动、共同作用，构成了高校辅导员职业能力发展的逻辑理路。

（二）在破解辅导员职业能力发展瓶颈上寻求理论创新

学界对辅导员职业能力的发展困境展开了热烈讨论，但剖析制约辅导员职业能力发展的关键因素还不够精准。本研究创新了该领域的研究方式，从共同体理论视角开展辅导员职业能力发展研究，拓宽了该领域的研究视野。本研究从共同体视角审视了导致辅导员职业能力现实困境的主体性、客观性、体制性和专业性原因，认为对高校辅导员职业能力现实困境的解决在客观上呼唤建设高校辅导员共同体。高校辅导员共同体建设既具可行性且非常必要，为丰富辅导员职业能力建设理论框架提供了新的研究思路。

（三）在探索辅导员职业能力提升路径上寻求策略创新

学界对高校辅导员职业能力提升路径的研究卓有成效，但鲜有从共同体视角破解此难题的尝试。本研究提出了以高校辅导员联盟形式建构高校辅导员共同体的发展策略，阐明了高校辅导员共同体的内涵特征和建构原则，探讨了高校辅导员共同体的顶层设计理念、建设重点和运行机制，通过把高校辅导员共同体建构成精神共同体、学习共同体、发展共同体、育人共同体等多种共同体的综合体，充分发挥高校辅导员共同体的功能，破解辅导员发展成长中的多重现实困境，从而推动辅导员个体与高校思想政治教育工作协同高质量发展。

三、研究不足之处

本研究受个人研究视野、研究能力、研究方法等主客观条件的限制，导致研究具有一定局限性，需要进一步完善。具体而言，主要存在以下几点不足：

一是研究学理性尚显不足。选定本研究是源于个人从事思政工作二十年的持续思考，目的是希望为辅导员群体的集体叩问获取更多有效可行的解决策略。虽然本研究坚持问题导向，梳理出当前辅导员群体面临的现实发展困境及共同体归因并尝试提出解决方案，但因个人理论功底浅薄限制了本研究的理论高度，学理性仍有待提高。

二是研究全面性尚有欠缺。高校辅导员职业能力包含的结构要素众多，众要素间联系紧密、相互影响，然而本研究并未过多探讨职业能力隐性要素和显性要素之间的影响关系。在实际调研中，更多关注的是共性的东西，对个性化特征鲜有涉及，使得本研究在具体推论时存在一定程度的限制。

三是研究适用性尚待检验。本研究运用行为事件访谈法和扎根理论，结合专家征询，建构了由职业修养、职业意识、职业品格、职业技能、职业知识5个一级维度以及13个二级维度和33个结构要素组成的高校辅导员职业能力模型。但受研究选择的调查样本和个人研究能力的影响，模型的适用性尚需在不同情境中进行验证。

四、研究展望

整个研究过程，是对自己已有认知不断否定与质疑的过程。文末，当重新审视本研究的选题、结构与内容，对于高校辅导员职业能力发展研究的价值认同，却始终如一。我始终坚信，未来关于此项研究的深化仍有极大的拓展空间。

一是可深化学科化视角下的辅导员职业能力建设研究。辅导员的专业化培养是未来深化思想政治教育学科发展的一个方向，也是辅导员这一职业专业人才培养的必然选择。学科体系的支撑对人才培养至关重要，尤其是在科学化、信息化、智能化等趋势背景下，辅导员学科化、专业化培养已成为必然趋势。这将成为未来研究的一个重要方向。

二是可深化关于高校辅导员共同体建设的研究。高校辅导员共同体具有丰富的内涵和表现形式，是多种共同体的综合体，每一种共同体都具有各自的功能，本研究仅从精神共同体、学习共同体、发展共同体和育人共同体角度对高校辅导员共同体的运行机制进行了探讨。考虑到后续行动研究的可操作性与实效性，本研究所指高校辅导员共同体是局限于某一高校的辅导员联盟，未来研究可进一步扩大调研范围，将研究视野拓展至市域或者省域内，甚至是全国范围内，更深入、全面地开展高校辅导员共同体建设研究。

参考文献

著作：

[1] ［法］埃米尔·涂尔干.社会分工论 [M].渠东，译.北京：生活·读书·新知三联书店，2000.

[2] 安伦.理性信仰之道——人类宗教共同体 [M].上海：学林出版社，2009.

[3] ［英］保罗·霍普.个人主义时代之共同体重建 [M].沈毅，译.杭州：浙江大学出版社，2010.

[4] 贝静红.高校辅导员队伍专业化发展研究 [M].武汉：武汉大学出版社，2016.

[5] ［美］彼得·圣吉.第五项修炼——学习型组织的艺术与实务 [M].郭进隆，译.上海：上海三联书店，2009.

[6] 陈向明.质的研究方法与社会科学研究 [M].北京：教育科学出版社，2000.

[7] ［德］斐迪南·滕尼斯.共同体与社会——纯粹社会学的基本概念 [M].林荣远，译.北京：商务印书馆，1999.

[8] 费萍.高校辅导员职业能力培养研究 [M].重庆：西南师范大学出版社，2019.

[9] 费孝通.乡土中国生育制度 [M].北京：北京大学出版社，1998.

[10] 冯刚.改革开放以来高校思想政治教育发展史 [M].北京：人民出版社，2018.

[11] 冯刚等.辅导员队伍专业化建设理论与实务 [M].北京：中国人民大学出版社，2010.

[12] 冯刚，刘宏达.新时代高校辅导员工作十讲 [M].北京：北京师范大学出版社，2022.

[13] 冯刚，郑永廷.思想政治教育学科30年发展研究报告 [R].北京：光明日报出版社，2014.

[14] 顾明远.教育大辞典 [Z].上海：上海教育出版社，1998.

[15] 国家职业分类大典和职业资格工作委员会.中华人民共和国职业分类大典 [Z].北京：中国劳动社会保障出版社，1999.

[16] 郝英明，季利清.党的二十大文件汇编 [M].北京：党建读物出版社，2022.

[17] 何东昌.中华人民共和国重要教育文献（1949—1975）[M].海口：海南出版社，1998.

[18] 何东昌.中华人民共和国重要教育文献（2003—2008）[M].北京：新世界出版社，2010.

[19] ［美］J·莱夫，E·温格.情境学习：合法的边缘性参与 [M].王文静，译.上海：华东师范大学出版社，2004.

[20] 江沈红.高校辅导员教师身份内涵及身份实现路径研究 [M].武汉：武汉大学出版社，2016.

[21] 教育部课题组.深入学习习近平关于教育的重要论述 [M].北京：人民出版社，2019.

[22] 教育部思想政治工作司.走进美国高校学生事务管理 [M].北京：中国人民大学出版社，2011.

[23] 教育部思想政治工作司.加强和改进大学生思想政治教育重要文献选编（1978—2014）[M].北京：知识产权出版社，2015.

[24]［美］肯尼思·J·格根.关系性存在：超越自我与共同体 [M].杨莉萍，

译.上海：上海教育出版社，2017.

[25] 李德芳等.中国共产党思想政治教育史料选编 [M].武汉：武汉大学出版社，2009.

[26] 李忠军.高校辅导员主体论 [M].北京：光明日报出版社，2011.

[27] 刘新宪，朱道立.选择与判断——AHP（层次分析法）决策 [M].上海：上海科学普及出版社，1990.

[28] 楼艳.德育共同体视域下的高校辅导员职业发展研究 [M].杭州：浙江大学出版社，2021.

[29][德] 马克思，恩格斯.马克思恩格斯全集（第1卷）[M].中央马克思恩格斯列宁斯大林著作编译局，译.北京：人民出版社，2016.

[30][德] 马克思，恩格斯.马克思恩格斯全集（第2卷）[M].中央马克思恩格斯列宁斯大林著作编译局，译.北京：人民出版社，2016.

[31][德] 马克思，恩格斯.马克思恩格斯全集（第46卷上册）[M].中央马克思恩格斯列宁斯大林著作编译局，译.北京：人民出版社，2016.

[32][德] 马克思，恩格斯.马克思恩格斯全集（第46卷下册）[M].中央马克思恩格斯列宁斯大林著作编译局，译.北京：人民出版社，2016.

[33][德] 马克斯·韦伯.社会学的基本概念 [M].胡景北，译.上海：上海人民出版社，2005.

[34] [英] 齐格蒙特·鲍曼.共同体：在一个不确定的世界中寻找安全 [M].欧阳景根，译.南京：江苏人民出版社，2003.

[35] 秦龙.马克思"共同体"思想研究 [M].沈阳：辽海出版社，2007.

[36][美] 苏珊·R·考米斯，达德利·B·伍达特.学生服务：高校学生事务工作手册（第四版）[M].北京：中国青年出版社，2008.

[37] 王小章.从"自由或共同体"到"自由的共同体"：马克思的现代性批判与重构 [M].北京：中国人民大学出版社，2014.

[38] 史仁民.高校辅导员专业发展论 [M].北京：中央编译出版社，2018.

[39] [美] 温格等.实践社团：学习型组织知识管理指南 [M].边婧，译.北京：机械工业出版社，2003.

[40] ［美］温斯顿等.学生事务管理者专业化论 ［M］.储祖旺，胡志红等，译.北京：科学出版社，2010.

[41] 王昌华，杨滨章.政治辅导员工作概论 ［M］.哈尔滨：黑龙江人民出版社，1983.

[42] 徐大同，王乐理.西方政治思想史（第 1 卷）［M］.天津：天津人民出版社，2005.

[43] 王亚楠，郑凡，郑晓云.中华统一国民共同体论 ［M］.北京：中国社会科学出版社，2010.

[44] 翁铁慧.高校辅导员队伍建设论纲 ［M］.北京：人民出版社，2014.

[45] 奚从清.角色论：个人与社会的互动 ［M］.杭州：浙江大学出版社，2010.

[46] 习近平.决胜全面建成小康社会夺取新时代中国特色社会主义伟大胜利 ［M］.北京：人民出版社，2017.

[47] 习近平.习近平谈治国理政（第三卷）［M］.北京：外文出版社，2020.

[48] 习近平.在北京大学师生座谈会上的讲话 ［M］.北京：人民出版社，2018.

[49] 习近平.做党和人民满意的好老师——同北京师范大学师生代表座谈时的讲话 ［M］.北京：人民出版社，2014.

[50] 徐川.高校辅导员的七项修炼 ［M］.北京：人民出版社，2022.

[51] 许树柏.实用决策方法：层次分析法原理 ［M］.天津：天津大学出版社，1988.

[52]［古希腊］亚里士多德.政治学 ［M］.吴寿彭，译.北京：商务印书馆，1996.

[53] 杨建义.高校辅导员专业成长研究——基于思想政治教育学科的视野[M].北京：社会科学文献出版社，2014.

[54] 佐藤学.学习的快乐——走向对话 ［M］.钟启泉，译.北京：教育科学出版社，2004.

［55］佐藤学.学校的挑战：创建学习共同体［M］.钟启泉，译.上海：华东师范大学出版社，2010.

［56］张建伟，孙燕青.建构性学习——学习科学的整合性探索［M］.上海：上海教育出版社，2005.

［57］赵海丰.高校辅导员制度的演进与发展趋势研究［M］.沈阳：辽宁大学出版社，2014.

［58］郑葳.学习共同体：文化生态学习环境的理想架构［M］.北京：教育科学出版社，2007.

［59］中共中央党史和文献研究院.十八大以来重要文献选编（上）［M］.北京：中央文献出版社，2014.

［60］中共中央党史和文献研究院.十八大以来重要文献选编（下）［M］.北京：中央文献出版社，2018.

［61］中共中央党史和文献研究院.十九大以来重要文献选编（上）［M］.北京：中央文献出版社，2019.

［62］中央教育科学研究所.中华人民共和国教育大事记（1949—1982）［M］.北京：教育科学出版社，1984.

［63］中共中央文献研究室.建国以来重要文献选编（第14册）［M］.北京：中央文献出版社，2011.

［64］中共中央文献研究室.三中全会以来重要文献选编（下）［M］.北京：人民出版社，1982.

［65］中国大百科全书出版社编辑部.中国大百科全书·教育［M］.北京：中国大百科全书出版社，1985.

［66］中国大百科全书出版社编辑部.中国大百科全书（第二版）［M］.北京：中国大百科全书出版社，2009.

［67］中国大百科全书总编辑委员会《社会学》编辑委员会.中国大百科全书·社会学［M］.北京：中国大百科全书出版社，1991.

期刊论文：

[1] 常敏，闫蕾.基于辅导员职业能力标准的高职院校辅导员培训模式探析[J].中国成人教育，2015（24）.

[2] 陈峰.高校学生资助工作者胜任力模型研究——基于《高等学校辅导员职业能力标准（暂行）》的实证分析 [J].思想政治教育研究，2016，32（05）.

[3] 陈慧军.高校辅导员大学生"命运共同体"构建考究 [J].黑龙江高教研究，2016（08）.

[4] 陈艳梅.基于职业能力标准的高校辅导员培训模式研究 [J].教育与职业，2016（23）.

[5] 陈勇，朱平，李永山.论辅导员日常思想政治教育能力标准的完善——基于《高等学校辅导员职业能力标准（暂行)》的思考 [J].思想理论教育，2019（07）.

[6] 程海云.高校辅导员职业思维：问题、转向及其优化——基于《高等学校辅导员职业能力标准（暂行)》的思考 [J].思想理论教育，2016（10）.

[7] 程琼.新时代高校辅导员核心素养的价值、构成与培育 [J].学校党建与思想教育，2020（03）.

[8] 崔迪，姚伟.美国教师专业学习共同体的历史演进及发展趋势 [J].现代教育管理，2017（05）.

[9] 代武社.高校辅导员职业能力提升的 VTTED 模式研究 [J].学校党建与思想教育，2018（15）.

[10] 丁元竹.中文"社区"的由来与发展及其启示——纪念费孝通先生诞辰 110 周年 [J].民族研究，2020（04）.

[11] 杜静，常海洋.教师专业学习共同体之价值回归 [J].教育研究，2020，41（05）.

[12] 费萍.改革开放 40 年高校辅导员职业能力培养的历史回溯与现实启示 [J].湖北社会科学，2018（06）.

[13] 费萍.以"精细化"标准建构高校辅导员职业能力体系 [J].思想政

治教育研究，2019，35（02）.

[14] 冯刚.高校辅导员队伍专业化、职业化建设的发展路径——《普通高等学校辅导员队伍建设规定》颁布十年的回顾与展望 [J].思想理论教育，2016（11）.

[15] 伏荣超.学习共同体理论及其对教育的启示 [J].教育探索，2010（07）.

[16] 耿品，彭庆红.新中国成立以来高校辅导员角色的发展演变 [J].学校党建与思想教育，2020（03）.

[17] 郝颖.创新人才培养视角下高校辅导员职业能力提升的路径研究 [J].思想理论教育导刊，2017（05）.

[18] 何萌，周向军.高校辅导员职业能力考评体系的构建与分析 [J].高教探索，2016（02）.

[19] 华子荀，许力，杨明欢.面向教师专业发展的实践共同体评价模型研究 [J].中国电化教育，2020（05）.

[20] 黄晓林，黄秦安.实践共同体（CoPs）中教师学习的角色冲突与教师专业发展扎根理论研究 [J].教师教育研究，2021，33（01）.

[21] 江娥.高校心理辅导员专业化发展的角色定位 [J].思想理论教育，2014（11）.

[22] 蒋连霞，刘社欣.角色期望视域下高校辅导员职业素养探析 [J].学校党建与思想教育，2015（13）.

[23] 焦佳.高校辅导员职业能力提升路径探究 [J].思想理论教育，2016（02）.

[24] 金芙蓉，张元.高校网络辅导员的职业能力建设研究 [J].学校党建与思想教育，2018（13）.

[25] 李更生，刘力.走进教育现场：基于研修共同体的教师培训新模式 [J].教育发展研究，2012，32（08）.

[26] 李宏刚，李洪波.协同开发视域下高校辅导员职业能力提升探赜 [J].学校党建与思想教育，2020（03）.

[27] 李琳.高校辅导员职业能力内涵与提升路径探析 [J].思想教育研究，2015（03）.

[28] 李琳.高校辅导员职业能力提升的三维考察 [J].思想理论教育导刊，2016（07）.

[29] 李伟.教师共同体中的知识共享：困境与突破 [J].教育发展研究，2017，37（20）.

[30] 李永山，李大国.英国高校学生支持服务的历史演进及其特点 [J].比较教育研究，2008（09）.

[31] 李永山，杨善林.美国大学学生事务专业人才培养的历程、经验与启示[J].中国高教研究，2015（04）.

[32] 李永山.以职业能力为导向加强高校辅导员专业人才培养——基于《高等学校辅导员职业能力标准（暂行)》的分析 [J].思想教育研究，2015（09）.

[33] 李永山.构建以能力为导向的高校辅导员分层培训体系 [J].思想理论教育导，2016（04）.

[34] 李永山.论高校辅导员学业指导能力标准的完善——基于《高等学校辅导员职业能力标准（暂行)》的分析 [J].思想教育研究，2016（10）.

[35] 李永山.论高校辅导员学生管理职业能力的专业范围——基于《高等学校辅导员职业能力标准（暂行)》的分析 [J].思想教育研究，2018（11）.

[36] 李忠军.高校辅导员职业特性分析 [J].高校辅导员，2010（10）.

[37] 李忠军.以职业能力建设为核心推动高校辅导员队伍专业化发展[J].思想理论教育，2014（12）.

[38] 林泰，彭庆红.清华大学政治辅导员制度的特色及其发展 [J].清华大学学报（哲学社会科学版），2003（06）.

[39] 林伟毅.高校辅导员职业能力的现状及提升路径 [J].思想理论教育导刊，2017（01）.

[40] 刘善仕.精神共同体的建构及其伦理意义 [J].广东社会科学，1998（02）.

[41] 刘世勇，王林清，武彦斌.将高校辅导员纳入国家职业分类大典的理论探析 [J].湖北社会科学，2014（01）.

[42] 楼艳，叶文.基于导师制的团队合作辅导员专业化发展模式探索[J].思想理论教育，2017（01）.

[43] 罗勇，杜建宾，周雪.提升高校辅导员职业能力刍议 [J].学校党建与思想教育，2020（06）.

[44] 吕云超.基于胜任力模型的高校辅导员职业能力评价 [J].中国行政管理，2016（05）.

[45] 马文静，胡艳.学校作为共同体意味着什么——基于杜威共同体理念的讨论 [J].教育学报，2021，17（03）.

[46] 梅晓芳.高校辅导员工作室：共同体视域下辅导员专业化发展的新向度[J].江苏高教，2020（07）.

[47] 弥志伟，袁伟，贾安东.中美高校辅导员职业能力标准对比及启示[J].黑龙江高教研究，2015（05）.

[48] 农春仕.工匠精神融入高校辅导员职业能力提升的路径研究 [J].江苏高教，2020（10）.

[49] 彭庆红，耿品.新中国成立 70 年来高校辅导员队伍建设的历史进程、总体趋势与经验启示 [J].思想理论教育导刊，2019（08）.

[50] 亓明俊，王雪梅.学习共同体视域下的大学英语新手教师专业认同：内涵、模型与路径 [J].外语界，2017（06）.

[51] 祁明.高校辅导员队伍专业化、职业化建设面临的新挑战与新任务[J].思想理论教育，2016（08）.

[52] 覃吉春，王静萍.高校辅导员职业能力结构与提升路径 [J].思想理论教育导刊，2018（02）.

[53] 舒小立，张小飞.高校辅导员职业能力提升路径研究——以辅导员职业能力大赛为视角 [J].江西师范大学学报（哲学社会科学版），2017，50（04）.

[54] 苏力，杨阳，马丽.独立学院辅导员职业能力提升的方法研究 [J].

学校党建与思想教育，2019（14）.

[55] 盛春.新时代高校辅导员队伍专业化建设路径探析［J］.江苏高教，2020（12）.

[56] 孙立，李凡.高校辅导员专业化发展的基本内涵与策略探析［J］.思想政治教育研究，2017，33（01）.

[57] 唐彬.高校辅导员共同体内涵及意义研究［J］.教育评论，2016（03）.

[58] 唐彬，张志行，王玲玲.高校辅导员共同体建构策略研究［J］.高校辅导员，2017（02）.

[59] 童卫丰，杨建义."大思政"格局下构建高校辅导员专业发展共同体的思考［J］.高校辅导员学刊，2020，12（05）.

[60] 王东明.高校辅导员学习共同体构建策略探讨［J］.高校辅导员学刊，2016，8（02）.

[61] 王钢.实践共同体推动新时代教师专业发展［J］.中国教育学刊，2019（01）.

[62] 王辉，陈文东.基于"育人共同体"的全员育人探究［J］.思想教育研究，2021（04）.

[63] 王洛忠，陈江华.服务与支持：英国里丁大学学生事务管理体系探微［J］.教育研究，2017，38（02）.

[64] 王戎.新形势下高校辅导员专业化发展路径探析——高校辅导员分类分级发展模式构建［J］.思想理论教育，2015（12）.

[65] 王显芳，王肖肖.新时期辅导员队伍专业化发展的困境、机遇及途径［J］.思想教育研究，2015（04）.

[66] 王显芳，任雅才，亓振华.新时代高校辅导员队伍专业化发展的理论逻辑和现实路径［J］.思想教育研究，2019（04）.

[67] 王晓芳.什么样的"共同体"可以称作教师专业学习共同体：对教师专业学习共同体理论的审视与反思［J］.教师教育研究，2014，26（04）.

[68] 王映，赵盈.高校辅导员专业化知识困境及其对策［J］.思想理论教育，2017（03）.

　　［69］王映，林秋琴，马林海.基于职业能力标准的高校辅导员培训课程标准研制构想［J］.思想理论教育，2019（09）.

　　［70］魏宝宝，孟凡丽.教师共同体构建：蕴含价值、现实困境与实现路径［J］.当代教育论坛，2019（04）.

　　［71］魏善春.建构自组织学习共同体：高校辅导员专业化发展的新视界［J］.思想理论教育，2016（08）.

　　［72］文秋芳.大学外语教师专业学习共同体建设的理论框架［J］.外语教学理论与实践，2017（03）.

　　［73］吴晶.胡浩.习近平在全国高校思想政治工作会议上强调：把思想政治工作贯穿教育教学全过程开创我国高等教育事业发展新局面［J］.中国高等教育，2016（24）.

　　［74］邬小撑，楼艳，陈泽星.基于学生发展需求的辅导员队伍专业化建设［J］.思想理论教育，2017（05）.

　　［75］武彦斌，刘世勇，尚建嘎.优化辅导体验：辅导员职业能力提升的有效路径［J］.黑龙江高教研究，2016（12）.

　　［76］夏吉莉.高校辅导员核心职业能力建设的三维审视［J］.学校党建与思想教育，2018（21）.

　　［77］肖柯.新时期高校辅导员"四栖型"定位和专业化发展路径探析［J］.思想政治教育研究，2015，31（01）.

　　［78］肖述剑.高校辅导员职业认同的内在机理探析［J］.思想政治教育研究，2019，35（02）.

　　［79］谢永朋.专业发展共同体：高校青年教师专业发展的理想境域［J］.江苏高教，2015（06）.

　　［80］邢国忠.美国高校学生事务管理专业化概况及其启示［J］.教育发展研究，2007（Z2）.

　　［81］熊银，黄晓坚.学习共同体：高校辅导员职业能力提升的可能路径［J］.长春教育学院学报，2019，35（01）.

　　［82］胥海军，敬再平.《高等学校辅导员职业能力标准（试行）》实施路

径探索与创新 [J].学校党建与思想教育，2017 (02).

[83] 闫海波.论高校辅导员职业能力的提升 [J].黑龙江高教研究，2017 (01).

[84] 闫建璋，郑文龙."双一流"建设背景下大学教师共同体及其构建策略探析 [J].现代教育管理，2019 (08).

[85] 杨光明，胡君梅.推进高校辅导员职业能力培养的系统化理论研究 [J].中国出版，2020 (24).

[86] 杨建义.辅导员职业能力状况与专业化发展——基于就业能力模型的分析 [J].思想理论教育，2014 (03).

[87] 杨建义.高校辅导员队伍专业化建设的回顾与展望 [J].思想理论教育，2016 (08).

[88] 杨晓丹.高校辅导员职业共同体建构刍议 [J].学校党建与思想教育，2017 (18).

[89] 余钦.舒尔茨人力资本理论对高校辅导员职业能力建设的启示 [J].学校党建与思想教育，2018 (06).

[90] 袁翔，何静，李婉.高校辅导员职业能力提升与专业化发展研究 [J].学校党建与思想教育，2017 (06).

[91] 曾小丽，田友谊，李芳."立德树人"何以可能——基于教师共同体的视角 [J].教育理论与实践，2015，35 (29).

[92] 曾亚纯，雷万鹏.高职院校辅导员职业能力与影响因素研究 [J].高教探索，2021 (01).

[93] 湛风涛.高校辅导员职业能力建设探析 [J].思想理论教育导刊，2012 (12).

[94] 张洁.基于全国高校辅导员年度人物的辅导员专业化研究 [J].思想理论教育，2015 (03).

[95] 张莉，鲁萍，杜涛.高校辅导员职业能力提升与专业化发展研究 [J].思想理论教育导刊，2015 (08).

[96] 张益.高校辅导员职业能力分级培训体系的层级图式模型建构研究

[J].思想教育研究，2015（04）.

[97] 张增田，彭寿清.论教师教育共同体的三重意蕴 [J].教育研究，2012，33（11）.

[98] 赵宏.地方高校辅导员专业化持续性动力缺失的原因分析与应对——基于博弈论视角 [J].思想政治教育研究，2015，31（05）.

[99] 赵东方.如何提高普通高等学校辅导员的专业性 [J].中国高等教育，2018（2）.

[100] 赵康.专业、专业属性及判断成熟专业的六条标准——一个社会学角度的分析 [J].社会学研究，2000（05）.

[101] 赵耀，王建新.论新时代高校"三全育人共同体"的内涵与建构——基于利益趋同、价值共同和行动协同的思考 [J].中国矿业大学学报（社会科学版），2021（03）.

[102] 周佳，马巧玲.《职业能力标准》导向下的高校辅导员激励机制研究[J].黑龙江高教研究，2017（01）.

[103] 周涛.高校辅导员核心职业能力培养策略探析 [J].学校党建与思想教育，2017（22）.

[104] 朱丹.新时代辅导员核心职业能力提升研究 [J].学校党建与思想教育，2019（07）.

[105] 朱平.高校辅导员专业化的岗位设置研究——基于《高校辅导员职业能力标准（暂行）》的思考 [J].思想理论教育，2015（09）.

[106] 朱平，陈勇.《普通高等学校辅导员队伍建设规定》与辅导员队伍专业化、职业化发展——纪念《普通高等学校辅导员队伍建设规定》颁布十周年 [J].思想理论教育，2016（08）.

[107] 朱平，乔凯.高校辅导员配置和工作模式的改革与创新——以促进辅导员职业化专业化为目标的考察 [J].学校党建与思想教育，2017（03）.

[108] 朱政，袁剑."共同体"精神视域下的高校管理队伍建设 [J].武汉理工大学学报（社会科学版），2015（04）.

[109] 左殿升，刘伟，张莉.新时代高校辅导员专业化建设三维透视

[J].思想政治教育研究，2019，35（03）.

[110] 左殿升，谭红倩.习近平新时代思想政治工作观论析 [J].理论学刊，2018（01）.

学位论文：

[1] 耿品.高校专职辅导员角色冲突与调适研究 [D].北京：北京科技大学，2020.

[2] 何萌.高校辅导员核心能力建设问题研究 [D].济南：山东大学，2016.

[3] 李晓杰.新时代高校辅导员核心素养培育研究 [D].哈尔滨：哈尔滨师范大学，2020.

[4] 李永山.美国大学学生事务管理人员职业发展过程及启示研究 [D].合肥：合肥工业大学，2013.

[5] 刘洪超.高校辅导员职业能力建设研究 [D].西安：陕西师范大学，2019.

[6] 孟醒.马克思共同体思想研究 [D].武汉：中南财经政法大学，2021.

[7] 苏亚杰.高校辅导员职业能力研究 [D].哈尔滨：哈尔滨师范大学，2019.

[8] 伍廉松.新时代高校辅导员专业化发展研究 [D].武汉：华中师范大学，2020.

[9] 向伟.新时代高校辅导员素质及提升策略研究 [D].长沙：湖南师范大学，2020. [10] 谢建.教师精准教学能力模型构建研究 [D].长春：东北师范大学，2020.

[11] 徐峰.高职辅导员职业能力评价与提升策略研究 [D].上海：华东师范大学，2022.

[12] 王琴.高校思想政治教育共同体构建研究 [D].贵州：贵州师范大学，2022.

[13] 王元.高校辅导员如何在实践共同体中学习 [D].上海：华东师范大

学，2021.

[14] 曾建萍.新时代高校辅导员职业能力结构和提升研究 [D].长沙：闽南师范大学，2019.

[15] 曾亚纯.高职院校辅导员职业能力及影响因素实证研究 [D].武汉：华中师范大学，2021.

[16] 张国强.西方大学教师共同体历史发展研究 [D].济南：山东师范大学，2018.

[17] 张明志.基于团队角色理论的高校辅导员胜任力提升研究 [D].重庆：西南大学，2016.

文件报纸：

[1] 柴魏葳，刘博智.社会主要矛盾转化，教育如何应对 [N].中国教育报，2018-03-07.

[2] 杜玉波.提升理论素养增强职业能力切实加强高校辅导员队伍建设 [N].中国教育报，2016-06-06.

[3] 杜玉波.构建高质量高等教育体系 [N].中国教育报，2022-01-10.

[4] 冯丽等.思政教育筑根基——陕西落实立德树人根本任务的实践 [N].中国教育报，2021-06-14.

[5] 胡金焱.聚焦"六个思政"推进协同育人 [N].中国教育报，2022-11-14.

[6] 教育部.关于加强高等学校辅导员班主任队伍建设的意见（教社政 [2005] 2 号）[Z].2005-01-13.

[7] 教育部.高等学校辅导员职业能力标准（暂行）（教思政 [2014] 2 号）[Z].2014-03-27.

[8] 教育部.普通高等学校辅导员队伍建设规定（教育部令第 43 号）[Z].2017-09-29.

[9] 李荣华.实现高校网络思政工作价值最大化 [N]. 中国教育报，2020-11-16.

[10] 梁丹，林焕新.心怀"国之大者"提高人才自主培养质量 [N]. 中国教育报，2023-03-10.

[11] 刘杨.把握根本遵循肩负使命任务——三论深入学习贯彻习近平总书记在全国宣传思想工作会议上的重要讲话精神 [N]. 光明日报，2018-08-29.

[12] 彭建军，唐素芝.思政工作需围绕学生建立本位思维 [N]. 中国教育报，2017-11-06.

[13] 王家源.提升辅导员职业的"含金量"——北京师范大学探索高校辅导员队伍建设路径 [N].中国教育报，2018-01-12.

[14] 习近平.习近平首次点评95后大学生 [N].人民日报，2017-01-03.

[15] 习近平.习近平在庆祝中国共产党成立一百周年大会上的重要讲话 [N].中国教育报，2021-07-01.

[16] 习近平.为党育人为国育才——党的十八大以来教育战线牢记习近平总书记嘱托推进教育改革发展综述 [N].中国教育报，2022-10-16.

[17] 向贤彪.让真理光芒照亮前行之路 [N].人民日报，2021-07-12.

[18] 袁占亭.切实增强高校思政工作的针对性和实效性 [N].中国教育报，2017-01-21.

[19] 张泽强，庞立生.深入学习习近平总书记关于教育的重要论述 [N].中国教育报，2023-01-05.

[20] 张志勇.扎实推进高质量教育体系建设 [N]. 中国教育报，2021-03-09.

[21] 赵岩.着力打造辅导员"硬功"[N].中国教育报，2022-07-11.

[22] 赵一凡.30多年前，习近平就如此重视教育工作 [N]. 中国日报，2018-09-10.

[23] 中共中央国务院.关于加强和改进新形势下高校思想政治工作的意见[N].人民日报，2017-02-27.

[24] 中共中央国务院.关于进一步加强和改进大学生思想政治教育的意见(中发 [2004] 16号) [Z].2004-10-14.

　　［25］中共中央国务院.关于全国工学院调整方案的报告［N］. 人民日报，1952-04-16.

　　［26］朱娟.融合中国精神赋能思政育人［N］.中国教育报，2022-05-20.

英文文献：

　　［1］Ann M. Gansemer-Topf，Andrew Ryder. Competencies Needed for Entry-Level Student Affairs Work：Views from Mid-Level Professionals ［J］.College Student Affairs Journal，2017，35（1）.

　　［2］Ardoin，Crandall，Shinn. Senior Student Affairs Officers' Perspectives on Professional Preparation in Student Affairs Programs ［J］. Journal of Student Affairs Research and Practice，2019，56（4）.

　　［3］Boyer，E.. A Basic School：A Community for Learning［R］. Prince ton，NJ：The Carnegie Foundation for the Advancement of Teaching，1995.

　　［4］Cook S.，Brown J.Bridging epistemologies：The generative dance between or ganizationalknowledge and organizational knowing［J］. Organizational Science. Hoboken，1999，10（4）.

　　［5］D.Stanley Carpenter.Student Affairs Profession：ADevelopmental Perspec tive［A］//In Theodore K. Miller，Roger B.Winston，Administration and leadership in stu dent affairs：actualizing student development in higher education（Second Edition）［C］. Accelerated Development，Inc. Publishers，1991.

　　［6］D. Stanley Carpenter，Theodore K. Miller，Roger B.Winston Jr.Toward the Professionalization of Student Affairs ［J］. NASPA Journal，1980，18（2）.

　　［7］D. Stanley Carpenter，Theodore K. Miller. An analysis of professional de velopment in student affairs work ［J］. NASPA Journal，1981，19（1）.

　　［8］Danielle M. —（Danielle Marie）De Sawal. Job One 2.0：Understanding the Next Generation of Student Affairs Professionals ed. by Peter M. Magolda，and Jill Ellen Carnaghi（review）［J］. Journal of College Student Development，2015，56（4）.

　　［9］David H.Jonassen& Susan M.Land.Theoretical Foundations of Learning Environments［M］. Lawrence Erlbaum Associates, Inc.2000.

［10］ David W. Cox, William A. Ivy. Staff Development Needs of Student Affairs Professionals［J］. NASPA Journal, 2015, 22 (1).

［11］ Day, C.Developing Teachers: The Challenges of Lifelong Learning［M］. London, UK: Falmer.1999.

［12］ Deborah Ellen Hunter. How Student Affairs Professionals Choose Their Careers［J］. NASPA Journal, 2015, 29 (3).

［13］ Diane L Cooper, Erin Chernow, Theodore K Miller, et al.Professional development advice from past presidents of ACPA and NASPA［J］. Journal of College Student Development, 1999, 40 (4).

［14］ Dustin K. Grabsch, Lori L. Moore, Kristyn Muller, et al. Student Affairs Professionals'Self-Reported Professional Development Needs by Professional Level［J］. College Student Affairs Journal, 2019, 37 (2).

［15］ Eaton Paul William, Pasquini Laura, Ahlquist Josie R., et al. Student Affairs Professionals on Facebook: An Empirical Look［J］. Journal of Student Affairs Research and Practice, 2021, 58 (1).

［16］ Eva-Marie Seeto. Professional Mentoring in Student Affairs: Evaluation of a Global Programme［J］. Journal of Student Affairs in Africa, 2017, 4 (2).

［17］ GS Blimling, EJ Whitt.Good Practice in Students Affairs—Principle To Foster Students Learning［M］. San Francisco: Jossey-Bass publishers, 2001.

［18］ Hara N.&Schwen M.Communities of Practice in Workplaces: Learning as a Naturally Occurring Event［J］. Performance Improvement Quarterly.Hoboken, 2006, 19 (2).

［19］ Hatfield, Haley. Scholarship of Student Affairs Professionals: Writing Strategies and IdentityExplored Through Coaching［J］. Journal of Student Affairs Research and Practice, 2017, 54 (4).

［20］ Joel Westheimer.Communities and Consequences: An Inquiry Into Ideology and Practice in Teachers′ Professional Work［J］. Educational Administration

Quarterly, 1999 (35).

[21] Larry D. Roper, William E. Sedlacek. Student Affairs Professionals in Academic Roles [J]. NASPA Journal, 2015, 26 (1).

[22] Lee Ward. Role Stress and Propensity to Leave among New Student Affairs Professionals [J]. NASPA Journal, 2015, 33 (1).

[23] Linda M., —Clement. Making Change Happen in Student Affairs: Challenges and Strategies forProfessionals by Margaret J. Barr, George S. McClellan, and Arthur Sandeen (review) [J]. Journal of College Student Development, 2015, 56 (4).

[24] Lisa M. Baumgartner, Brett Brunner, Keegan N. Nicholas. The Benefits and Challenges of Peer Mentoring in a Professional Development Opportunity Based on the Assessment, Evaluation, and Research Competencies [J]. College Student Affairs Journal, 2019, 37 (2).

[25] Margaret J.Barr, Mary K.Desler, and Associates.The Handbook of Student Affairs Administration [M]. San Francisco: Jossey-Bass publishers, 2000.

[26] Margaret W. Sallee.Ideal for Whom?A Cultural Analysis of Ideal Worker Norms in Higher Education and Student Affairs Graduate Programs [J]. New Directions for Higher Education, 2016.

[27] McClelland D C.Testing for competence rather than for intelligence [J]. American Psychologist, 1973.

[28] Miller, T.K., Carpenter.D.S.Professional preparation for today and tomorrow [A] //In D.G. Creamer (Ed.) Student development in higher education: Theories, practices, and future directions [C]. Washington DC: ACPA.1980.

[29] Steven Tolman Ed.D., Daniel Calhoun Ph.D.. Gain insight into social stratification of professional development within student affairs [J]. Student Affairs Today, 2019, 22 (9).

[30] Tomas J.Sergiovanni.Buiding Community in Schools [M]. San francisco: Jossey-Bass, 1994.

[31] Vangrieken, K., Meredith, C., Packer, T.et al. Teacher communities as a context for professional development: A systematic review [J]. Teaching and Teacher Education, 2017 (67).

[32] Vescio V, Ross D, Adams A.A review of research on the impact of professional learning communities on teaching practice and student learning [J]. Teaching and Teacher Education, 2008 (1).

[33] Wenger, E.Community of Practice: Learning, meaning and identity [M]. Cambridge University Press, 1998.

致　谢

　　凌晨一点二十七分，伴随着保存按钮的最后一次的敲击，我的博士论文终于收笔。揉揉早已酸疼的肩膀，轻轻躺在床上，眼中毫无睡意，心中百感交集，翻涌的思绪飘向远方，过往五年的点点滴滴回放般地闪现在这寂静的夜里。

　　"学无止境，学然后知不足，教然后知困。"源于对教育事业的执着和热爱，囿于对教育实践的困惑与不解，我在不惑之年义无反顾决定重返自己魂牵梦萦的大学校园。何其有幸，我搭载上西北师范大学这艘学术的巨轮，在众位大家学者的指引下追逐自己执念已久的求知之梦。求学道路并非坦途却充满温馨，五年的时光既是一次圆梦的旅程和意志的考验，亦是一场人生的修炼和难忘的回忆。

　　五载日夜，辗转于工作、学习、家庭中的我，不愿顾此失彼，唯有笨鸟先飞，将他人娱乐、交友、睡眠的时间都转换成学习的时间。所幸勤能补拙，热爱能战胜一切困难，我沉醉地畅游于知识的海洋，采撷着理论丰盈的快乐和精神富足的芬芳。一路走来，收获了视为珍宝的师生情、同窗谊，更得到了温暖一生的悉心关切和诚挚鼓励。我是幸运的，更是幸福的，唯有将这些深情厚谊永远铭记于心并深深地感激、感谢、感恩！

　　能够奉上这份答卷，要衷心感谢悉心指导栽培我的导师王兆璟教授！先生师德崇高、学养丰润、谦和睿智、待人宽厚，承蒙恩师不弃，有幸拜入先生师门。从学五载，先生宽广的胸襟、渊博的学识、求真的精神、恬淡的性情无时无刻不在深深感染着我、教化着我，让我愈发勇敢地去战胜求知道路上的艰难险阻。正因为如此，我才能有信心和勇气用"共同体理论"去触碰"高校辅导员职业能力"这样一个创新选题。从确定选题到撰写开题报告，从文稿初成到数易其稿直至最终成型，写作过程中恩师始终循循善诱，大到论文框架、小到文献注释，均给予了悉心的指导、耐心的解答和适时的鼓励，论文的完成浸润着恩师的心血和智慧。五载时光，恩师对我的影响是全方位的，他所教授的不仅是治学的方法、科研的思维，更多的是为人的道理和处世的智慧，感谢恩师引导我学业有成、事业进步、家庭和睦，唯有学以致用继续砥砺前行方不负恩师栽培之情。

能够了却心中执念，要深深感激一直鼓励支持我的刘向锋书记和徐继存教授！感谢亦师亦兄的刘向锋书记，是他坚持不懈的鼓励和督促，坚定了我读博的信心和勇气；感谢硕士生导师徐继存教授，是他专业热心的引荐和帮助，造就了我与西师的这份情缘。感谢两位老师的激励鞭策与谆谆教诲，给予了我实现梦想的莫大动力。

能够顺利完成学业，要真心感谢所有关怀帮助我的西北师范大学的老师们！不会忘怀刘旭东教授的博学与幽默、傅敏教授的严谨与关切、周晔教授的细致与认真，不会忘怀张俊宗教授、张善鑫教授、吕世虎教授、张维民教授、吕晓娟教授、高承海副教授的倾情传授与指点帮助，每一次授课、每一次谈话、每一次指导都引导我感悟、助力我成长。

能够完成论文写作，要特别感谢鼎力支持我开展实证研究的众多同事同仁！期间太多暖流萦绕、温润于心。感谢未曾谋面却无私给予宝贵指导意见的征询专家们，感谢接受访谈并给予热情真诚分享的高校领导、辅导员同行和毕业生同学们，感谢热心帮助我发放问卷的高校同仁们，感谢用心帮助我编制问卷的张晓丽教授和郝春红副教授，感谢细心帮助我处理数据的韩春蕾教授，感谢耐心帮助我制图做表的巩雪梅书记，感谢他们在我困难与苦恼时的大力支持和无私帮助。还要感谢在每个重要环节给我论文提出宝贵修改意见的专家们，感谢帮助我开拓思路、激发我写作灵感的参考文献的学者们，他们的真知灼见为我顺利完成论文奠定了坚实的基础，遥致问候以表感谢。

　　感恩生命际遇中给我关爱、鼓励、期待与理解的挚爱亲朋！感谢我的同窗好友，求学期间与你们志同道合相伴同行甚是幸运。难忘与车延年、漆艳春、沈新建彻夜长谈、推心置腹的相互鼓励，难忘与宋志燕、汪海燕、孙宁同赴兰州山区田野调查的实践追寻，亦难忘与刘双、刘曲、张琳琳、秦建军共觅美食共话人生的欢愉场景，一幕一帧均弥足珍贵。感谢我的至亲家人，他们永远是我想起时平添喜悦、忆及时顿感温柔的人，感谢所有亲人对我始终如一的宽容、理解与支持，感谢父母的体谅分担给予我最坚实的臂膀依靠，感谢丈夫女儿的鼓励陪伴带给我最眷恋的甜蜜温馨，他们的爱是我求知路上最强大的精神支柱。

　　饮水思源，我会永远铭记并感恩每一个给予我关心、鼓舞、指导和帮助的人，我会带着这些沉甸甸的深情厚谊开启崭新的人生旅程。最后感谢努力、执着的自己，在梦想面前选择了奋力追逐，在挫折面前选择了坚强面对，在困难面前选择了坚持不放弃，未来我依然会坚持做这样的自己。博士论文的写作虽然告一段落，但由于个人学术功底有限，尚有很多不足需要完善，因此我将在求真求实的道路上继续探索前行，将博士所学付诸工作实践和生活智慧，祝福我们都能在未来旅程看到更美的风景，遇见更好的自己。

2023 年 3 月于烟台

附　录

附录一　高校辅导员职业能力发展研究访谈提纲（辅导员版）

感谢您接受我的访谈，此次访谈主要为研究制订高校辅导员职业能力发展策略提供参考依据。我们会按照学术规范做好保密工作，您据实介绍即可，访谈中涉及的人名、地名等，您可以用符号代替。

一、个人基本情况

1. 请介绍一下您的基本情况好吗？（毕业院校专业、年龄、学历、从事辅导员时间、带班情况、是否担任其他职务、获得荣誉等）

2. 请分享一下您选择辅导员工作的原因？

二、对自己职业的认知

1. 您如何看待辅导员在高校中的作用？您对辅导员这一职业持什么态度？您的态度可曾因何种原因发生变化？

2. 您对辅导员角色定位的理解？您如何看待辅导员的双重身份？

三、对职业能力的认识

1. 请您分享 2—3 件您比较满意的辅导员工作案例。（当时的情境、涉及

的人物、遭遇的困难、当时的思想、采取的行动、最后的结果)

2.请您剖析 1—2 件您认为比较遗憾的工作案例。（当时的情境、涉及的人物、遭遇的困难、当时的思想、采取的行动、最后的结果)

3.结合分享的案例，您认为具备哪些知识、技能、品格或者信念对做好辅导员工作帮助很大？

4.您认为自己目前缺乏哪些职业素质和能力？

四、对职业支持系统的评价

1.贵校采取了哪些措施来提升辅导员的职业能力？您觉得效果如何？

2.您认为贵校辅导员的考核、晋升和津贴分配机制对辅导员职业发展的支持情况怎样？

五、对职业发展的愿景

1.您认为哪些因素对辅导员职业能力的发展造成了阻碍？您对未来发展如何规划？

2.您如何看待辅导员的职业化和专业化发展？能激励您走职业化和专业化道路的有效措施有哪些？

附录二　高校辅导员职业能力发展研究访谈提纲（大学生版）

感谢您接受我的访谈，此次访谈主要为研究高校辅导员职业能力发展策略提供参考依据。该访谈仅作为研究使用，我们会按照学术规范做好保密工作，您据实介绍即可，访谈中涉及的人名、地名等，您可以用符号代替。

一、个人基本情况

1. 请介绍一下您的基本情况好吗？（院校专业、年龄、是否担任职务、是否担任过朋辈辅导员等）

二、对辅导员这一职业的认知

1. 您平时接触辅导员的机会多吗？一般都在什么场合接触？除此之外，您认为辅导员都忙于处理什么工作？

2. 您认为辅导员在学校中发挥什么作用？您希望辅导员将更多的工作精力放在什么方面？

三、对辅导员职业能力的评价和期待

1. 您会在什么状态下想要联系辅导员帮忙或者解决？具体描述当时的环境、涉及的人物、遭遇的困难以及辅导员帮助处理的具体过程和行为细节。

2. 您认为您的辅导员是个优秀的辅导员吗？他（她）身上哪些素质和能力吸引了您？

3. 请谈谈您心目中理想的辅导员应该具备哪些素质和能力？（知识、技能、品格、信念）

附录三　高校辅导员职业能力发展研究访谈提纲（管理者版）

感谢您接受我的访谈，此次访谈主要为研究制订高校辅导员职业能力发展策略提供参考依据。该访谈仅作为研究使用，我们会按照学术规范做好保密工作，您据实介绍即可，访谈中涉及的人名、地名等，您可以用符号代替。

一、个人基本情况

1. 请介绍一下您的基本情况好吗？（毕业院校专业、年龄、学历、是否从事过辅导员工作、从事辅导员时间等）

二、对辅导员这一职业的认知

1. 您对辅导员角色定位的理解？
2. 您如何看待辅导员在高校中的作用？
3. 您如何看待辅导员的双重身份？

三、对辅导员职业能力的见解

1. 贵校是否有给您留下深刻印象的辅导员？请具体描述他（她）给您留下深刻印象的事件或者场景？包括当时的环境、涉及的人物以及他（她）当时的具体行为细节。
2. 结合您对贵校优秀辅导员群体的了解，列举他（她）们具备的优秀特质有哪些？（知识、技能、品格、信念）
3. 您认为贵校辅导员队伍目前缺乏哪些职业素质和能力？

四、对辅导员职业支持系统的评价

1. 贵校提升辅导员职业能力的措施有哪些？您认为实施效果如何？
2. 您认为贵校的津贴分配、考核、晋升机制对辅导员的职业发展是否发挥了足够的激励作用？请分析其中原因。

五、对辅导员职业能力发展的展望

1. 您如何看待辅导员双线晋升的问题？您认为辅导员职业能力发展存在的最大阻碍是什么？

2. 辅导员作为高校管理干部的后备军，您如何看待他们的职业化和专业化发展？您认为能激励辅导员走职业化和专业化发展道路的有效措施有哪些？

附录四　访谈对象基本情况一览表（辅导员及管理者，N=19）

编号	受访者	性别	年龄	受教育程度	职务	工作年限	荣誉称号
F01	刘老师	男	37	博士	专职辅导员	12	S高校辅导员年度人物
F02	王老师	女	32	硕士	专职辅导员	6	S高校辅导员年度人物
F03	郝老师	女	44	博士	专职辅导员	18	S高校优秀辅导员
F04	王老师	男	36	硕士	专职辅导员	10	S高校优秀辅导员
F05	杜老师	女	34	博士	专职辅导员	8	校级十佳辅导员
F06	杨老师	女	43	硕士	专职辅导员	16	S高校优秀辅导员
F07	郝老师	女	44	硕士	专职辅导员	18	S高校优秀辅导员
F08	贺老师	女	35	博士	专职辅导员	9	校级十佳辅导员
F09	范老师	男	45	硕士	党委副书记	19	全国高校辅导员年度人物
F10	郭老师	女	43	硕士	党总支副书记	19	S高校辅导员年度人物
F11	范老师	女	42	博士	党总支副书记	15	全国高校辅导员年度人物
F12	张老师	男	41	硕士	党总支副书记	14	S高校辅导员年度人物
G01	刘老师	男	51	博士	副校长	28	S高校思想政治教育先进 个人
G02	杜老师	男	39	硕士	校团委书记	19	全国优秀共青团干部
G03	庞老师	男	46	博士	人事处长	22	/
G04	刘老师	男	43	硕士	人事处长	20	/
G05	张老师	男	46	博士	副校长	23	S高校思想政治教育先进 个人
G06	鞠老师	女	45	硕士	学生工作处长	22	S高校思想政治教育先进 个人
G07	张老师	男	43	硕士	学生工作处长	20	/

附录五　访谈对象基本情况一览表（大学生，N=16）

编号	受访者	性别	年龄	专业	类型	学习或工作年限
D01	徐同学	女	22	土木工程	学生干部	在校 4 年
D02	张同学	女	22	经济管理	心理困惑者	在校 4 年
D03	曾同学	男	24	市场营销	普通学生	毕业 2 年
D04	赵同学	女	21	护理学	学生干部	在校 3 年
D05	周同学	女	24	英语	学生干部	毕业 2 年
D06	董同学	男	20	心理学	普通学生	在校 3 年
D07	何同学	女	21	工商管理	贫困生	在校 3 年
D08	陈同学	女	35	数控	学困生	毕业 12 年
D09	孙同学	女	28	材料化学	贫困生	毕业 6 年
D10	燕同学	男	24	金融学	学生干部	毕业 3 年
D11	徐同学	女	24	汉语言文学	普通学生	毕业 1 年
D12	范同学	男	23	临床医学	心理困惑者	在校 5 年
D13	超同学	男	24	自动化	贫困生	在校 4 年
D14	邢同学	女	23	中医学	学困生	在校 5 年
D15	马同学	女	21	测绘工程	学困生	在校 3 年
D16	吴同学	男	25	思想政治教育	心理困惑者	毕业 2 年

附录六　征询专家基本信息一览表（N=17）

专家编码	主要岗位	从业年限（年）	职称	学位	研究领域	对辅导员职业能力熟悉程度
Z01	校级领导	20年以上	副高级	博士	大学生思想政治教育	非常熟悉
Z02	思政教师	16—20年	正高级	博士	马克思主义基本理论与高校思想政治教育	一般熟悉
Z03	中层管理人员	20年以上	副高级	硕士	大学生思想政治教育	比较熟悉
Z04	思政教师	6—10年	中级	博士	思想政治教育	比较熟悉
Z05	中层管理人员	20年以上	正高级	博士	思想政治教育	非常熟悉
Z06	研究人员	11—15年	正高级	博士	思想政治教育	比较熟悉
Z07	辅导员	6—10年	副高级	博士	教育心理学	非常熟悉
Z08	研究人员	11—15年	副高级	博士	教育管理	比较熟悉
Z09	辅导员	20年以上	副高级	博士	大学生思想政治教育	非常熟悉
Z10	研究人员	20年以上	正高级	博士	教育管理	比较熟悉
Z11	校级领导	20年以上	副高级	博士	思想政治教育	比较熟悉
Z12	辅导员	6—10年	中级	博士	大学生思想政治教育	非常熟悉
Z13	中层管理人员	11—15年	正高级	博士	思想政治教育	比较熟悉
Z14	中层管理人员	20年以上	正高级	博士	思想政治教育	非常熟悉
Z15	中层管理人员	16—20年	副高级	硕士	教育管理	比较熟悉
Z16	中层管理人员	16—20年	正高级	博士	思想政治教育	非常熟悉
Z17	中层管理人员	16—20年	正高级	博士	思想政治教育	非常熟悉

附录七　高校辅导员职业能力模型专家征询问卷（第一轮）

尊敬的专家：

　　您好！非常感谢您为本研究前期建构的高校辅导员职业能力模型提出宝贵的意见。

　　此次征询问卷仅用于学术研究，对您提供的信息和回复的内容将严格保密，请您根据提示逐项填写，于 9 月 26 日前完成发送至邮箱 bycbh@126. com。再次感谢您的支持与帮助！

第一部分　研究简介

　　本研究旨在通过建构高校辅导员职业能力模型，明晰高校辅导员职业能力建设维度，为高校辅导员职业能力评价与提升提供新方案。

　　研究前期，通过文献回顾、深度访谈，运用扎根理论自下而上进行三级编码，现初步拟定了 5 个一级指标，15 个二级指标，45 个结构要素。由于学者们对高校辅导员职业能力内涵尚未达成共识，因此本研究将部分概念，定义如下：

　　（1）职业能力：从业者把所学的知识、技能和态度在某个特定的职业情境中，通过类化、迁移、整合的过程最终形成能完成某项职业任务的能力，包括职业知识、职业技能、职业经验、职业态度和整合这些要素的工作情境。

　　（2）高校辅导员职业能力：是指高校辅导员按照工作职责、任务和要求，在实践中形成发展起来并逐渐内化的，有目的、有计划地组织实施大学生思想政治教育活动不可或缺的知识、技能、态度、价值观等系列要素整合而成的集合，具有多重维度，既体现为职业的要求，也反映在专业的品质，既体现为认知层面的价值和理念，也反映在实践层面的技术和才能，是显性能力与隐性能力的统一。

第二部分　专家基本信息调查表

1. 您的主要岗位（　　）

A. 思政教师　　　　　B. 辅导员　　　　　C. 研究人员

D. 中层管理人员　　E. 校级领导

2. 您的从业年限（　　）

A. 5 年以下　　　　　B. 6—10 年　　　　　C. 11—15 年

D. 16—20 年　　　　　E. 20 年以上

3. 您的专业技术职称（　　）

A. 中级　　　　　　　B. 副高级　　　　　C. 正高级

D. 其他＿＿＿＿＿＿＿（请注明）

4. 您的受教育程度（　　）

A. 学士　　　　　　　B. 硕士　　　　　　C. 博士

D. 其他＿＿＿＿＿＿＿（请注明）

5. 您对高校辅导员职业能力相关研究的熟悉程度（　　　）

A. 非常熟悉　　　　　B. 比较熟悉　　　　C. 一般熟悉

D. 比较不熟悉　　　E. 非常不熟悉

6. 您的研究领域：＿＿＿＿＿＿＿＿＿＿

7. 您最后学位毕业学校：＿＿＿＿＿＿＿＿＿

8. 您的单位名称：＿＿＿＿＿＿＿＿＿

9. 您的电子邮箱：＿＿＿＿＿＿＿＿＿

第三部分 高校辅导员职业能力模型评定表

正式的咨询内容包含 3 个表, 分别为高校辅导员职业能力模型一级指标专家评定意见表、高校辅导员职业能力模型二级指标专家评定意见表、高校辅导员职业能力模型结构要素专家评定意见表, 请您根据表后的填表说明给出评定意见。

表 7-3-1　高校辅导员职业能力模型一级指标专家评定意见表

一级指标	设置必要性		重要程度					指标增删或修改建议
	必要	不必要	非常重要	比较重要	一般重要	不太重要	极不重要	
	1	0	5	4	3	2	1	
职业素养								
职业意识								
职业品格								
职业技能								
职业知识								

填表说明: 上表是结合扎根理论凝练的 5 个一级指标, 请您评定指标设置的必要性及重要程度, 在相应空格内填写对应的数字, 对不认同指标提出您的增删或修改建议。

表 7-3-2　高校辅导员职业能力模型二级指标专家评定意见表

一级指标	二级指标	设置必要性		重要程度					指标增删或修改建议
		必要	不必要	非常重要	比较重要	一般重要	不太重要	极不重要	
		1	0	5	4	3	2	1	
职业素养	政治觉悟								
	道德情操								
	心理素质								
职业意识	职业信念								
	职业精神								
	职业情感								
职业品格	育人情怀								
	形象气质								
	品质特质								
职业能力	基础性能力								
	专业性能力								
	拓展性能力								
职业知识	专业性知识								
	政策性知识								
	业务性知识								

填表说明：上表是结合扎根理论凝练的 15 个二级指标，请您评定指标设置的必要性及重要程度，在相应空格内填写对应的数字，对不认同指标提出您的增删或修改建议。

表7-3-3 高校辅导员职业能力模型结构要素专家评定意见表

二级指标	结构要素	设置必要性		重要程度					指标增删或修改建议
		必要	不必要	非常重要	比较重要	一般重要	不太重要	极不重要	
		1	0	5	4	3	2	1	
政治觉悟	信念坚定								
	政治敏锐								
	爱党爱国								
道德情操	三观端正								
	为人正直								
	处事公正								
心理素质	心理抗压力强								
	情绪调控力佳								
职业信念	育人使命感								
	职业认同感								
	育人成就感								
职业精神	奉献精神								
	担当精神								
	极致精神								
职业情感	喜教乐业								
	热爱学生								
育人情怀	真心关爱学生								
	尊重理解学生								
	不放弃任何一个学生								
形象气质	形象阳光								
	精神饱满								
	举止得体								

续表

二级指标	结构要素	设置必要性		重要程度					指标增删或修改建议
		必要	不必要	非常重要	比较重要	一般重要	不太重要	极不重要	
		1	0	5	4	3	2	1	
品质特质	强大的责任心								
	强烈的进取心								
	真诚的共情力								
	温暖的亲和力								
基础性能力	组织管理能力（组织力、领导力）								
	统筹兼顾能力（工作协调力、时间管理力）								
	终身学习能力（自我学习能力、知识运用能力）								
专业性能力	教育引导能力（思想引导力、价值引领力、灵活应变力）								
	发展指导能力（学业领航力、就业指导力、心理疏解力、建立信任感）								
	沟通表达能力（语言沟通能力、文字表达能力）								
拓展性能力	调查研判能力（危机预判处置能力、实践经验迁移能力、科学理论研究能力）								
	教育创新能力（网络契合力、媒介应用力、情境创设力）								

续表

二级指标	结构要素	设置必要性		重要程度					指标增删或修改建议
		必要	不必要	非常重要	比较重要	一般重要	不太重要	极不重要	
		1	0	5	4	3	2	1	
专业性知识	马克思主义理论								
	思想政治教育理论								
	教育学理论								
	心理学理论								
政策性知识	政策文件								
	法律法规								
	时事热点								
业务性知识	中华传统文化								
	安全防范知识								
	学生工作实务								
	跨专业业务知识（学生所学专业知识、学生感兴趣 知识)								

　　填表说明：上表是结合扎根理论凝练的 45 个结构要素，请您评定指标设置的必要性及重要程度，在相应空格内填写对应的数字，对不认同指标提出您的增删或修改建议。

附录八　高校辅导员职业能力模型专家征询问卷（第二轮）

尊敬的专家：

您好！衷心感谢您在第一轮征询中给予的宝贵指导意见，并再次为修订后的高校辅导员职业能力模型进行指导！

此次征询问卷包括三部分，第一部分为模型修订说明，第二部分为正式咨询内容，第三部分为专家权威程度自评表。本问卷仅用于学术研究，对您提供的信息和回复的内容将严格保密，请您根据提示逐项填写，于 10 月 12 日前完成发送至邮箱 bycbh@126.com。再次感谢您的倾情支持与无私帮助！

第一部分　模型修订说明

本研究认为，高校辅导员职业能力是指辅导员按照工作职责、任务和要求，在实践中形成发展起来并逐渐内化的，有目的、有计划地组织实施大学生思想政治教育活动不可或缺的知识、技能、态度、价值观等系列要素整合而成的集合，具有多重维度，既体现为职业的要求，也反映在专业的品质，既体现为认知层面的价值和理念，也反映在实践层面的技术和才能，是显性能力与隐性能力的统一。

辅导员职业能力模型各级指标的筛选应根据专家意见的一致性和集中度，并结合专家详细建议进行确定。专家意见的一致性用变异系数来衡量，通常认为变异系数应该 <0.25，数值越小，说明专家对该指标重要性的意见越一致。专家意见的集中度，一般用重要性赋值的满分频率 K 和平均数 M 来表示，K 值越大，说明指标的集中程度越好，M 值越大，表明指标的重要程度越高。本研究设定 M 值不小于 4.0，小于设定值的指标将根据专家建议进行删除或者修改。

根据第一轮咨询中专家们提出的宝贵意见，结合对第一轮回收数据的统计分析，本研究对辅导员职业能力模型进行了修订，将专家意见比较集中的指标进行了删除、合并或者表述修改，由原先的 5 个一级指标、15 个二级指标、45 个结构要素修订为 5 个一级指标、13 个二级指标、33 个结构要素，修订处用加粗斜体字予以标注。

第二部分　高校辅导员职业能力模型评定表

正式的咨询内容包含 3 个表,分别为高校辅导员职业能力模型一级指标专家评定意见表、高校辅导员职业能力模型二级指标专家评定意见表、高校辅导员职业能力模型结构要素专家评定意见表,请您根据表后的填表说明给出评定意见。

表 8-2-1　高校辅导员职业能力模型一级指标专家评定意见表

一级指标	修订前	重要等级					指标增删或修改建议
		非常重要	比较重要	一般重要	不太重要	极不重要	
		5	4	3	2	1	
职业修养	职业素养						
职业意识							
职业品格							
职业技能							
职业知识							

填表说明:上表是结合第一轮专家意见修订的 5 个一级指标,将 1 个表述不精准的指标进行了修改,表中加粗斜体字为修订处。请您评定指标设置的重要程度,在相应空格内填写对应的数字,对不认同指标提出您的增删或修改建议。

表 8-2-2　高校辅导员职业能力模型二级指标专家评定意见表

一级指标	二级指标	修订前	重要等级					指标增删或修改建议
			非常重要	比较重要	一般重要	不太重要	极不重要	
			5	4	3	2	1	
职业修养	政治素质	政治觉悟						
	道德修养	道德情操						
	心理素质							
职业意识	职业信念							
	职业精神							
职业品格	育人情怀							
	专业品质	品质特质						
职业技能	基础性能力							
	专业性能力							
	拓展性能力							
职业知识	基础知识	业务性知识						
	专业知识	专业性知识						
	法律知识	政策性知识						

　　填表说明：上表是结合第一轮专家意见修订的 13 个二级指标，删除了职业情感和形象气质 2 个指标，将 6 个指标表述进行了修改，表中加粗斜体字为修订处。请您评定指标设置的重要程度，在相应空格内填写对应的数字，对不认同指标提出您的增删或修改建议。

表 8-2-3　高校辅导员职业能力模型结构要素专家评定意见表

二级指标	结构要素	修订前	重要等级					指标增删或修改建议
			非常重要	比较重要	一般重要	不太重要	极不重要	
			5	4	3	2	1	
政治素质	信念坚定							
	政治敏锐							
	爱党爱国							
道德修养	三观端正							
	公道正派	为人正直 处事公正						
心理素质	心理抗压力强							
	自我调节力佳							
职业信念	育人使命感							
	职业认同感							
职业精神	奉献精神							
	担当精神							
	协作精神							
育人情怀	喜教乐业							
	真心关爱学生							
	尊重理解学生							
专业品质	宽厚的包容心	强烈的进取心						
	真诚的共情力							
	温暖的亲和力							

续表

二级指标	结构要素	修订前	重要等级					指标增删或修改建议
			非常重要	比较重要	一般重要	不太重要	极不重要	
			5	4	3	2	1	
基础性能力	组织管理能力（组织力、领导力）							
	统筹兼顾能力（工作协调力、时间管理力）							
	终身学习能力（自我学习能力、知识运用能力）							
专业性能力	教育引导能力（思想引导力、价值引领力、灵活应变力）							
	沟通表达能力（语言沟通能力、文字表达能力）							
专业性能力	发展指导能力（学业领航力、就业指导力、心理疏解力、建立信任感）							
	媒体运用能力（网络契合力、媒介应用力）	此部分原先在教育创新能力中，现增加到专业性						

续表

二级指标	结构要素	修订前	重要等级					指标增删或修改建议
			非常重要	比较重要	一般重要	不太重要	极不重要	
			5	4	3	2	1	
拓展性能力	调查研判能力（危机预判处置能力、实践经验迁移能力、理论与实践研究能力）							
	教育创新能力（教育情境创设力、教育载体创新力）	网络契合力媒介应用力情境创设力						
基础知识	马克思主义理论							
	教育学、管理学、心理学、社会学等学科基本原理和基础	思想政治教育理论、教育学理论、心理学理论						
专业知识	思想政治教育专业基本理论及知识							
	马克思主义中国化相关理论及知识							
	思想政治教育实务工作相关知识等	学生工作实务、安全防范知识						
法律知识	与思想政治教育相关的法律法规条文规定等	政策文件法律法规						

　　填表说明：上表是结合第一轮专家意见修订的 33 个结构要素，删除了职业成就感、极致精神等 5 个指标，将 8 个内涵有交叉的指标合并、调整或修改表述，请您评定指标设置的重要程度，在相应空格内填写对应的数字，对不认同指标提出您的增删或修改建议。

第三部分　专家权威程度自评表

下表是本研究专家咨询过程中专家权威性计算的重要依据，请您根据个人的判断依据在相应空格内进行勾选。

表 8-3-1　专家权威程度自评表

在专家咨询过程中，如下 4 个判断依据对您的影响程度分别如何？

判断依据＼影响程度	大	中	小
1. 实践经验			
2. 理论分析			
3. 参考国内相关资料			
4. 直觉选择			

再次衷心感谢您对本研究的大力支持和无私帮助！

祝您工作顺利、生活愉快！

附录九 高校辅导员职业能力测评问卷

尊敬的老师：

您好！非常感谢您抽出宝贵时间填写问卷。辅导员是高校思想政治教育的骨干力量，为了更好地了解高校辅导员的职业能力现状，我们组织了本次调研。本问卷仅用于学术研究，对您提供的信息将严格保密，请您放心填写。

您的回答对我们很重要，再次感谢您的支持与帮助！

2022 年 10 月 17 日

第一部分 个人基本情况

1. 您的性别 （   ）

A. 女　　　　　　　B. 男

2. 您的年龄 （   ）

A. 30 岁以下　　　　B. 31—35 岁　　　　C. 36—40 岁

D. 41—45 岁　　　　E. 45 岁以上

3. 您担任辅导员的年限 （   ）

A. 5 年以下　　　　B. 6—10 年　　　　C. 11—15 年

D. 16—20 年　　　　E. 20 年以上

4. 您的职称 （   ）

A. 初级　　　　　　B. 中级　　　　　　C. 副高级　　　　　　D. 正高级

5. 您的职级 （   ）

A. 副科级　　　　　B. 正科级　　　　　C. 副处级

6. 您受教育的程度 （   ）

A. 学士　　　　　　B. 硕士　　　　　　C. 博士

7. 您的婚姻状况 （   ）

A. 未婚　　　　　　B. 已婚

8.您获得的最高级别荣誉称号为 （ ）

A.校级优秀辅导员

B.省级高校优秀辅导员

C.省级高校辅导员年度人物

D.全国高校辅导员年度人物提名或入围

E.全国高校辅导员年度人物

F.无

9.您获得的最高级别大赛荣誉为 （ ）

A.校级辅导员职业能力大赛

B.省级辅导员职业能力大赛

C.全国辅导员职业能力大赛

D. 无

10.您所在高校：_____

第二部分　高校辅导员职业能力现状调研

本部分问卷共 46 个条目，请您认真阅读每个条目，根据该条目陈述内容与您的契合程度进行自我评价。

一级指标	二级指标	题项	非常符合	比较符合	一般符合	不太符合	极不符合
职业修养	政治素质	1. 具有坚定信仰，始终坚持中国特色社会主义共同理想。					
		2. 坚持正确政治方向，具有敏锐的政治判断力、较强的政治领悟力和彻底的政治执行力。					
		3. 拥护中国共产党的领导，对党和国家无比热爱和信赖。					
	道德修养	4. 具备积极向上、符合人民利益的世界观、人生观、价值观，能引导学生树立正确的价值观念。					
		5. 在处理学生各项工作过程中，作风正派、处事公正，能够以人格魅力教育感染学生。					
	心理素质	6. 面对工作中的困难、挫折和压力，能够保持平常心和工作热情。					
		7. 面对学生各种突发状况，具备良好的情绪控制和心理调整能力。					
职业意识	职业信念	1. 具有崇高的职业理想和追求，以献身思想政治教育事业、引领和服务学生成长为己任。					
		2. 愿意将辅导员职业作为终身事业来经营，致力于走专业化发展道路。					
	职业精神	3. 热爱学生工作，甘愿牺牲个人利益，不计较得失。					
		4. 具有强烈的责任心，工作中尽职履责，勇于迎难而上、承担责任。					
		5. 擅长整合优化资源，团结一切力量互助协作，发挥合力优势。					

续表

一级指标	二级指标	题项	非常符合	比较符合	一般符合	不太符合	极不符合
职业品格	育人情怀	1. 喜欢思想政治教育工作，能从中获得价值感、成就感和满足感。					
		2. 想方设法帮助学生解决需求和困难，让学生感受到关注和温暖。					
		3. 尊重学生人格和个人隐私，细心保护学生的自尊心、自信心和进取心。					
		4. 接受学生的个性化差异，包容其缺点和不足，善于倾听不同意见，积极采纳合理化建议。					
	专业品质	5. 能够深刻体会学生的处境和感受，真心实意为学生着想。					
		6. 喜欢深入学生中间，与学生关系融洽，受到学生的喜爱和认可。					
职业技能	基础性能力	1. 擅长组织策划，运用多种形式指导党团组织和班级建设，开展高效优质的教育管理服务。					
		2. 能够带动班级凝聚力和向心力的形成，并培养指导一支优秀的学生干部队伍进行自我教育、管理和服务。					
		3. 能够有效地协调好相关部门和人员完成负责的各项工作。					
		4. 能够科学管理时间、合理安排计划，高效有序地完成纷繁复杂的工作。					
		5. 具有较强的持续学习的意识，充分利用课余时间更新知识，积极参加各类培训。					
		6. 能够把习得的理论知识灵活运用到学生工作中。					

续表

一级指标	二级指标	题项	非常符合	比较符合	一般符合	不太符合	极不符合
职业技能	专业性能力	7. 具有科学理论和先进思想宣讲阐释能力，能及时掌握学生思想动态并恰当地进行教育引导。					
		8. 注重学生价值观念的塑造，引导学生从积极正面的角度看待处理问题，对不良苗头能及时劝解和引导。					
		9. 坚持因材施教的育人理念，灵活机动地处理学生的各类问题和需求。					
		10. 注重班级学风建设，营造浓厚的学习氛围，能激发学生主动学习和创造性学习。					
		11. 关注最新就业政策和信息，因人而异开展职业规划和就业指导，提高学生就业质量。					
		12. 学生遇到困难都愿意跟我倾诉并征求我的意见和建议。					
		13. 善于发现学生的情绪变化，并能帮助其释放压力、调整心态。					
		14. 具备较好的文章撰写能力、准确的文字表达能力，能熟练运用学生话语体系与学生交流。					
		15. 经常与学生谈心谈话或者开展宣教演讲，语言表达具备较好的感染力和说服力。					
		16. 熟悉学生网络社交空间，经常浏览学生网络社交账号，并从中捕捉信息及时正面引导。					
		17. 能够熟练运用微信、微博、抖音等各类新媒体手段，擅用网络语言对学生进行教育引导。					

续表

一级指标	二级指标	题项	非常符合	比较符合	一般符合	不太符合	极不符合
职业技能	拓展性能力	18. 善于捕捉分析学生动态，熟悉危机事件处置流程，能积极有效地应对突发事件。					
		19. 深入开展思想政治教育规律、大学生成长规律 相关的理论和实践研究，撰写论文，申报课题。					
		20. 经常进行自我反思，总结经验规律应用到后续 工作中。					
		21. 紧扣学生的需求与痛点，积极创设寓教于乐的教育情境提供有品质的教育内容。					
		22. 面对层出不穷的新事物，与时俱进地开发思想政治教育新载体，创新教育感知和实践模式。					
职业知识	基础知识	1. 熟悉马克思主义理论，能活用马克思主义理论分析和解决现实问题。					
		2. 了解教育学、心理学、管理学、社会学等学科基本原理和基础知识，熟悉一般教育规律和大学生的成长规律。					
	专业知识	3. 熟悉思想政治教育专业的理论知识，掌握教育 的基本原则、主要方法和工作艺术。					
		4. 熟悉中国特色社会主义理论体系、社会主义核心价值体系等马克思主义中国化相关理论及知识，增进学生的政治认同、理论认同、情感认同。					
		5. 熟悉大学生党团班级建设、职业生涯规划与就业指导、奖助贷免等学生日常事务管理、突发事件应对等思想政治教育实务工作相关知识，保证 日常工作的实效性。					
	法律知识	6. 了解《中华人民共和国高等教育法》《普通高等学校学生管理规定》《学生伤害事故处理办法》 等涉及思想政治教育的政策法规，帮助学生树立法制观念。